本书为2018年国家社会科学基金青年项目"产业分工视角下大城市群协同发展问题研究"（项目编号：18CGL046）研究成果之一，并得到中央党校（国家行政学院）创新工程项目"宏观调控体制与宏观经济政策研究"和国家社会科学基金项目的资助。

集聚经济、拥挤效应与城市效率问题研究

汪 彬 ◎著

A RESEARCH ON
THE RELATIONSHIP BETWEEN AGGLOMERATION
ECONOMIES,
THE CROWDING EFFECT AND
THE URBAN EFFICIENCY

经济管理出版社
ECONOMY & MANAGEMENT PUBLISHING HOUSE

图书在版编目（CIP）数据

集聚经济、拥挤效应与城市效率问题研究/汪彬著． —北京：经济管理出版社，2018.10
ISBN 978－7－5096－6156－7

Ⅰ．①集… Ⅱ．①汪… Ⅲ．①城市经济—研究—中国 Ⅳ．①F299.2

中国版本图书馆 CIP 数据核字（2018）第 248737 号

组稿编辑：高　娅
责任编辑：高　娅
责任印制：黄章平
责任校对：陈　颖

出版发行：经济管理出版社
　　　　　（北京市海淀区北蜂窝 8 号中雅大厦 A 座 11 层　100038）
网　　址：www.E－mp.com.cn
电　　话：（010）51915602
印　　刷：北京玺诚印务有限公司
经　　销：新华书店
开　　本：720mm×1000mm/16
印　　张：14.25
字　　数：256 千字
版　　次：2019 年 5 月第 1 版　2019 年 5 月第 1 次印刷
书　　号：ISBN 978－7－5096－6156－7
定　　价：58.00 元

·版权所有　翻印必究·
凡购本社图书，如有印装错误，由本社读者服务部负责调换。
联系地址：北京阜外月坛北小街 2 号
电话：（010）68022974　　邮编：100836

序

城市是人类文明社会进步的重要标志,城市化进程也是影响21世纪人类社会发展的最重要事件之一。新中国成立70周年是中国经济社会发展取得举世瞩目成绩的发展史,也是中国城市化发展与演进的辉煌史。从城市发展的孕育、起步、成长,逐步走向成熟阶段,城市化的每一阶段都呈现出不同的发展特征,也面临诸多的挑战性问题。放眼全球,新一轮科技革命和产业变革,为世界城市化注入了新的动力和活力。关注跟踪并深入研究城市化问题,对于推进中国新型城镇化健康可持续发展,对于建设社会主义现代化强国,具有重大理论和实践意义。

进入21世纪以来,发展中国家的城市化进程加快,尤其中国的城市化速度更为惊人,以每年一个多百分点的城镇化率推进,目前中国已有近60%的人口居住在城市,约8.4亿城镇人口是世界上前所未有的最大规模的人口城镇化,比欧洲50个国家的总人口还多一亿人(截至2019年6月,欧洲50个国家人口总数为7.43亿)。然而,由于对城市发展规律认识不够、把握不准,我国城市化的发展道路在艰难曲折中探索,城市化方针政策摇摆不定,曾经也走过一些弯路,目前还面临着一些新的发展难题,诸如,超大城市的"城市病"问题与中小城市要素集聚不足问题并存,城市功能超负荷与农村"空心化"问题并存,农村转移人口的市民化与部分城市居民的"郊区化"或"逆城镇化"并存,这些都亟待我们研究解决。

党中央高度重视城镇化问题和城市工作。2014年2月,习近平总书记在北京主持座谈会,把京津冀协调发展上升为重大国家战略,旨在解决首都大城市病问题,并探索人口经济密集地区如何实现优化发展问题。同年,出台国家新型城镇化规划。2016年,时隔37年的中央城市工作会议召开,习近平总书记深刻分析了中国城市发展面临的形势,进一步明确了做好新时期城市工作的指导思想、总体思路与重点任务。会议强调要从"建设"与"管理"两端发力，转变城市发展方式，完善城市治理体系，提高城市治理能力，解决城市病等突出问题。党的十九大把乡村振兴战略作为未来国家实施的七大发展战略提出来，为城乡协调发展指明了方向。此外，"中心城市引领城市群发展，城市群带动区域发展"，作为新时代促进区域协调发展的新模式；粤港澳大湾区建设、长三角更高质量一体化与京津冀协同发展，成为新时代中国城市群发展的重大战略布局；建设现代化都市圈成为新时代城镇化战略和城市群一体化的重要步骤和抓手。

作为一个空间主体，城市是承载人口、资本等要素资源最主要的空间组织形式，资源空间配置的优劣程度直接决定了生产效率和生活质量。汪彬博士的《集聚经济、拥挤效应与城市效率问题研究》一书，选择了中国城镇化进程中的关键问题——城市效率作为研究对象，研究视角新颖，同时将城市作为一个微观主体加以剖析，研究城市内部资源空间配置状况，判断不同规模城市效率的标准和水平。特别是搜集了大量的国内外数据，比较分析了中国大城市与国际大都市、中国都市圈与国外都市圈的状况，发现了差距和潜力，提出了思路与出路。此书是在作者博士论文的基础上修订而成的，也是国家社科基金项目的研究成果，该书进一步丰富了中国大城市和都市圈问题的研究，是一本青年学者的力作，值得推荐大家研读学习。

城市让生活更美好。随着新一轮科技革命浪潮的到来，现代信息技术的兴旺发达，为城市发展注入了新活力，城市更新、智慧城市、精明增长等新发展理念不断兴起，越来越多的城市管理者能够更加清晰和准确地把握城市的发展规律，高质量地推进城市的规划、建设和管理。我们有理由相信，未来中国城市将迎来更加美好的发展前景。

（中国社会科学院工业经济研究所研究员、博士生导师、
中国区域经济学会副会长兼秘书长）

前　言

城市是人类文明进步的重要标志，城市化是21世纪人类社会的重要成果。2017年，中国城市化率已经超过58%，预计2020年将达到60%，未来中国的城市化将由快速推进转向质量提升的阶段。斯蒂格利茨曾说过：21世纪最伟大的两大事件，一是美国的高科技，二是中国的城镇化。因为中国的城市化意味着能够释放出巨大的消费市场，并蕴含着强劲的经济增长潜力，是推动世界以及中国经济增长的重要引擎。根据联合国世界城市化展望报告，迄今为止，中国拥有6个人口规模在1000万以上的超级大都市区以及10个人口规模在500万~1000万的大城市，到2030年中国将会形成更多的超级大都市区。"城市"这一主体仍是推动中国未来经济增长的最主要空间载体。

集聚经济能够显著提高城市生产率已经取得学术界的共识。城市作为产业、就业、公共服务等各项功能的承载主体，随着集聚规模扩大，城市规模膨胀，城市拥挤效应不断显现，职住分离、交通拥堵、环境污染等"大城市病"问题出现。学术界从静态、动态视角研究了城市最优规模理论，认为城市最优规模是城市规模超过某个临界点后出现规模报酬递减的状态。其实，城市最优规模是城市集聚效应与拥挤效应相互作用所达到的均衡点。国内学者和政界对中国的特大城市规模控制和人口调控存在争议，本书以问题为导向，从影响城市效率的因素入手，主要从集聚经济与拥挤效应两个维度考察城市效率的影响机制，提出城市规模与城市效率的关系，并选择代理变量进行实证研究。与此同时，立足城市圈层结构比较分析国内外大都市的产业、人口等经济社会状况，将北京、上海、深圳超级大都市与伦敦、巴黎、东京、纽约等国际大都市进行比较分析，发现差距剖析根源；并从城市空间资源布局与优化的视角，提出如何提高中国大城市的空间资源配置和承载能力，增强经济集聚和带动作用，提高城市效率。本书的主要内容结构如下：

集聚经济、拥挤效应与城市效率问题研究

　　本书第一部分首先构建理论框架。主要从集聚经济和拥挤效应两个影响城市规模的视角去分析影响城市效率背后所隐含的经济机理。从城市的向心力与离心力相互作用形成城市最优规模、最优密度分析城市经济效率的影响机制。集聚经济主要通过集聚规模与集聚密度影响城市效率，本书将城市人口规模和就业密度作为规模和密度的代理变量，拥挤效应主要采用交通拥挤和环境拥挤来刻画。

　　本书第二部分运用 DEA 方法定量测算城市全要素生产率。运用 DEA 方法测算了 2003~2014 年中国 285 个城市全要素生产率，从总体来看，全要素生产率逐年上升。分区域层面来看，东部地区城市全要素生产率显著高于其他地区；分城市规模来看，城市规模越大，城市的全要素生产率越高，不过小城市效率提升速度更快，考虑污染指标的非合意产出后，城市规模与城市效率仍保持正相关。

　　本书第三部分根据城市圈层结构理论进行了国内外大都市的比较分析。首先，按照核心区、内圈、外圈三个层次比较分析了北京、上海、深圳等大城市与伦敦、巴黎、纽约、东京、首尔等国际大都市在经济社会方面的情况，结果发现：与国际大都市比较，北京、上海大城市的经济集聚能力仍不足，对国民经济贡献仍偏小，核心区人口密度过大、经济贡献不足，产业结构欠优化。

　　本书第四部分构建影响城市经济效率的计量模型。主要从集聚经济、拥挤效应两个维度进行考察，结果显示：城市规模、就业密度对中国城市劳动生产率和经济产出具有显著促进作用，环境污染刻画的拥挤效应显著降低了城市经济效率，还运用 Moran 指数验证了城市经济效率存在空间自相关性，说明城市经济效率存在空间溢出效应，模型符合空间误差固定效应模型。

　　本书第五部分从城市微观主体视角剖析城市内部空间资源配置问题。城市除承担经济功能之外，还承担着教育、医疗、健康、娱乐等公共服务功能，城市功能布局也是影响城市运行效率的重要内容。根据人口与要素偏离度测算，中国大城市的核心区人口集聚过密、优质医疗资源集中、教育资源相对短缺，需要通过优化城市空间布局提升城市运行效率，缓解"大城市病"问题。

　　本书第六部分依据理论研究和实证研究结果，总结研究结论并提出政策建议，指明中国城市化道路方向在于优化城市空间布局，提升城市效率，加强城市内涵建设。

　　2015 年，时隔 37 年的中央城市工作会议召开，习近平总书记在会上发表重要讲话，明确做好城市工作的指导思想、总体思路、重点任务，并强调要从"建设"与"管理"两端发力,转变城市发展方式,完善城市治理体系,提高城市治理能力,解决城市病等突出问题。我们相信在不断深入理解和正确认识城市发展规律的前提下,在以五大发展理念为指引下,中国的城市发展将迎来更加美好的发展前景,让"城市让生活更美好"这一愿景真正实现。

目　　录

第一章　绪论 ……………………………………………………………… 1

 第一节　问题提出 …………………………………………………… 1
  一、研究背景 …………………………………………………… 1
  二、问题提出 …………………………………………………… 5
 第二节　研究意义 …………………………………………………… 6
  一、理论意义 …………………………………………………… 6
  二、现实意义 …………………………………………………… 6
 第三节　研究框架与方法 …………………………………………… 7
  一、研究目的 …………………………………………………… 7
  二、研究思路 …………………………………………………… 8
  三、研究方法 …………………………………………………… 8
 第四节　创新与不足 ………………………………………………… 10
  一、可能的创新点 ……………………………………………… 10
  二、不足 ………………………………………………………… 11

第二章　文献回顾及理论研究 …………………………………………… 12

 第一节　概念界定与理论研究 ……………………………………… 12
  一、城市相关概念 ……………………………………………… 12
  二、城市效率相关概念 ………………………………………… 15
  三、集聚经济 …………………………………………………… 17
  四、拥挤效应 …………………………………………………… 22
 第二节　集聚经济与城市效率的文献研究 ………………………… 24
  一、城市效率影响因素分析 …………………………………… 24

二、集聚经济与城市效率的机制研究 ………………………………… 28
　　三、集聚过度引起的城市效率损失 …………………………………… 30
　　四、城市最优规模 ……………………………………………………… 31
　　五、城市最优密度 ……………………………………………………… 35
　第三节　定量测量方法 ……………………………………………………… 36
　　一、集聚经济测度 ……………………………………………………… 37
　　二、拥挤效应测度 ……………………………………………………… 39
　第四节　本章小结 …………………………………………………………… 40

第三章　集聚经济、拥挤效应与城市效率的关系研究 ………………………… 42
　第一节　集聚经济与城市效率提升 ………………………………………… 42
　　一、集聚经济表现及内容 ……………………………………………… 42
　　二、集聚经济影响城市效率的机制 …………………………………… 50
　第二节　拥挤效应与城市效率损失 ………………………………………… 55
　　一、拥挤效应的主要内容 ……………………………………………… 55
　　二、拥挤效应造成的城市效率损失 …………………………………… 68
　第三节　本章小结 …………………………………………………………… 69

第四章　基于 DEA 方法的城市效率测算及评价 ……………………………… 70
　第一节　效率测算的方法 …………………………………………………… 70
　　一、数据包络分析（DEA） …………………………………………… 70
　　二、国内 DEA 方法应用 ……………………………………………… 74
　第二节　指标选取与数据来源 ……………………………………………… 74
　　一、指标选取 …………………………………………………………… 74
　　二、数据来源及处理 …………………………………………………… 76
　第三节　城市全要素生产效率的测算 ……………………………………… 77
　　一、城市全要素生产率的时空变化 …………………………………… 77
　　二、分区域层面的城市全要素生产率 ………………………………… 78
　　三、分城市规模的城市全要素生产率 ………………………………… 84
　　四、分城市规模的城市非合意产出 …………………………………… 91
　　五、城市全要素生产率的时空分异 …………………………………… 92
　第四节　本章小结 …………………………………………………………… 95

第五章 基于圈层结构的国内外大都市比较研究 …… 97

第一节 大都市圈范围界定标准研究 …… 97
一、OECD 城市功能区划分标准 …… 98
二、日本都市圈的界定标准 …… 99
三、美国大都市区划分标准 …… 101

第二节 国际大都市圈经济社会指标比较 …… 104
一、伦敦都市圈 …… 104
二、巴黎都市圈 …… 109
三、纽约都市圈 …… 112
四、东京都市圈 …… 115
五、首尔都市圈 …… 123
六、国内大都市圈 …… 127

第三节 国内外大都市的经济社会比较 …… 131
一、基于城市面积的比较 …… 131
二、基于人口方面的比较 …… 131
三、基于经济指标的比较 …… 134
四、基于圈层结构要素分布的比较 …… 138

第四节 本章小结 …… 142

第六章 集聚经济、拥挤效应与城市效率的实证研究 …… 144

第一节 变量选取 …… 144
一、因变量的选取 …… 144
二、集聚经济的变量选取 …… 145
三、拥挤效应的变量选取 …… 145
四、控制变量的指标选取 …… 146

第二节 数据来源与描述性统计 …… 146
一、数据来源 …… 146
二、描述性统计 …… 147

第三节 实证分析结果 …… 147
一、实证方法与模型 …… 147
二、总体回归结果分析 …… 149

第四节 城市经济效率的空间溢出效应 …… 162
一、空间面板数据计量模型 …… 163

  二、空间面板数据计量模型设定 …………………………………… 164
  三、空间面板计量模型估计结果与分析 …………………………… 165
 第五节 本章小结 ……………………………………………………… 170

第七章 城市功能布局与城市效率研究 …………………………… 172

 第一节 城市功能布局 ………………………………………………… 172
  一、城市承担主要功能 ……………………………………………… 173
  二、城市功能区布局及空间结构研究 ……………………………… 174
 第二节 城市功能布局及空间配置 …………………………………… 177
  一、城市功能空间布局的意义 ……………………………………… 177
  二、城市资源空间配置的测度 ……………………………………… 178
 第三节 提升城市效率的主要路径 …………………………………… 192
  一、优化城市功能分区与布局 ……………………………………… 192
  二、实现资源供需平衡 ……………………………………………… 193
  三、提高城市管理水平 ……………………………………………… 193
  四、加快城市存量改革 ……………………………………………… 193
  五、实施人文关怀的城市规划 ……………………………………… 194

第八章 研究结论与政策建议 ……………………………………… 195

 第一节 主要结论 ……………………………………………………… 195
  一、城市规模与城市效率、环境污染呈现倒"U"形关系 ………… 195
  二、城市规模与城市合意产出、非合意产出呈正相关 …………… 195
  三、经济集聚规模仍有不足,经济集聚效率不高 ………………… 196
  四、城市空间布局不尽合理,城市运行效率低下 ………………… 196
 第二节 政策建议 ……………………………………………………… 196
  一、提高城市集聚效率,发展集约型城市 ………………………… 196
  二、划分城市圈层结构,重点调控城市核心区 …………………… 197
  三、优化城市空间结构,由单中心向多中心转变 ………………… 197
  四、疏散核心区非经济功能,均衡配置公共服务资源 …………… 198
  五、弱化城市行政边界,实施城市群规划 ………………………… 198
 第三节 研究展望 ……………………………………………………… 199

参考文献 …………………………………………………………………… 201

后记 ………………………………………………………………………… 213

第一章 绪论

第一节 问题提出

一、研究背景

国家新型城镇化规划（2014～2020年）指出，京津冀、长江三角洲、珠江三角洲三大城市群，以2.8%的国土面积集聚了18%的人口，创造了36%的国内生产总值，成为带动我国经济快速增长和参与国际经济合作与竞争的主要平台。规划还指出，要树立以人为本的理念，提高城镇化的内涵，由数量规模扩张向质量内涵提升转变。2016年，时隔37年的城市工作会议再次召开，总结城市发展的成败得失，彰显了国家对城市的重视与关注。与此同时，国家层面推出了长三角城市群规划和京津冀协同发展规划，以城市群为主体形态带动区域经济增长的发展模式正式开启。当然，综观欧美发达国家的发展战略，它们仍然十分注重以城市、城市群为主体形态带动国家经济整体腾飞，例如，欧盟、美国、日本等国家或地区都有专门的都市区概念和划定标准，用于数据普查和统计，追踪大城市的发展状况，与此同时，欧美发达国家纷纷制订了城市群、都市圈规划，如美国区域规划协会制订和实施 *America* 2050，圈定11个大城市群，以城市群为主体形态推动美国区域经济发展规划。

（一）以十大城市群为主体形态，推动中国新型城镇化

从1949～2015年中国城镇化率变化趋势来看，中国城镇化率在1949年仅为10.64%，到2015年上升到了56.1%（见图1-1）。1949～1978年，城镇化率呈

现缓慢上升趋势，其中，1961~1973 年中国的城镇化率有所下降。1978~2015 年城镇化率上升的速度很快，城市化进程加速。

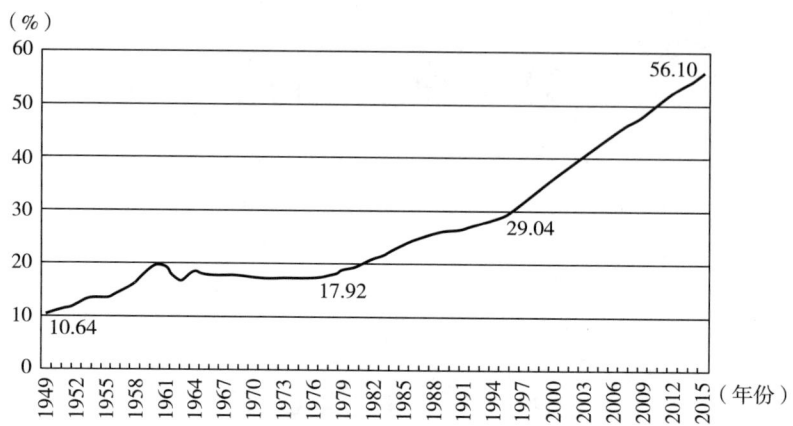

图 1-1　中国城镇化率（1949~2015 年）

城市群是以区域中心城市为主体，与周边的中小城市具有紧密的社会经济联系而共同组成的城镇体系，是促进区域协调发展的重要空间载体。根据我国新型城镇化的发展目标，明确了以城市群为主体形态的城镇化道路，通过城市群打造，培育区域经济增长极，促进区域协调发展。根据我国现有主要城市群的统计数据，我们列举了国内十大城市群基本情况，如表 1-1 所示，我国十大城市群以 16.23% 的国土面积，承载了 52.57% 的人口，创造了 75.73% 的经济产值。如表 1-2 所示，2013 年中国的 GDP 增速为 7.7%。十大城市群的 GDP 平均增速为 10.03%，大大高于平均水平，固定资产投资总额占全国的 57.95%，平均增速达到 18.48%，因此，未来中国经济增长的主要动力在于提升城市群的综合竞争力，城市群是带动中国经济增长的主要引擎，也是中国参与世界竞争的重要载体。

表 1-1　十大城市群行政面积及常住人口情况（2013 年）

城市群	行政土地面积（平方公里）	常住人口（万人）
长三角城市群	109885.00	10977.13
珠三角城市群	54936.00	5715.19
京津冀城市群	184537.39	8824.57
成渝城市群	239538.00	9703.94

续表

城市群	行政土地面积（平方公里）	常住人口（万人）
长江中游城市群	320329.00	11567.47
山东半岛城市群	84008.00	4831.69
辽中南城市群	83825.00	3078.90
中原城市群	56963.00	4221.10
关中—天水城市群	155238.00	3617.56
海峡西岸城市群	273908.00	8992.32
合计	1563167.39	71529.87
占全国比重（%）	16.23	52.57

资料来源：根据 Wind 咨询整理所得。

表1-2　十大城市群GDP及固定投资情况（2013年）

城市群名称	GDP（百亿元）	GDP增速（%）	固定资产投资（百亿元）	固定资产投资增速（%）
长三角城市群	977.12	9.28	471.55	13.40
珠三角城市群	731.38	9.02	160.49	14.85
京津冀城市群	568.46	9.33	329.01	15.48
成渝城市群	369.48	10.70	278.94	19.41
长江中游城市群	512.60	10.53	386.53	23.68
山东半岛城市群	365.28	10.26	235.55	18.46
辽中南城市群	250.18	9.02	207.69	14.66
中原城市群	184.76	9.36	140.40	21.53
关中—天水城市群	121.23	12.07	127.73	21.07
海峡西岸城市群	372.69	10.71	248.81	22.24
合计/平均	4453.18	10.03	2586.68	18.48
占全国比重（%）	75.73%	—	57.95%	—

资料来源：根据 Wind 咨询整理所得。

（二）国际大都市人口仍处于不断集聚阶段

如图1-2所示，从世界第一大都市圈东京都市圈的人口状况看，其人口一直处于集聚阶段，东京都的城市人口不断增加，其他地区人口不断迁入东京都，东京都占日本的人口比重也在不断提高，由不足3%上升到了最高值11%。另外，由于20世纪40年代遭受"二战"重创，日本东京都的人口数量和占比陡然下降。此外，20世纪60年代，东京都占日本的人口比重也有所下降，不过到了20世纪90年代，东京都占日本的人口比重又呈上升趋势，占比超过10%，总体而言，日本东京都大都市的人口集聚现象十分显著，而且从未来发展趋势看，人口集聚效应仍将持续。

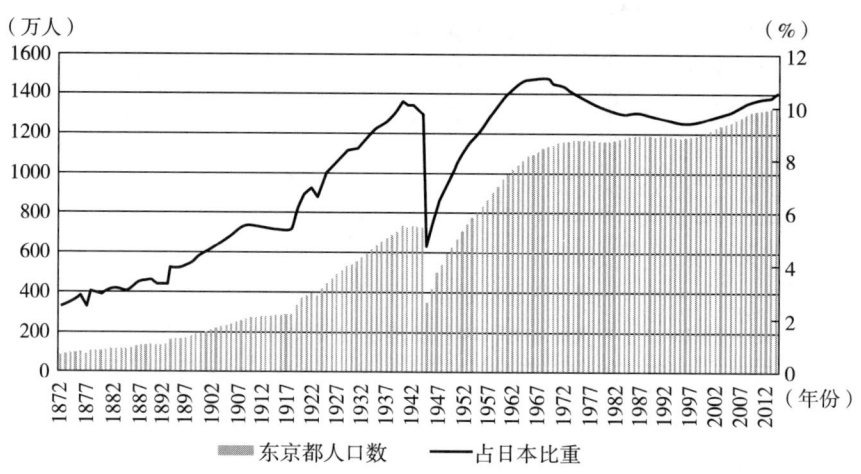

图1-2　日本东京都人口数量及占日本比重（1872~2012年）

（三）城市经济效率显著高于其他地区

综观国内外的数据与资料，大城市目前仍然是经济增长最快，生产率最高的地区。根据美国统计局调查资料，美国75%的人口居住在城市，而居民所居住的城市地区面积只有国土面积的2%。与此同时，美国排名前20%的都市化地区劳动生产率是排名后20%都市化地区劳动生产率的2倍（Rosenthal和Strange，2004）。大城市的高经济增长、高劳动生产率具有强大的内生增长动力。尽管发达国家的城市"去中心化"（郊区化）趋势一再被提及，但时至今日，美国西海岸和五大湖区的城市群不断崛起，纽约仍然是金融中心，其他地区和城市仍然无法取代，华尔街、派克大街、第五大道等知名传统金融与社会活动场地仍显示着强大的中心地位。世界的城市化进程仍在继续，城市仍在增长，大都市区已经成为发达国家和发展中国家参与世界竞争的主要形态。西方发达国家的城市，纽约、伦敦在经历了20世纪70年代的黑暗岁月之后，已经复活，工资、人口以及房价在人口密集的中心区呈现稳健的增长趋势。过去30年，产业集聚只是呈现微弱的衰退，印度、中国等发展中国家得益于交通成本的大幅度降低，贸易快速发展，经济发展主要集中在城市化地区。

二、问题提出

城市集聚带来的规模经济和正外部性是无可争议的事实。不过随着人口与经济要素在城市空间的进一步集聚，集聚过度引发了巨大的拥挤成本，比如人口拥挤、环境污染、犯罪率上升等一系列"大城市病"问题凸显。国内学者对中国城市规模对城市经济效率之间的关系存在着一定争议。有学者认为，中国城市规模过大、集聚规模太大带来了很高的拥挤成本，城市规模过大后集聚净收益下降。那么到底多大规模的城市是有效率的？柯善咨和姚德龙（2008）利用2005年地级市的工业集聚和劳动生产率数据，运用空间计量方法进行实证研究认为，中国城市就业空间密度过高，拥挤效应导致生产率降低。也有部分学者认为，目前中国城市规模并未达到最大限度，仍然存在进一步集聚的可能，人口和经济的集聚更有利于经济增长。但是，由于城市管理方法不到位、政府干预过度、资源分配不合理等问题，中国城市社会成本太高，造成了城市空间承载能力下降，导致城市经济效率损失，影响了城市的运行效率。

与国际大都市相比，中国大城市的经济集聚能力还存在较大的差距，从国际大都市的人口、经济要素集聚指标看，发达国家大都市的人口占比和经济占比明显高于中国。圣地亚哥市的 GDP 占比达到 47.46%，首尔市达到 45.78%，东京、巴黎、伦敦的 GDP 占比也在 30% 左右，纽约市也达到 7.86%。相较而言，上海、北京、深圳的经济总量占比分别为 3.73%、3.31% 和 2.4%，中国大都市对本国经济的贡献率明显偏低，超大城市的经济集聚功能仍有待强化，因此，如果采取人为干预的大城市调控政策势必会造成城市效率损失，不仅会降低城市的集聚功能，而且会造成大城市经济龙头带动作用更为不足。

一方面经济集聚能力不足，另一方面"大城市病"问题又如此严重。中国的大城市出现问题的根源在哪？其问题的实质在于中国城市的空间承载能力有限，存在巨大的拥挤效应，导致"城市病"问题十分突出，造成城市内在损耗严重、效率低下。因此，需要进行城市内部空间结构分析，提高资源配置效率，提高城市的运行效率。近年来，一些城市管理新理念涌现，如城市更新、精明增长等，人们已经开始对以往只追求城市规模扩张、不重视城市内涵建设的城市发展模式进行反思。不仅只关注宏观层面的城市规划与建设，而是从城市内部视角去探究"城市病"问题存在的根源，寻求解决的途径，这对于我们理解和指导城市发展具有积极意义。

第二节 研究意义

一、理论意义

运用新经济地理学，构建城市效率分析框架。集聚经济与拥挤效应是构成新经理地理学的重要概念和内容。本书试图从集聚经济带来的规模报酬递增正效应、拥挤效应引起的规模报酬递减负效应两个视角去刻画城市效应影响机制。集聚可以带来城市效率提高，拥挤则造成城市效率损失，集聚通过集聚规模和集聚密度影响城市效率，城市的拥挤成本主要体现在交通拥挤和环境拥挤。城市的向心力与离心力共同影响城市规模，城市最优规模是集聚经济和拥挤效应共同作用的结果。

树立资源空间配置观，优化城市空间布局。城市作为承载经济社会活动的空间载体，资源、要素在空间内的配置直接关系到城市的运行效率，优化资源空间配置，提高城市空间承载能力，降低城市拥堵成本。本书试图从资源空间配置视角对城市效率的作用机理做一探讨，尝试构建一套逻辑分析框架，为提高城市运行效率提供参考。

进一步完善和扩展城市圈层结构理论。综述现代城市圈层结构理论研究，从国际大都市区的核心区、内圈层、外圈层结构去分析产业、就业、公共服务要素在空间的配置状况，并运用定量分析法测算城市内部资源空间配置合理程度，为实施城市比较和精准分析经济社会要素，结合城市实际，提出优化城市功能布局与城市空间结构，进一步丰富了城市圈层结构问题研究。

二、现实意义

以大城市经济发展为主引擎，跨越中等收入国家陷阱。大城市是经济集聚和科技创新的源泉，是推动一国经济发展的主体，以中心城市为核心所形成的大都市圈空间发展体系能够促进资源有效集聚和空间高度集约利用，能够以较小的国土面积承载大部分的人口，提高经济产出效率。大城市的经济集聚与科技创新强度是衡量经济效率和发展实力的重要标志。以大城市为核心带动的大都市圈是实现我国顺利跨越中等收入国家陷阱的重要空间载体。

明确中国城市化要以规模集聚与质量提升为主。人为地干预大城市调控政策容易造成要素扭曲，造成大城市效率的损耗。我们通过 EDA 方法测算中国城市全要素生产率发现，城市规模越大，经济效率越高，包含环境污染指标在内的非合意产出也是如此，城市规模与城市效率存在显著正相关关系。因此，我们要审慎地采用城市规模调控措施，仍要积极鼓励大城市快速发展，强化经济集聚效应，提高辐射带动作用。在城市化发展中更加注重质量建设，按照新型城镇化要求，提高城市品质和内涵。

实施以大城市核心区为主要调控对象的精准调控政策。本书在界定城市圈层结构的基础上，按照核心区、外围区、都市区城市圈层结构，将北京、上海、深圳等大都市与国际大都市进行比较，发现国内大都市在经济、社会方面与国际大都市存在不小差距，人口结构不尽理想，公共服务配置不合理，可见当前我国大城市集聚规模没有达到最优，而是由于城市空间资源配置不合理造成承载能力有限的问题。尤其是城市核心区过度集中，人口密度过大，大城市调控的重点在于核心区调控，要实施精准的调控政策，减少损耗，提高效率。

第三节 研究框架与方法

一、研究目的

本书试图回答这样一个问题：首先运用方法和指标测算中国城市全要素生产率，判断不同规模城市全要素生产率分布情况，以正确反映城市规模与城市经济效率的关系，进而将代表中国经济效率最高的超大城市北京、上海、深圳与国际大都市进行比较，判断国际大都市的经济集聚度和经济效率有没有达到国际标准，如果没有达到国际大都市的标准，原因何在？一方面经济集聚和效率没有达到理想状态，另一方面又出现显著的"大城市病"问题，那么如何来破解"未富先病"的问题呢？这需要我们更加精细地研究城市作为单个主体，剖析城市功能与内部空间结构，测定经济社会要素在城市空间布局的合理程度，以及如何影响城市的运行效率。最后，针对问题提出城市调控的方向，尤其加大对城市核心区的精准调控，围绕如何提高城市效率，提高城市承载能力，提供满足与人性需求相一致的服务，减少城市损耗，提高城市运行效率。

二、研究思路

第一章，本书首先提出问题，针对大城市人口调控以及中国城市化发展道路的争议，其实质问题在于对城市规模与城市效率关系的研究，本书明确研究对象与关键问题：不同规模的城市效率问题，以及影响城市效率的因素有哪些。第二章，界定具体概念及回顾文献。第三章，从集聚经济与拥挤效应两个视角去构建城市效率影响因素理论模型。第四章，运用DEA方法测算城市全要素生产率，评价不同规模城市全要素生产率的分布状况。第五章，根据理论模型构建一般面板数据模型和空间面板模型进行实证研究。第六章，从国内外大都市的经济社会状况比较出发，衡量国内大都市与国际大都市的经济差距，重点分圈层结构进行比较研究。第七章从城市功能布局对城市效率影响的视角出发，定量测算城市内部资源配置的合理程度，提出优化城市空间布局的对策。第八章，进行总结，并提出中国城市化发展的道路及城市调控政策的方向。

图1-3为本书研究框架及思路。

三、研究方法

（一）DEA方法

DEA方法也称为数据包络分析，是运用非参数方法来测算要素投入产出效率的一种方法。本书运用DEA方法，基于产出导向方法，测算了中国285个地级市2003~2014年的全要素生产率。同时，运用Malmquist指数方法考察地级市全要素生产率的变动趋势。并按照东、中、西、东北四大区域层面以及GDP规模划分的城市规模考察了城市全要素生产率的区域分布、规模分布状况。

（二）计量经济学及空间计量经济学

本书构建了城市一般面板数据模型，考察了城市经济效率影响因素。重点从集聚效应、拥挤效应两个维度定量分析了城市经济效率问题。集聚效应主要从集聚规模、集聚密度进行考察，包括人口规模、就业密度、产业集聚度等。拥挤效应主要从交通拥挤、环境拥挤两个维度进行考察。与此同时，加入了人口规模的二次项，考察了城市经济效率与人口规模的倒"U"形关系。标准面板数据模型忽略了空间因素，即城市之间经济发展的相互依赖关系，本书还采用空间计量经济学模型来考察城市经济效率的空间溢出效应。运用Moran's I（莫兰指数）和拉格朗日乘子验证城市经济效率的空间自相关性，实证结果表明中国城市经济效率存在空间溢出效应，同时符合空间误差随机模型。

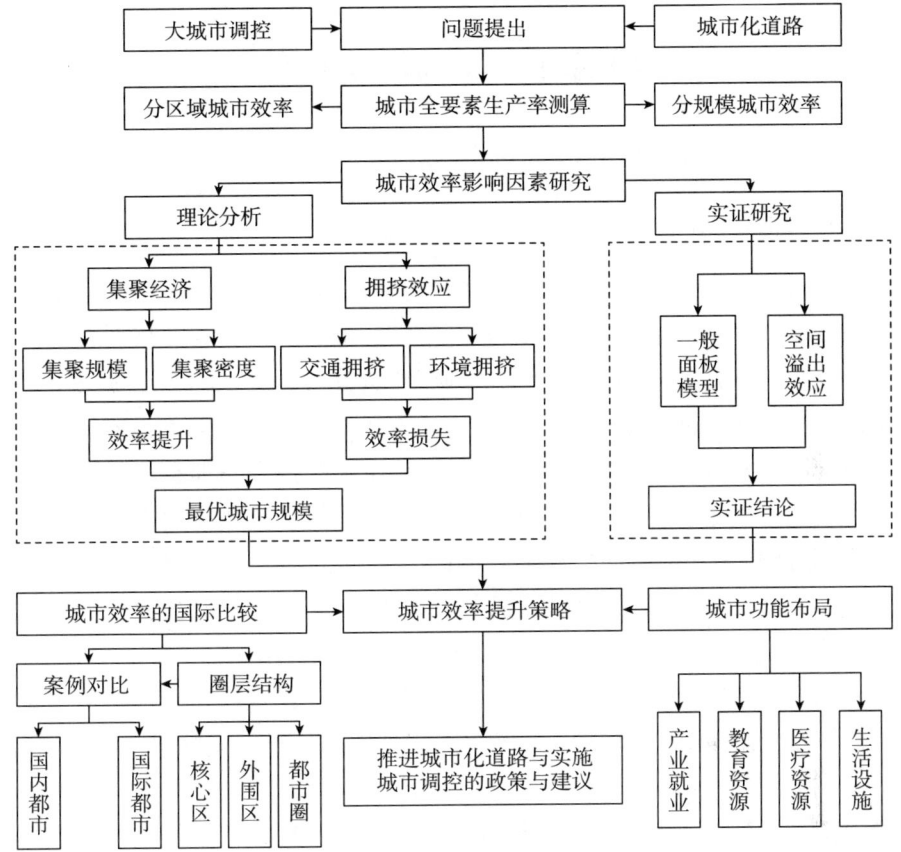

图1-3 本书研究框架及思路

（三）规范与实证分析

从理论上构建了集聚经济、拥挤效应影响城市效率的分析框架，并运用实证分析方法定量分析了集聚规模、集聚密度、拥挤效应对城市经济效率的影响程度，同时，运用案例分析方法，对国内的北京、上海与巴黎、伦敦、纽约、东京等国际大都市进行经济社会状况的比较分析，寻找差距所在，提出改进措施。还对北京、上海职住分离、公共服务空间配置状况定量测算，分析不合理之处。

第四节 创新与不足

一、可能的创新点

（1）从集聚经济与拥挤效应两个维度构建影响城市效率的理论模型。现有文献对城市集聚经济影响城市效率的研究很多，但是对于城市拥挤效应的定量刻画较少，而且将拥挤效应纳入理论模型进行定量分析的文献不多。本书立足于从集聚经济和拥挤效应两个维度去全面分析城市效率的影响因素。集聚经济主要从集聚规模与集聚密度影响城市效率，拥挤效应主要采用道路拥挤和环境拥挤两个指标进行刻画，集聚与拥挤是城市最优规模形成的两个重要作用力，本书尝试将这两种作用力纳入同一分析框架下对城市效率影响机理进行全面而深入的分析。

（2）从城市内部资源空间配置视角考察如何提升城市效率。城市是资源的综合体，将城市视为各项功能的承担主体，本书尝试解剖城市个体，从城市资源空间配置的视角考察就业、居住、公共服务的空间配置合理程度，并运用定量方法测算北京、上海等大都市的职住分离、公共服务空间配置状况，在此基础上，结合日本生活圈规划理论和国内 15 分钟社区生活圈规划，提出优化城市功能布局的政策措施，朝着提高城市公共服务供给与需求匹配度的角度，减少损耗，提高城市运行效率。

（3）按照城市圈层结构比较国内外大都市的经济社会状况。打破传统行政区划的城市概念，从城市功能区这一视角对城市进行研究，综述了 OECD、美国、日本有关城市功能区的相关研究和界定标准，对大都市圈分圈层结构进行了经济社会指标的比较，按照大都市圈的核心、内圈、外围三个层次将国内的北京、上海与东京、纽约、东京、巴黎、伦敦等国际大都市进行比较分析，发现国内大都市与国际大都市仍存在差距，要加强集聚能力，疏散核心区功能，提高核心区人才和创新能力。

（4）运用定量分析方法测量城市的资源空间配置状况及城市效率规模分析。本书还运用了定量分析方法对城市资源空间配置及城市效率进行了测量，主要内容体现在以下几个方面：一是借用职住分离测算方法对城市公共资源配置合理程度进行测量，判断城市资源空间配置状况；二是运用 DEA 方法测算中国 285 个地级城市全要素生产率,发现 GDP 城市规模与城市全要素生产率呈正相关关系,并运用 Arcgis 软件对城市全要素生产率的空间溢出效应进行分析。实证研究部分构建了城市经济效率影响因素的面板数据模型,验证了城市规模与城市经济效率呈现倒"U"形关系,在此基础上,拓展构建了城市经济效率空间溢出效应模型,验证了中国城市经济效率存在随机面板空间溢出模型。

二、不足

(1) 由于影响城市经济效率的因素非常之多,有些是无法观测到的具有区域特征的客观存在和主观因素,如行政力量、户籍制度。部分观测的变量因为数据可得性不足,无法进行定量刻画,所以无法更加全面、精准地衡量出对城市效率的影响。

(2) 城市作为一个经济社会要素的空间载体,承载着许多功能,如社会功能、居住功能、公共服务功能都是城市应该发挥的使命和作用,经济功能只是城市中较为重要的一个方面。因此,对城市问题的考察要从多方面、多视角进行,受限于数据与方法,本书只是侧重在经济功能方面进行研究,略有欠缺。

(3) 不同类型城市的功能定位应该有所区别,今后可以围绕不同城市类型进行分类研究,比如,工业型城市、旅游型城市、文化型城市的功能定位应该立足于服务人的需求,评价的标准要多样和全面,还可以从社会福利的视角出发,提出城市以提高人的幸福指数为目标。

第二章 文献回顾及理论研究

界定明确的概念是研究问题的起点。本章主要界定了城市及城市效率的相关概念，重点从经济视角界定了城市、城市功能区和都市圈等概念。城市效率是一个复杂的和综合性的问题，评价指标具有多元化、多维度特征，本书主要参照OECD生产率手册加以分析。在界定相关概念的基础上，本章对集聚经济与拥挤效应的相关理论文献进行回顾，尤其对集聚经济、拥挤效应与城市效率之间的逻辑关系展开论述。最后，根据国内外定量研究方法研究进展，综述了集聚经济与拥挤效应的定量测量方法。

第一节 概念界定与理论研究

一、城市相关概念

（一）城市的概念

城市是一个大型、人类永恒的聚居区。E. J. Meijers 和 M. J. Burger（2010）将城市定义为一个连绵相连的建成地区。城市是经济活动的空间聚集现象，是所有经济活动聚集在一个狭小的地理空间范围内。大城市的出现也是由于空间异质性，规模报酬递增引起的集聚效应，这是新经济地理学提出的完全有别于传统古典经济学的规模报酬不变和完全竞争的理论，从经济活动的空间集聚视角去定义城市。

1. 城市的重要性

城市仍然是创新的最主要源泉地，因为在一定的空间范围内集聚了众多的人口、就业、产业要素，能够为人们创造良好的环境，知识可以实现自由流动。Jacobs（1984）研究认为，城市中人与人相互间交流与互动可以显著提高知识创造和创新概率。事实上，如果城市没有提供相互学习机会。提高生产率，那么人们就不会支付高地租留在城市。知识在城市中自由流动，为人们提供了相互交流的机会，知识外部性，即知识溢出效应，解释了城市存在的原因，所以尽管城市房价很高，但人们还是愿意支付高成本留在大城市，正是因为地理邻近性为知识传播提供了便利性才促进了经济增长（Romer，1986）。Norman Sedgley 和 Bruce Elmslie（2011）认为，美国的大城市在未来美国经济的发展中仍将起到中心主导地位，尽管通信业发展迅速，一些人提出质疑，认为大城市已将日落西山，城市将会衰落，然而 Gasper 和 Glaeser（1998）通过逻辑分析，坚持认为尽管通信业日趋兴旺发达，人们的交流方式更加多样和便利，但是人与人之间对面对面的交流仍有极大的需要，面对面的交流会促进生产力的发展，通信交流方式无法完全替代面对面的交流，它只是一种补充而非替代，因此，城市仍将永久存在。

美国统计局调查资料显示，75%的美国人居住在城市化地区，而居住的面积只占国土面积的2%（Rosenthal，2004）。大城市是经济集聚和科技创新的源泉，是推动一国经济发展的主体，以中心城市为核心所形成的大都市圈空间发展体系能够促进资源有效集聚、空间高度集约利用，能够以较小的国土面积，创造出较大的经济产出。大城市的经济集聚与科技创新强度是衡量经济效率和发展实力的重要标志。以大城市为核心带动的大都市圈是实现我国顺利跨越中等收入国家陷阱的重要空间载体。城市经济学家认为城市的成功来自高工资、稳健的房价以及人口的增长，如果一个地区是好地方，工人将获得高工资，人们也愿意前往该地。

Koichi Mera（1973）认为，过去城市群的功能聚集与疏散战略主要依靠直观判断及有限数据分析而进行决策，考虑边际生产率和社会成本衡量城市群的效率，由此判断决定采取"中心化"还是"分散化"战略，同时他通过数据测算得出欠发达国家大城市不应该实施人口分布及投资分散的"去中心化"战略的结论。

2. 西方发达国家的城市化进程

"城市复兴"一词是由美国城市经济学家格莱泽教授在《城市的复兴》一书中提出的全新概念，他指出发达国家城市化进程经历了"中心化—去中心化（郊区化）—再中心化"。关于西方发达国家的城市化阶段，城市经济学家 A. J. Scott（2008）对此有深入的研究与概括，他认为美国和欧洲在"二战"后兴盛的大批量、大规模生产的福特主义促进了工业大城市的大发展和繁荣，主要得益于经济活动空间集聚带来的集聚效应。西方现代城市化进程主要可以分为以下阶段：

第一阶段，1945年左右，城市兴旺发达阶段。"二战"后美国和西欧的城市获得长足的发展，大批量、大规模生产的福特主义促进了工业大城市的大发展和繁荣。由于战后百废待兴，大量需求刺激了直接和间接投资，并且具有充裕的劳动力市场，共同促进了经济和城市的发展。

第二阶段，城市衰退阶段。1970年中期，城市开始处于濒临破产的边缘，由于国际竞争、劳动市场不协调、经济滞胀等原因，以及生产技术变化使传统模式发生急剧变化，导致经济不稳定。1970~1980年，很多分析家都对城市和区域发展持有悲观情绪。其实，这正是孕育城市复活（新一轮）发展的机会，以知识经济为基础的首位城市，如纽约、伦敦、巴黎等城市郊区地带出现了新产业空间和社区，尽管城市衰退与复活现象并存，但是关于城市未来的争论依然不绝于耳。

第三阶段，城市去中心化趋势。1990年后，由于新通信技术日益发达，距离消失、全球分散化趋势愈加明显，这似乎预示着城市将不复存在。事实上，全球化是促进城市增长和扩散的最主要原因。1950~2000年，美国出现了制造业转移的"去工业化"趋势，预示着后工业化（Postindustrial）时代到来，相应地，美国城市出现了分散化、郊区化现象，中心城市的制造业逐步退化，生产性服务业增长，并且伴随着种族阶层固化、移民人口增加、郊区集聚等问题。

（二）城市功能区

城市功能区是一个经济意义上的城市化地区，与行政区域的城市概念有别，它是符合一定的人口数量、人口密度、通勤联系等规范标准的地区。由于世界各国没有对"城市"概念的统一界定，造成不同国家间的比较分析缺乏可比性和可信度。为了解决这一问题，2011年OECD和欧盟委员会创造了一个全新的"城市功能区"概念和"城市通勤区"概念。符合以下标准的可视为"城市功能区"，即人口密度达到1500人/平方千米，不存在间隔、连续高密度的空间单元集聚，核心地区居民至少有5万人，同时至少50%的城市人口居住在市中心，城市化人口达到75%以上。

（三）都市圈

"都市圈"这一概念，最早是日本在参考美国"都市区"概念的基础上，提出了"日本标准城市地区"概念和划分标准，之后明确了"都市圈"的概念。

日本学者小林博提出都市圈包含三个层次：一是以功能维系为主的广义都市圈；二是日常生产圈；三是城市化地区（狭义的都市圈）（张伟，2003）。国内最早提出都市圈概念的是杨建荣（1995），他在《论中国崛起世界级大城市的条件与构想》一书中阐述了都市圈的特征和形成条件，提出构建中国八大都市圈的设想。

二、城市效率相关概念

（一）效率的定义

"效率"（Efficiency）一词，根据维基百科定义：通常是用来衡量生产过程中为了避免浪费原料、能源、资本、时间等要素，获得既定产出的能力。更通俗地说是一种避免浪费，将事情做得更好的能力。对于生产过程而言，以最小的投入获得最大的产出，测定公式为总产出与总投入的比率。①

（二）生产率的评价指标

根据OECD《生产率测度手册》的定义，通常而言，生产率是指一定的产出量与投入量的比率。生产率测度的目的包括：①技术。测度生产率增长是为了追踪技术变化，技术被称为能够将资源转换为经济产出的方式（Griliches，1987）。②效率。工程意义上的全效率是指利用物理技术，运用既定的投入获得最大产出的生产过程（Diewert和Lawrene，1999）。技术效率收益是一项"最好实践"的运动，是指消除技术或组织无效率，并不是所有形式的技术效率都具有经济意义。配置效率是指企业组织利润最大化的行为。如果生产率测定关注产业层面，效率的收益将不仅在于提高产业个体组织的效率，而是提高个体的生产效率。③节约成本。分离出不同类型的效率变化，技术变化和规模经济相对比较困难，生产率测定的典型方法是残差法，残差不仅能从劳动、资本等要素中提取，同时效率也会根据设备利用率、干中学、测定误差等因素发生变化。生产率增长存在许多潜在影响要素，我们可以将其称为真正的成本节约，根据这种理解，我们认为实践中的生产率测定被认为是识别生产过程中的成本节约。④生产过程的基准。在商业经济领域，针对特定生产过程的生产率测度方法可以比较并识别出无效率。⑤生活水平标准。生产率测定是评价生活水平的关键因素。人均收入通常是用来衡量人们的生活水平，它受到劳动生产率、单位工人增加值的直接影响。表2-1为OECD的生产率评价指标。

---

① 参考网站：https://en.wikipedia.org/wiki/Efficiency。

表2-1 生产率评价指标

产出要素测度	单一投入要素测度			
	劳动	资本	资本和劳动	资本、劳动、中间投入品（能源、原料、服务）
生产总值	劳动生产率	资本生产率	资本—劳动的多要素生产率	KLEMS多要素生产率
增加值	劳动生产率	资本生产率	资本—劳动多要素生产率	—
	单一要素生产率测度		多要素生产率测度	

资料来源：OECD《生产率测度手册》，KLEMS是指Capital – Labour – Energy – Materials的缩写。

1. 劳动生产率

计算公式为劳动生产率=总生产值（增加值）/劳动数量，是从时间截面表征劳动投入要素获得总产出的情况。该指标部分反映了劳动生产的效率、工人的工作能力以及劳动强度。劳动生产率的变化反映了资本、中间投入品、技术、组织以及效率变化的共同影响，并且反映了规模经济的影响，它随着产能利用率和测量误差而变化。产出与劳动的比值很大程度上取决于其他以上提到的投入要素。

2. 资本—劳动生产率

增加值/资本和劳动投入量反映了资本和劳动两种投入要素获得的产出增加值。它不完全反映技术变化情况，而是反映单位初级投入品获得收入的指数，反映工业的生产能力。事实上，该指标反映了非物质技术、规模经济、效率变化的共同影响，以及产能利用率和测量误差的变化。资本投入测量是一切资产具体形式的汇总，是通过各自的使用成本所占比重赋予权重的，有形的技术变化效应是由资本投入描述的，无形技术变化将影响全要素生产率。目的是建立微观宏观联系、经济中全要素增长率和生活水平的产业贡献，分析结构变化。

3. 资本生产率

基于总产值（增加值）的资本生产率。等于增加值/资本投入量。该指标衡量资本投入获得产出的情况，它反映劳动、中间投入品、技术变化、效率变化、规模经济、产能利用率和测量误差的共同影响。资本生产率和资本回报率是不同的，资本生产率是物质化的，测量局部生产率，资本回报率则用于测量资本收入与资本存量的比值。

4. 全要素生产率

计算公式为：总产值/多种要素投入量。多种要素投入量为劳动、资本、能源、服务的数量，每种数量的权重取决于各种要素价格在总产出中的比重。衡量多种要素投入获得产出的情况，KLEMS 生产率测定无形技术变化，事实上，它反映了效率变化、规模经济、产能利用率和测量误差的变化情况。资本和中间投入的测定是资产和产品具体形式的加总，每种投入品的权重是根据它在总成本中的比例而定的。

（三）城市效率评价指标

如果我们将城市视为一个资源集合体，那么城市有资源的投入，也有相应的产出。城市效率问题考察和评判城市是如何将有限的资源投入到生产系统中，以获得最大的产出。国内外学术界在研究城市效率问题时，主要从以下几个指标进行评价：

1. 城市经济增长

从可持续发展的视角来看，以城市经济增长来判断城市的发展效率，可持续发展效率。主要运用城市地区生产总值来进行衡量，人均 GDP 是目前通用的指标。

2. 城市劳动生产率

一般而言，城市规模越高，城市的劳动生产率越高，学术界目前采用劳动者工资水平和非农就业人口的单位产出来表示劳动生产率。

3. 全要素生产率

运用 DEA 方法来测算城市的投入产出效率，选择投入和产出指标，一般将劳动、资本作为投入指标，将 GDP、税收等指标作为产出指标，并从技术效率、配置效率、规模效率等方面进行全面的衡量与评价。如果考虑城市污染问题还会将废水、废气纳入评价指标衡量城市的非合意产出，更加综合、全面地评价城市效率。

三、集聚经济

（一）集聚经济理论

集聚经济的研究起始于阿尔弗雷德·马歇尔（1890，1920），他强调厂商之间的技术溢出效应，集聚现象有利于知识在厂商间的溢出，并且产业集聚主要在城市内发生，由此促进了产业的发展和城市的繁荣。他提出了集聚经济的三个效应：劳动市场、知识外溢、产业内分工（Marshall，1920）。Glaeser（1998）总结了城市对经济发展的作用，这些观点广为大家接受。主要内容是：一是集聚效应主要包括规模报酬递增、低交易成本。城市在历史上成为生产制造中心是由于它能带给企业巨大的市场，广大的消费市场使城市制造业成本处于平均成本以下，同时人们居住集中在城市地区也大大地降低了运输成本，这种自我强化的过程正是现代产业经济学家所谓的正反馈效应。二是城市的优势在于交通运输工人和人力资本更为经济廉价，即所谓的劳动力市场效应，可以降低工人失业风险。劳动力市场池给劳动者提供了规避就业市场随机波动的风险，也给企业提供了更多劳动力资源，提高了企业生产率。Henderson（1974）继承了马歇尔的理论，并综合了 Mills（1967）理论，强调了集聚不经济抵消了厂商的生产率优势，集聚经济与集聚不经济的相互权衡共同形成了均衡。

城市集聚经济是指厂商和人们共同集聚在城市空间以及产业簇群现象所带来的好处（Edward L. Glaeser，2007），或者也可以称为城市规模报酬递增现象。城市凭借规模和集聚效应，是经济快速增长的先导区，是人口、产业、商业设施、金融、文化的集中区，由一个或多个核心城市逐渐向郊区延伸，通过城郊铁路设施建设扩大了城市连绵区。国外文献最早研究城市增长驱动力的主要是基于马歇尔（1920）的规模经济和范围经济的分析框架。城市的形成是由于经济活动在空间的集聚现象。城市增长的微观基础建立在马歇尔的微观机制之上，主要包括投入共享、知识溢出、劳动力市场共享、本地市场效应和寻租。Duranton 和 Puga（2004）总结了城市集聚经济的微观基础，包括共享（Sharing）——生产投入与最终产品共享资源；匹配（Matching）——劳动力市场的匹配；学习机制（Learning Mechanisms）——知识溢出。一是共享机制，大城市集聚拥有许多投入品供应商和专业化工人，生产更加高效；二是匹配模型，通过相互匹配，提高质量（Hesley R. 和 Strange W.，1990；Kim，1990）；三是城市集聚更加便于知识创新、传播和知识积累。这三种机制是城市集聚提高生产率的内在原因所在。

1. 空间均衡

空间均衡是城市和区域经济学家们用来分析城市的主要工具。该理论的逻辑是：假设人们可以在一国内自由流动，在不同地区间是无差异的。这意味着高工资所带来的效用必然与高物价或低舒适度的负效用相互抵消，否则，人们都会前往高工资的地区，高房价则有高工资和高舒适度补偿。

2. 新经济地理理论

经济活动在空间的集聚、厂商和个体在空间的簇群现象是当代新经济地理学研究的主要问题，出现这一现象的主要原因是地区专业化外部规模经济带来的生产率优势。集聚经济给研究经济活动为何形成空间集聚，以及厂商和个体趋于"扎堆"提供了很好的研究视角。产业经济活动区位与区域长期增长之间的关系不容忽视，因为集聚经济和发展不均衡是永恒存在的，甚至会继续扩大。与此同时，随着经济活动集聚的不断强化，出现了拥挤，Krugman 的钟形集聚效应（Bell-shaped）说明了城市集聚与拥挤相互权衡的市场均衡结果。

3. 垄断竞争理论

迪克斯特和斯蒂格利茨（Dixit 和 Stiglitz，1977）设计了一般均衡的垄断竞争模型，认为空间和区域经济对于提高宏观经济增长具有重要作用。由于资源禀赋不同，区域之间存在分工，区际分工（专业化）是指某种类型的产业往往聚集在某一特定地理空间内，并与其他地理空间之间进行产品贸易，进而形成了地理空间之间的分工。

4. 新经济增长理论

新经济增长理论认识到了知识和创造的经济性，达成的共识是经济中存在规模效应（Scale Effect），由于存在相关的资源，经济规模越大越具有创新优势。20 世纪关于城市集聚经济主要集中于运输成本节约的讨论，国外学者认为如果能够大幅度降低物质产品的运输成本，城市规模将不断扩大，知识外溢现象是城市集聚不断强化的巨大驱动力。

（二）城市集聚的本质及来源

城市报酬递增的范围。一是外部性。由于经济行为的集聚或城市规模本身而导致的外部性。二是地理因素的范围。城市存在原因是：邻近性具有优势，所以地理距离是关键因素，规模经济随着地理距离衰减，越近交互性越强。

1. 规模效应

关于集聚的经验研究，主要聚焦在城市和产业规模决定了劳动生产率以及由集聚经济引起的技术外溢现象。L. Seikauskas（1975）、David Segal（1976）、Ronald L. Moomaw（1983）估计了城市人口规模对生产率的影响。Hendson（1986）认为，随着产业规模的不断扩大，企业的劳动生产率逐步提高，产业规模可以用就业人数来衡量。

另外很重要的一个文献有关于集聚经济的经验研究是工资水平的地理差异。Edward L. Glaeser 和 David C. Mare（1994）发现在城市和人口密集地区的工资水平显著高于其他地区，但是在 Ciccone（1996）之前，没有人将工资水平差距与人口密度直接联系起来进行研究。城市工资溢价（升水）也被认为是城市集聚的驱动力。Glaser 等（1992，1995）估计了增长方程，发现美国城市集聚地区的就业增长变化、工资增长与工人劳动生产率的关系。Segal（1976）认为，美国的大城市要素生产率要比小城市高。David Segal（2001）发现，美国大都市区中人口规模在 200 万以上的要素报酬比其他地区的都市区高 8%。总之，学者们实证研究的结果是，城市规模增大一倍，生产率水平提高 3%~8%。Combes、Duranton 和 Gobillon（2003）运用法国工资水平数据，在控制了工人的技能水平之后，得到城市规模对生产率提高具有相对较小的影响。

2. 密度效应

过去，学者们的理论和实证研究主要关注城市规模带来的收益和回报，而对空间密度的直接研究较少。Ciccone（1996）认为，密度是比规模决定生产率更精确的因素。与此相近的研究是 Richard Voith（1992）发现了美国的要素总生产率随着城市化进程而提高。陈良文（2009）认为，从理论上看，经济密度与生产率之间具有非常明确的关系，即经济密度越高，知识外溢、劳动力池、专业化投入品等集聚效应更强，从而生产率越高。

密度效应存在最关键的原因是，密度能够有效地降低新知识产生和信息交流的成本，物理距离的邻近便于知识的传播，增加了密集的城市地区中企业和人们交互和面对面的交流机会，有利于创新、创造。正是城市中的学习和知识溢出显著提高了城市生产率（Aison R. Abel、Ishita Dey 和 Todd M. Gabe，2011）。知识具有非排他性，知识的传播和溢出具有规模报酬递增效应，尤其是在密集和人口聚集地区产生的效率更高（Andersson M. 和 Karlsson C.，2007）。

由于信息是非对称和瞬息变化的，同时当今社会有许多非常有价值的经济活动信息是不易被编码的，这些特征的信息只有在邻近密集的城市地区才能够获得，只有通过面对面的相互交流才能传播，所以，在城市地区，获得这类隐性信息能够显著地提高生产率（Storper 和 Venables，2004）。

关于经济密度对城市生产率的研究，Ciccone 和 Hall（1996）将经济密度定义为劳动力、人力资本、物质资本等在物质空间的密集程度。高密度意味着每平方千米的劳动力和人力资本数量大。密度影响生产率的多种方式：一是技术报酬不变时，运输成本随着距离增大而升高，在一定地理距离范围内技术报酬是递增的，即随着密度增大，产出/投入比将增大。二是生产邻近性所带来的外部性，密度将会提高劳动生产率。三是密度效应来源是因为一定范围内高密度的专业化生产活动带来的好处。他分析了劳动生产率与空间密度（Spatial Density），发现了空间集聚规模报酬递增现象，美国各州的就业密度平均增大一倍，劳动生产率平均提高 6%。

除人口密度、就业密度之外，人力资本密度也是学者们关注的重点。Aison R. Abel、Ishita Dey 和 Todd M. Gabe（2011）认为，人力资本存量的密度对生产率具有重要影响,是城市集聚经济的重要来源,美国大都市区的人力资本存量密度增加一倍,生产率提高2%~4%。比Ciccone和Hall(1996)的研究结论4.5%~6%估计值相对低一些,但是Combes等(2008,2010)研究结论:就业密度增加一倍,与生产率提高2%~3.5%相一致。周其仁(2015)认为,城市高密度会使分工更加发达,人群聚集可以降低信息成本和基础设施建设成本,提高城市密度,建设紧凑型城市是城市化的未来方向。

3. 学习效应

学习效应也可以称为知识溢出效应。城市生产率提高得益于学习机制。许多学者强调知识溢出对于技术创新的作用。比如,某一地区的外部环境能够使厂商生产函数往上移动(Rosenthal S. 和Strange W. ,2004),这种观点与Romer(1990)的内生增长理论相一致。城市集聚的学习效应主要体现在规模和密度上。一是集聚规模与生产率关系一般用城市规模来衡量,城市规模越大,生产率越高,主要研究学者有:Shefer(1973)、Segal(1976)、Sveikauskas(1975)、Nakamura(1985)、Rice等(2006)。二是密度与生产率关系。这是衡量学习效应的另一种方式,一般用就业密度来表示密度效应,就业密度越高,生产率越高(Ciccone和Hall,1996;Ciccone,2002;Brülhart M. 和Mathys N. ,2008)。在交通成本显著下降的情况下,大城市仍然具有强大的集聚效应,正是因为大城市具有强大的知识溢出,存在学习效应,知识能够在空间自由流动,面对面沟通交流成本较小,知识报酬递增,促进了城市创新部门和产业发展,这正是美国纽约这类知识创新型大都市仍兴旺发达不断集聚的重要原因(Edward L. Glaeser,2007)。

4. 选择效应

企业空间选择。因为集聚可以提高生产率,所以大城市会吸引更高效率的企业前来聚集(Rosenthal和Strange,2004)。具有内部优势的企业更加愿意选择留在集聚地区。最近有关企业异质性引起集聚的理论研究认为,他们高估了集聚经济效应,因为大多数高效率的厂商规模大而且产量多,具有强烈意愿布局在大城市,因为这样可以节约交通成本,而不考虑集聚经济效应(Baldwin R. 和Okubo T. ,2006),这就是不同生产率水平企业的空间选择结果。

也有学者认为,城市中的企业生产率比其他地区高,由于企业的异质性,企业本身具有内在资源优势和能力,形成了规模报酬递增。从企业内部的规模经济设定研究集聚理论的重要贡献者Mills,他从企业内部规模报酬递增视角研究集聚经济,假定所有产品生产者都是垄断者,利用垄断竞争市场结构研究集聚问题,还有其他学者，包括 A. Michael Spence（1976）、Avinash Dixit 和 Joseph E. Stiglitz（1977）、H. M. Abdel - Rahman（1988）、Masahisa Fujita（1988，1989）都从内部规模报酬递增研究集聚经济。Paul R. Krugman（1991）论证了当运输成本很小、劳动力自由流动的时候，集聚经济的产生。Ciccone（1992）说明了由于存在外生技术，集聚的类型不断得以强化。

5. 本地市场效应

规模报酬递增导致工厂劳动力不断集聚，与此同时也创造了一个巨大的市场，因为在同一本地市场可以节约交通运输成本。生产中的外部规模经济和交通运输成本降低的双重作用产生了放大效应，本地市场规模扩大是集聚经济不断自我强化的过程。首先对本地市场效应进行正式阐述的是 Krugman（1980）、Davis 和 Weinstein（1996）运用 OECD 国家数据，考察了规模报酬递增的本地市场效应，并发现了存在传统的赫克歇尔—俄林效应。随后 Davis 和 Weinstein（1999）运用日本县一级数据，证实了本地市场效应是决定区域集聚的重要因素，也是城市集聚的重要因素。Hanson（1998a，1998b）考察了实施北美自由贸易协定（NAFTA）前后，美国和墨西哥边界的产业发展状况，他发现随着墨西哥的自由开放度的提高，出现了新的制造业集聚地，传统的墨西哥城出现衰退，这说明了贸易自由化使本地市场效应的重要性降低。

段瑞君（2014）认为，集聚经济主要包括市场接近效应和生活成本效应。人口及企业等要素向城市迁移过程中形成的市场规模决定了市场接近效应，城市 GDP 规模、人口规模和企业数量是衡量市场接近效应的重要指标。生活成本效应直接影响实际收入水平，实际收入水平与工资水平直接相关，大城市的高工资吸引更多工人向大城市迁移，可以用城市职工的平均工资来表示生活成本指数。

6. 城市化经济与本地化经济

Ohlin（1933）和 Hoover（1937）区分了城市化与本地化经济。城市化经济是指在大城市地区的多样化经济；本地化经济是指，对企业而言是外部经济，对产业而言是内部的专业化现象。城市化经济对于企业个体而言是外部经济，但对于整个区域而言是内部经济，城市化经济能够给同一区域企业带来好处，它强调区域层面的规模报酬来源于产业间外部性。城市化经济这一概念与 Jacobs 所强调的区域经济多样化概念相一致。

四、拥挤效应

Puga（1998）认为，非贸易要素和产品的价格上升将造成拥堵效应（Congestion Effects）。Helpman 发现了与 Krugman 论文中完全不一样的结论：随着贸易成本的下降将会提高那些非拥挤地区的生产活动，而且会使劳动者迁出拥挤的地区，为了节约高昂的房价成本，出现集聚的分散力。他认为低贸易成本和高贸易成本都会导致经济活动的分散，而中间贸易成本则是形成产业集聚的动因。

（一）拥挤的概念

"拥挤"一词，是英文"Congestion"的翻译，从经济学视角分析，拥挤是指由于要素集聚过度，导致资源配置的无效率。由于资源配置存在最佳比例，所以某一种要素投入过度会造成技术无效。因为，某一种要素投入过量会对其他要素造成负面影响。从要素资源配置的角度看，拥挤效应就是由于资源投入过多，造成资源配置过剩的拥挤现象。

生产要素拥挤是指在特定生产条件下，一种或多种投入要素增加到一定程度时，由投入过多造成生产阻塞而导致产出降低的现象（唐根年，2009）。判断要素拥挤效应可以从产出弹性的正负、显著水平和系数大小进行衡量。要素拥挤导致的结果：一是生产要素投入冗余导致资源配置效率低下；二是地区内企业追求短期利益同质化竞争，减少创新投入，导致技术变化效率降低，拥挤效应抵消了规模经济效应，导致生产率下降。

（二）产业集群的拥挤效应

Brakman（1996）提出产业集群的拥挤效应（Congestion Effects）概念，即随着生产要素的进一步集聚，产业集聚出现了要素投入冗余，进而导致生产率降低的现象。Sbergami（2002）运用欧洲六国数据的研究结果表明，制造业集聚与经济增长间关系与理论预期不一致，集聚并不必然有利于经济增长。Brülhart 和 Sbergami（2009）运用多个国家数据考察经济活动空间集聚对经济增长的作用，研究证实空间集聚对经济增长的作用与 Wiliamson 假说一致，集聚经济增长效应由正转负的临界值为人均收入 1 万美元。曾亿武等（2015）认为，产业集群发展到一定程度，可能出现生产要素拥挤现象，会导致生产效率降低，只能通过调整生产要素投入比例，改善产业集群生产率。

在实证研究方面，学者钟祖昌（2011）认为，目前我国部分地区的劳动密集型产业和中低技术密集型产业已出现一定程度的"拥挤效应"。金春雨、程浩（2015）研究认为，制造业的适度集聚有利于经济增长，制造业过度集聚引发拥挤效应，会抑制经济增长。沈能（2014）从行业异质性视角对产业集聚与拥挤效应进行分析，并将制造业划分为劳动密集型、资本密集型、技术密集型和资源密集型行业，考察集聚效应、拥挤效应对中国制造业全要素生产率的时空影响。李敏、刘和东（2008）以行为生态学为研究视角，构建生物社群关联度指数模型，研究产业集群内部及产业间关系，认为拥挤效应是产业集群的潜在风险之一，产业集群的拥挤效应是因为产业集群超过了最优规模，内部密度过大导致成本增加或利润减少。Yiu Por Chen（2009）重点考察了财政分权下的地方公共品拥挤效应。

（三）拥挤效应与城市规模

周圣强（2013）利用城市工业数据分析拥挤效应对全要素生产率的影响，考察了行业同质性条件下城市拥挤效应。段瑞君（2014）考察了市场拥挤效应与城市规模之间的关系，认为市场拥挤效应是导致城市郊区化、城市规模不断扩大的主要原因，随着城市规模的扩张，企业之间争夺消费者的竞争更加激烈，这种竞争导致企业生产成本上升和利润率下降，使工资水平和居民收入下降，这时企业就会倾向于选择竞争较少的区位，同时，城市人口也开始向郊区转移。

第二节 集聚经济与城市效率的文献研究

一、城市效率影响因素分析

劳动生产率是衡量城市经济效率的重要指标，现实中造成不同地区劳动生产率差异的因素有很多。自然条件、技术水平、人力资本、资本密集度等都是导致地区间劳动生产率差异的重要因素（陈良文等，2009）。

（一）地理因素

经济学家在测算城市生产率差异时，也考虑到了不同城市的资源禀赋不一样，如气候、区位、自然资源等。自然资源优势对工业布局影响的经验研究由来已久，Marshall（1920）就曾说过工业布局的影响因素很多，其中最主要的是物理条件，比如气候、土壤、邻近矿山等。

区位理论认为城市存在根源于众多要素带来的集聚经济，集聚能够带来规模报酬递增效应。土地的异质性是城市存在的重要基础，有些地方生产率更高，生产活动更加容易集中，由此形成了城市集聚效应。Edwins Mills（1967）认为，美国城市区位选择一般都布局在水运交通成本很低的地区，土地异质性主要通过两种方式纳入模型中，一是假设与土地相关的许多生产要素，如自然资源、地形、气候等在不同地方具有差异性，投入到生产函数后产出结果也不同；二是不同的土地投入要素具有不同的生产效率,由此造成了不同地区生产率的差异性。Hoch (1976) 认为,大城市之所以规模大是因为存在自然竞争优势,能够提供高工资,吸引劳动力流入,使人口不断集聚。

(二) 城市规模与城市效率

城市经济增长是体现城市经济效率的重要方面,城市集聚效应是促进城市经济增长的主要动力。Edwins Mills (1967) 认为,集聚经济的来源为要素规模报酬递增。规模经济主要包含生产活动不可分割性,这是决定城市规模的重要因素,城市中具有大量专业化的商业和消费服务集聚,对城市经济增长产生正效应。Romer (1990)、Grossman 和 Helpman (1991) 利用内生增长模型较早地论证了集聚与经济增长的关系。Henderson (2003) 最早严谨地评价分析了城市化对经济增长的影响,证实了威廉姆斯假设,解释了城市集聚推动经济增长。Henderson (2005) 还论证了城市集聚对城市生产率及增长的正效应。印度学者 Sridhar (2010) 估计了城市增长及其决定因素,发现距离大城市的邻近性、农业向城市化过渡 (城市化) 等因素决定了城市规模。

早在 20 世纪 70 年代,美国学者就用大都市区的行业统计数据估计生产函数,发现了规模越大的大都市区具有更高的生产效率。Shefer (1973) 分析了大都市区的 20 个行业,发现城市规模增大一倍,生产效率提高 14% ~27%。Sveikauskas (1975) 运用更加精确的方法对少数行业进行了测度,结果发现城市规模增大一倍,产出增长 6% ~7%。Segal (1976) 运用美国 73 个大都市区的数据进行测算,发现美国人口规模在 200 万以上的大都市的生产效率高出小城市 8%。Nakamura (1985) 利用日本县一级的数据进行分析,研究证实了集聚经济和本地化经济的重要性,同时得到结果:城市规模增大一倍,生产率将提高 3%。同样,Soroka (1984)、Beeson (1987) 都得到了相似的经验结果。因为大城市具有更大的消费产品和生产要素,能够产生外部规模经济。

Segal (1976) 构建的城市总生产函数为:

$$Q_i = AS^\alpha C_i^\delta K_i^\gamma L_i^{\sum \beta_k q_{ik}} \tag{2-1}$$

式中,C_i 为城市 i 的资源禀赋,气候、自然资源以及中心区位;S 为规模虚拟变量;K_i 为资本存量;L_i 为劳动力;q_i 为劳动力质量的变量,教育、性别、年龄;A 为转换系数。

城市最优规模也是理论界研究的关注点。亨德森 (1974) 界定的城市最优规模能够使经济参与者的效用最大化,均衡的城市规模取决于劳动者和资本拥有者的区位或投资决策,个体追求实现效应最大化,当单位资源成本上升能够被城市贸易生产的规模经济引致的资源节约所抵消时,这样的城市规模是有效率的。城市规模不同是由于不同类型的城市专业化生产的贸易产品有别,如果贸易产品存在不同的规模经济,那么城市规模将不同,因为它所能抵消的通勤和拥堵成本也不同。

国外学者 AU. C. 和 Henderson(2006)使用中国城市样本,测算了城市规模与城市效率关系,发现城市净集聚效应首先随着城市规模上升而急剧上升,在达到峰值后缓慢下降,城市规模与城市经济效率呈现倒"U"形,城市产业结构变化会影响城市最优规模,实证结果表明中国城市的平均规模仍然过小。王小鲁、夏小林(1999)构建了城市经济模型,使用全国 666 个城市数据,实证分析了不同规模城市的规模集聚效应,发现人口规模在 100 万~400 万人的大城市是最佳规模城市,净规模收益最高,规模小于 10 万人的城市,无法发现净规模收益,他们认为中国大城市的数量不是太多,而是太少。

(三)城市知识创造(人力资本)与城市效率

Glaeser(1998)在《城市消亡了吗?》一文中提出,在给定交通成本不断降低的条件下,城市持续存在的原因是由于城市集聚具有巨大的知识创造功能。20 世纪 90 年代之前,研究者关注城市集聚和拥挤来解释工人生产率测定方面的内容,很少有学者关注考察集聚驱动力对新知识生产和创造的作用。Jaffe(1986)、Griliches(1986)、Acs 和 Audretsch(1989)构建了基于专利统计的知识生产函数,研究认为包括经济活动密度、集聚和拥挤在内的驱动要素都是通过知识生产函数发挥作用的。

20 世纪 90 年代,城市规模(经济活动的集聚或城市工业的多样化)与经济产出、产出增长之间关系的经验研究更加深入,城市人力资本存量与生产率关系就是研究内容之一。Rauch(1993)进行了开创性的经验研究,测算了劳动力市场的匹配与人力资本外部性理论。如果外部性显著,那么工人将更具生产效率,在那些具有更大溢出效应的大城市获得更高工资,或者说,技能工人在人力资本富集的城市将获得比人力资本相对匮乏的城市更高的工资,他运用美国 200 个大都市区的统计数据分析,结果发现工人平均教育水平增加 1 年,生产率将提高 3%。也有学者关注城市集聚带来的技术变革。Norman Sedgley 和 Bruce Elmslie(2011)运用美国 1990~1999 年 302 个都市圈数据,考察人口密度与专利创新活动之间的非线性关系,论证了集聚效应和拥堵效应对于地区创新的作用,并提出人口密度对于提高创新率具有很重要的作用。

(四)产业结构与城市规模

Duranton(1998)阐述了城市规模、城市结构取决于专业化(城市农产品的运输成本及通勤成本）。当城市规模很小时，通勤成本发挥的作用很小（可以忽略不计）；但是当农业生产率变得很重要，海运成本可以忽略以及城市规模很大时，集群的来源变得很关键。由于劳动专业化带来的规模报酬递增引起集群效应，而农产品运输成本引起分散化，前工业化阶段城市化向现代城市化过渡，现代城市规模扩张较少受到食物供应的制约，更多的是通勤成本。

亨德森认为，城市的最优规模取决于它的功能，外部经济体现在城市内特定产业的空间集聚，而外部不经济则主要取决于城市的规模，这种不对称会导致外部经济性在不同产业之间存在很大的差异，比如纺织工业城市没有理由再建大型钢铁厂，而金融城市包揽全国的金融业务却是有效率的（沈体雁，2012）。

美国布朗大学教授 AU. C. 和 Henderson（2006）发现，随着城市产业结构的变化，城市的最优规模（净聚集效应最大）也有所不同，当制造业与服务业增加值之比为 1 时，城市的最佳就业人数规模在 127 万人，相当于最优人口规模 250 万人；当比值为 0.6 时，最优人口规模为 290 万~380 万人（王小鲁，2010）。

Mun 和 Hutchinson（1995）运用多伦多的数据估计了写字楼市场的集聚经济效应，指出了商业部门的集聚经济效应远高于制造业的集聚经济效应，城市中心区域的劳动生产率往往比其他地区要高，其经济形态更具有地方化特征。Mathur（2005）发现城市增长是由于城市人口及制造业和服务部门就业人数比例变化所致。

（五）城市空间结构与城市效率

Dobkins L. H. 和 Y. M. Ioannides（2001）以美国 1900~1990 年的城市数据考察了城市间的相互作用，相邻城市的增长率相互依存，城市间存在空间交互作用，即"城市簇"现象存在。AU. C. 和 Henderson（2006）也阐述了城市之间存在溢出效应，城市空间的地理邻近性能够促进城市的发展。

（六）经济密度与中国城市劳动生产率

关于经济密度与城市效率关系的研究，国内大量文献都是从集聚经济的视角，运用城市经济密度数据对城市劳动生产率进行实证研究，估计经济密度对城市劳动生产率的弹性系数。

范剑勇（2006）运用中国 2004 年地级市和副省级城市数据，估计了非农就业密度对劳动生产率的影响，发现了劳动力对就业密度的弹性系数达到了8.8%，远高于欧美国家 5% 左右的水平，就业密度与人力资本两项对劳动生产率差异的解释力达到了 62%。陈良文等（2009）运用北京 2004 年经济普查数据，从经济集聚密度视角解释了北京市内的劳动生产率差异现象，实证结果发现：劳动生产率与经济密度之间存在显著正向关系，劳动生产率对单位面积产出和单位面积就业的弹性分别为 0.1118 和 0.1162。刘修岩（2009）运用中国 2003~2006 年的城市面板数据，通过就业密度、城市相对多样化水平和相对专业化水平等集聚经济因素对城市非农劳动生产率的影响进行了实证分析，发现就业密度每提高 10%，城市的劳动生产率会提高 1.7%。郭琪、贺灿飞（2012）运用 3D 分析框架，即密度、距离、分割，利用中国 2004~2009 年城市面板数据，验证了 3D 分析框架对城市劳动生产率差异的解释力，结果发现：经济密度对我国城市劳动生产率差异的影响显著为正，与沿海距离和与省会距离的相关性显著为负，但是国内市场分割度的影响不显著，而且，影响东、中、西部劳动生产率差异的经济地理特征不尽相同。孙浦阳、韩帅和许启钦（2013）使用 ADL（1，1）动态计量模型，区分了产业集聚当期和滞后一期对劳动生产率的影响，结果显示：在当期，产业集聚对劳动生产率的影响显著为负，回归系数为 -0.294 和 -0.363，长期看，产业集聚与劳动生产率呈显著正相关，中国城市非农就业密度每上升 1 个单位，城市劳动生产率将提高 119~201 元/人。

二、集聚经济与城市效率的机制研究

集聚对生产率具有正向影响，这是一个相对较老的话题，过去 40 年已经进行了充分的研究，如 Aberg Y.（1973）；Shefer（1973）；Segal（1976）；Sveikauskas（1975）；Moomaw R. L.（1983），Ciccone 和 Hall（1996）；Braunerhjelm P. Borgman B.（2004）；Rice 等（2006）；Brülhart 和 Mathys（2008）。学者们运用瑞典、英国、美国等数据证明了集聚对于生产率的提高作用，城市生产率溢价得以证实。多样化与城市规模影响了城市的产出水平和效用水平。表 2-2，从四个维度展示了这一理论（Quigley，1998）。

表 2-2 城市规模和多样化的集聚含义

要素	举例	主要学者
生产中的规模经济以及厂商中的消费	大规模工厂公共产品：公园、体育馆	Mills（1967）；Dixit（1973）；Arnott and Stiglitz（1979）
生产和消费中共享投入品	修理、会计、法律、广告	Krugman（1993）；Rivera-Batiz（1988）
生产和消费中的交易成本	劳动力市场匹配	Helsley 和 strange（1990）；Acemoglu（1996）

续表

要素	举例	主要学者
生产和消费中的统计经济	商业区 失业保险 不动产交易市场 替代产品	David 和 Rosenbloom（1990）；Helsley 和 Strange（1991）；Mills 和 Hamilton（1984）

资料来源：Quigley J. M. "Urban Diversity and Economic Growth", Journal of Economic Perspectives, Vol. 12, No. , 1998.

（1）首要原因是规模经济或厂商活动的不可分割性。这是城市存在的第一原理。如果不存在规模经济，那么为了节约运输成本厂商的经济活动将会分散化，同样也不会存在城市。当然，城市经济无效率是由于规模不经济，有时候也称为施泰力定理（Starrett Theorem）。与之相反，由于经济活动集聚形成的城市最早是由冯·杜能在1826年所提出的市场小镇（Market village），他所描绘的就是将本地产品出口到世界的中转站（中心节点镇）。城市经济活动具有规模经济，并且展示了"U"形的平均成本曲线（Mills，1967；Mirrlees，1972），当然，许多公共基础设施也呈现这一特征，如体育馆、游泳馆。在一定范围内，随着城市居民消费数量的逐渐增加，平均成本是不断下降的，但是一旦超过临界点，居民数量增加所带来的平均成本是上升的，即出现了拥挤（Congestion）。

（2）生产和消费投入品共享。正如马歇尔所描述的本地化经济。Hall（1959）较早地描述了生产上共享投入品给厂商带来的优势，与此同时，Krugman（1993）阐述了在大城市地区，一般工人和专业化人才的较容易获得性，使厂商能够大大地降低生产成本。消费领域的共享投入品包括传播文化活动的网络及设施。

（3）大城市能够创造更加有效的经济活动来源于交易成本的降低。在生产方面，能够有效匹配劳动者和劳动力需求者，降低了劳动力供给和需求双方的搜寻成本（Helsley and Strange，1990；Acemoglu，1996）。大城市中的消费者搜寻成本降低也能够降低交易成本，大城市中更容易提供商业集聚区，从而使不同类型商业零售店会聚集在相同地区。

（4）大城市中存在潜在的经济效应和成本节约。如 Mills 和 Hamilton（1984）描述了城市大量经济活动中存在波动的现象，厂商对劳动力需求以及消费者对产品需求的时间错位，可以带来稳定的就业和厂商更少的投资。

三、集聚过度引起的城市效率损失

相较于区域间较长的距离,城市的空间范围显得很小,学者们往往会忽视在城市这一较小空间范围内存在拥挤的可能性(Antonio Accetturo,2008)。Henderson(2003)、Briilhart 和 Mathys(2008)、Brakman(2001)的研究发现产业集聚也有可能给地方经济带来负面影响,称为拥挤效应(congestion effect)。

城市要素过度集聚会造成拥挤效应,引发一系列的负面影响。一是人口拥挤。大城市的集聚经济、知识溢出效应、高工资,吸引了大量的人才聚集在此,人口密度不断增大,出现了人口拥挤现象。二是交通拥挤。城市规模不断扩大,中心区的地价上升,居民居住地与就业地不断分离,通勤时间不断增加,由于私家车进入道路的零成本,私家车不断增加,增加了城市的交通拥堵情况。大城市的工作时间比小城市工作时间更加少,因为花在通勤上的时间比较多(David Segal,1976)。

(一)规模不经济

在微观经济学中,规模不经济意味着随着厂商规模或产出增加,成本优势丧失。导致规模不经济的原因是经济学中规模报酬递减的规律。随着产出规模的增大,单位投入获得的产出报酬递减。因为随着厂商规模的扩大,组织机构的层级增多,员工之间相互交流的成本上升,厂商规模受限于交易成本。Williamson(1967)论证了企业规模受限于规模不经济的四个原因:一是专业化的负面后果,专业化工人只承担很小部分的工作,从而对企业的整体理解有偏差;二是企业规模扩大,容易形成僵化的官僚体制,降低企业的效益;三是大企业对工人激励不足;四是大企业容易造成沟通信息失真,信息扭曲。前两个是决定(计划)成本,第三个是激励不足成本,第四个是资源失配成本。

(二)城市规模不经济的表现

对于城市而言,空间资源是承载人类经济社会活动的有限范围,经济活动在空间范围内的集聚会产生集聚经济。经济活动在空间范围的规模聚集,提高了城市劳动生产率,促进了城市整体效率的提升。但是,随着经济要素在空间内集聚进一步强化,出现了要素拥挤,空间集聚过度会引起拥挤(Congestion)。拥挤是有成本的,即拥挤成本(Congestion Cost)。

当城市规模较小时,人口、产业向城市集聚,集聚经济给城市带来了规模报酬递增效应。但是,从长期来看,随着城市规模的扩大,城市的拥挤效应出现,城市的平均成本不断上升,城市规模与成本之间呈现"U"形曲线关系(见

图2-1)。

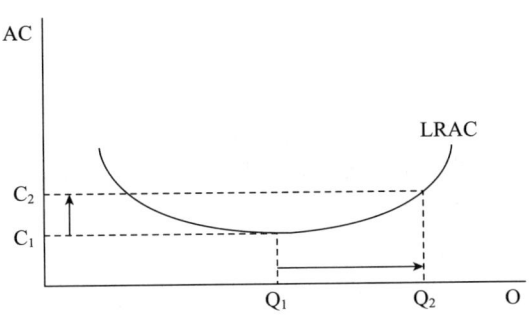

图2-1 城市规模与城市成本关系

四、城市最优规模

根据空间均衡分析框架,城市存在相互作用力,依据 Antonio Accetturo (2009) 对城市空间相互作用力的分析,主要存在四种驱动力,表达了经济活动的空间分配(见表2-3)。

表2-3 城市空间均衡四大作用力

	离心力(Centrifugal)	向心力(Centripetal)
静态	通勤成本(低的纯收入),市场拥挤效应	规模经济、运输成本
动态	通勤成本(低的跨期溢出效应)	本地知识溢出

资料来源:Antonio Accetturo, Agglomeration and Growth: the Effects of Commuting Costs (2009)。

静态向心力:源于规模经济和交通成本节约。规模报酬递增和交通成本降低使经济活动聚集在同一地区,称为本地市场(Home Market),随着更多的工人居住在区域,本地市场规模不断扩大。

动态向心力:源于本地知识溢出。在同一区域的熟练工人之间的知识溢出效应更大。当集聚发生时,多样化更为巨大,居民的效应水平更高。

静态离心力:源于拥挤(或者称为市场拥挤)和通勤成本。当集聚发生时,中心区域的竞争变得更加激烈,厂商的利润递减,熟练工人的纯收入不断降低,随之,劳动力供给减少,但是地租上升。

动态离心力：源于拥挤带来的劳动力供给减少。因为通勤成本越高，技能工人的实际工资水平越低，由于工人的一部分工资需要支付交通费用，导致城市的劳动力供应减少，用于 R&D 的劳动力投入减少，阻碍了多样化生产和经济增长。

四种力量相互作用机理，形成以下三种稳态：第一种稳态是，当知识溢出（通勤成本）较低时，中心—外围的空间格局发生，并维持相对稳定的状态，此时的贸易成本也较低，保持第一种稳态：收入分化以及收入不均衡。第二种稳态是，当知识溢出（通勤成本）处在中游水平时，中心—外围空间格局和收入分散化发生，此时的贸易成本处于中游水平，只有当贸易成本既不高也不低时，空间分散和收入均衡发生。第三种稳态是，当知识溢出（通勤成本）比较高时，空间分散是唯一的一种结果，并且所有地区以同样的速度增长。这种经济可以用三个术语来表达：收敛—分散—收敛。

（一）城市集聚的向心力

集聚经济带来的规模经济，会引起要素在空间范围内聚集的循环累积。因为要素在空间集聚可以显著提高要素的回报率，会进一步强化要素向核心地区集聚，即表现为城市的"中心化"趋势。

1. 多样化经济

厂商的经济活动在城市集聚能够获得超额利润。大城市中具有更多的中间投入品，可以为生产者提供更多的选择，提高生产者产出水平（Quigley J. M., 1998），所以大城市的生产率更高。因此，厂商具有向大城市集聚的动力。

2. 劳动力市场

劳动者在城市就业可以获得更多的就业机会和工资薪水。城市以及人口密度高的地区工资水平更高，所以能够吸引高技能人才，高技能人才提高了当地的生产力水平，因此，密度高的地区的生产率水平更高。L. Glaeser 和 David C. Mare（1994，2001）发现法国高技能人才不断进入大城市，密度高的地区生产率水平也很显著，密度与工资存在很高的相关性。

3. 消费者市场

由于大城市为消费者提供了更多样的消费选择，随着城市规模的扩大，给消费带来更加丰富多彩的生活方式和产品，能够显著提高城市居民的效用水平（Quigley J. M., 1998）。

4. 知识溢出效应

地理的邻近性能够给人们提供面对面相互交流的机会，能够显著提高创新概率。大城市中高等院校、科研院所林立，高学历、高技能人才富集，具有显著的知识溢出效应，于是大城市进一步吸引了创新人才，具有正反馈机制。

（二）城市分散的离心力

关于城市离心力的最早阐述是杜能的《孤立国》一文，他认为由于中心城市存在较高的地租和价格，厂商不愿意布局在中心城市，企业的区位选择就是因为中心城市拥挤效应存在。城市规模优势并不是永恒的。随着城市规模的扩大，大城市的成本也在不断上升，由于空间竞争的高地租以及通勤成本上升，将会抵消多样性所带来的城市生产和消费优势。还有城市规模扩大引起的其他成本，比如空气污染、噪声污染，都会抵消城市规模经济带来的收益。

我们将城市的成本和城市规模经济纳入一般框架中来，如果存在城市最优规模，如果考虑生产和消费多样性带来的效应，最优城市规模、城市的生产率和产出、居民消费者效用和大城市对国民经济的贡献将更大（Quigley J. M., 1998）。随着人口、经济要素向城市空间集聚，城市的空间承载力有限，城市规模不断扩大，出现了环境拥堵、交通拥堵、居住拥堵等问题，人们的通勤时间不断增加。Hoch（1976）就曾提到大城市的工人要求获得工资补偿，因为他们承担了城市生活中的非现金支出成本，比如，犯罪、污染、拥挤、噪声等，这些与城市密度直接相关，随着城市规模扩大而增加的成本。Edward L. Glaeser（2007）也认为高密度并不是没有成本的，不仅城市土地成本价格昂贵，而且存在拥堵、污染以及由于人口拥挤引发的一系列社会问题。

1. 通勤成本

随着到市中心的距离越来越远，通勤的时间也逐渐增加。交通拥堵也造成交通道路的通行速度正在显著下降，拥堵成本是住在大都市区人们最主要的成本，通勤成本包括直接的交通花费和花费在路上的时间机会成本。

2. 环境污染

随着城市规模扩张，人口拥堵、产业拥挤、交通拥挤等一系列问题出现，工业废水、废气排放量增大，汽车尾气排放明显增加，城市生态环境日益恶化，环境污染成为制约城市发展的重大瓶颈。不过，随着大城市产业的转型升级，由制造业向服务业转型，随着城市制造业比例下降，城市的环境污染会有所减轻。

3. 社会成本

随着大城市的人口和要素集聚，城市的社会问题也不断凸显。比如，城市犯罪率提高，社会治安事件增加、城市管理难度加大。不过，总体而言，比起城市日益恶化的交通拥堵带来严重负面效应，环境污染和犯罪率问题可以通过增加警力和财力等方式，进行行之有效的治理，当前城市最头疼的问题是交通拥堵。

城市拥挤效应出现的原因：只要城市的集聚经济大于集聚成本，城市规模仍将不断扩大。一是由于城市聚集的正外部性，给厂商和消费者带来了比在其他地区更大的收益，因此，促进企业向大城市集聚。二是由于个人成本与社会成本的差异性，造成了一系列的城市拥堵问题。比如，汽车给消费者带来正效应，但是购买汽车的成本显著低于承担交通拥堵治理的成本，导致消费者购买汽车成本太低。

（三）城市最优规模是集聚经济与拥堵成本均衡的结果

城市规模是城市集聚经济与城市拥堵相互权衡的结果。由于离心力与向心力的相互作用形成了城市最优规模的均衡。藤田昌久（2016）利用空间经济学理论模型，解释城市空间结构以及城市区域结构，城市的形成在于规模扩张在向心力与离心力之间的博弈，寻求彼此间邻近带来的集聚效应与由于过度集聚而造成拥挤效应的平衡。Ciccone A. 和 R. Hall（1996）使用美国州一级数据研究了集聚经济与拥挤成本之间的关系，得出结论：美国的大多数城市的集聚效应仍大大强于拥挤效应。

集聚经济与拥挤效应之间存在逻辑关系。拥挤是集聚的结果，没有集聚就不会产生拥挤。拥挤是有成本的，集聚与拥挤关系可以划分为以下几个阶段，如图 2-2 所示。TC 表示拥挤总成本，MC 表示拥挤的边际成本，MR 表示集聚的边际收益，TR 表示集聚的总收益。

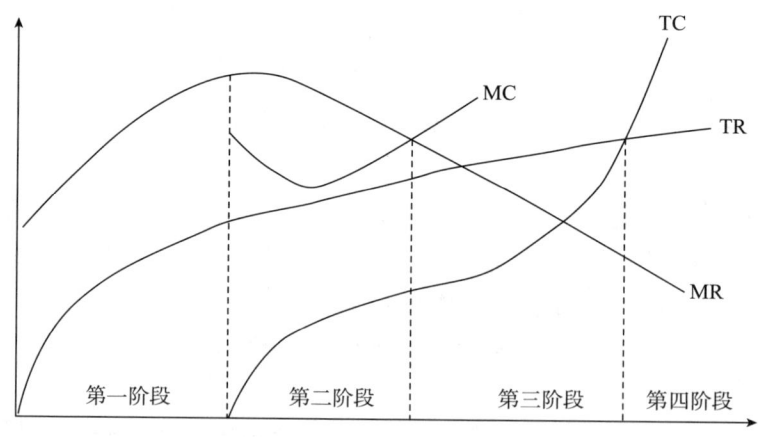

图 2-2 城市集聚经济与拥挤效应

第一阶段，当边际收益不断上升，MR 不断上升时，没有出现拥挤效应。

第二阶段，当边际收益到达最大值，MR 处于递增与递减的拐点处，拥堵效应出现，存在拥挤成本 TC，MC。

第三阶段，当边际收益递减时，TC 不断上升，MC 一开始处于递减阶段，之后，MC 出现递增阶段，此时，出现 TC 拐点。当 MR = MC 时，边际收益 = 边际成本，城市处于最优规模。

第四阶段，当 TR = TC 时，规模经济的净收益为零。规模经济与拥堵成本相等，城市集聚效应与拥挤成本相抵消。

五、城市最优密度

自 Henderson 开启城市最优规模研究之后，学术界开展了对城市规模与生产率的理论和经验研究。不过 Ciccone（1996）认为，密度比规模能够更加有效地刻画对城市生产率的影响力，那么城市是否存在最优的人口密度和经济密度？对于这个问题，国内外学术界进行了相关研究。

（一）文献研究

早期 Sedgley N. 和 B. Elmslie（2004）使用美国州一级数据，从宏观层面研究了经济活动密度与经济增长之间的关系。最近文献主要从更加微观的视角研究规模经济和人口密度之间的关系。Norman Sedgley 和 Bruce Elmslie（2011）运用城市人口密度来衡量城市集聚与拥堵状况，他使用美国 302 个大都市区 1990～1999 年的数据，通过构建计量方程，得到了最优的人口密度是 4000 人/平方英里。他定义的最优人口密度是能够最大化促进创新活动（专利活动）。除了新泽西、纽约、哥伦比亚等少数地区的人口密度高于 4000 人/平方英里，其他类似旧金山、波士顿等人口较密集的地区，在城市的拥堵成本大于集聚收益之前，城市仍会有很大的增长空间。在知识生产函数测算下，由于知识溢出效应，美国大多数城市都处于最优规模之下。Sedgley 和 Elmslie（2001）运用州一级数据，建立线性的面板模型，得到了最优人口密度是 10000 人/平方英里。Norman Sedgley 和 Bruce Elmslie（2011）、Sedgley 和 Elmslie（2001）得到的结论不一致，主要是因为使用的计量方法不一致，并不是由于使用的数据不一致。与 Norman Sedgley 和 Bruce Elmslie（2011）的结论有所不同，Carlino G.、A. Satyajit Chatterjee 和 R. Hunt（2007）发现了相对较小的集聚经济，因而论证的城市最优规模相对较小，他们认为大城市的发展前景较为黯淡，大城市的商业成本较高，因而人口规模应该减少。

在空间均衡分析框架下，引入纯粹的本地规模经济（集聚经济与拥挤成本的净值）能够实现均衡，密度是决定生产率的关键因素。国内学者苏红键、魏后凯（2013）考察了2006～2010年中国城市密度效应及最优城市人口密度，实证结果：无论是否控制空间规模效应还是结构效应，密度效应表现出显著的倒"U"形特征，城市最优人口密度约为1.3万人/平方千米。赵曜（2015）利用2003～2012年中国地级市的面板数据实证分析，发现中国所有地级城市的实际密度均远高于预期的密度，集聚密度与生产率之间存在倒"U"形关系，地级城市平均最优集聚密度约为每平方千米19379人。

（二）经济密度影响城市效率的机制

经济密度可以创造知识溢出效应，提高知识创新概率，从而提高城市整体效率。高密度的创新资本有利于人们面对面地相互交流，有利于创新知识的外溢，进而形成创新。创新一般发生在具有创造力的人身上，比如比尔·盖茨，当人与人之间经常性地面对面的交流和相互影响，有利于创新知识的溢出。所以，高人口密度表示人与人相互交流机会多，创新的概率就提高。地理邻近性有利于创新的缄默知识（Tacit Knowledge）更加便利地通过面对面交流达成共享，Gertler（2003）就曾描述了缄默知识是地区创新活动的关键因素，因为这些知识不容易远距离传播和习得。

Gerald A. Carlino、Satyajit Chatterjee、Robert M. Hunt（2007）认为在美国大都市区专利的强度（人均发明率）与就业密度呈高度正相关。一个城市的就业密度（每平方英里的就业数量）增大1倍那么专利强度将会提高20%，当就业密度达到2200人/平方英里时，专利的强度最大。市场竞争越激烈的城市或人口低于100万的城市（规模不是太大的城市）会有更高的专利强度。

人口和产业集聚被经济学家认为是集聚经济的具体表现。用经济活动密度来测量城市的地理集聚度，以及产业的空间集聚效应，而不是用规模来表示地理集中（Yu-chin Chen等，2011）。Ciccone和Hall（1996）运用县一级的就业密度（就业人数/土地面积）衡量集聚程度，他认为密度比规模用来衡量聚集和空间外部性更加精准。

第三节 定量测量方法

定量测算方法是判断集聚与拥挤的重要手段。目前关于集聚经济与拥挤效应的测度已经有一定的文献研究,尤其是关于集聚经济的定量测算已经较为成熟,国内外有大量的指标和方法加以衡量,拥挤效应的测度则主要侧重于产业拥挤效应和经济密度拥挤效应的定量测算。

一、集聚经济测度

集聚经济的定量测度已经形成了较为丰富的指标体系和方法,学术界尤其侧重对产业集聚方面的定量测算,现已经形成了一套成熟的测算公式与计算方法。

(一)测度方法①

对于地区 i 行业 k 有:x_{ik} 表示地区 i 行业 k 的工业总产值或增加值、就业人数等。那么,地区 i 行业 k 占全国该行业的份额公式为:

$$s_i^k = \frac{x_{ik}}{\sum_{i=1}^{N} x_{ik}} \quad (2-2)$$

1. 集中率

该指数表示规模最大的前 n 位地区某一行业相关指标(销售额、就业人数、生产额)占全国的份额。计算公式如下:

$$CR_k^n = \sum_{i=1}^{n} s_i^k \quad (2-3)$$

式中,CR_k^n 表示行业 k 中规模最大的前 n 位地区所占总产值(或就业等)比重之和,取值在 $0 \sim 1$,取值越大,表示该行业越集中。该指标计算简便、含义直观,把行业的地理集中度指向具体的地区,但是没有考虑到影响行业地理集中的因素。

2. 赫芬达尔—赫希曼指数(HHI 指数)

绝对地理集中指数是对赫芬达尔指数的一个简单正规化变体,最早被哈兰德(1999)所采用。具体计算公式如下:

$$HHI = \sqrt{\frac{\sum_{i=1}^{N}(s_i^k)^2}{N}} \quad (2-4)$$

该指数表示在不考虑地区规模的情况下,经济活动地理分布的绝对集中程度。当所有的地区都具有相同的份额时,该指数为 $1/N$,表示分布绝对平均;当

---

① 这部分内容主要参考了魏后凯:《中国产业集聚与集群发展战略》,经济管理出版社 2008 年版。

产业完全集中于某一地区时，该指数为 $(1/N)^{1/2}$。

3. 区位基尼系数

克鲁格曼提出的区位基尼系数用来反映经济活动在地理上分布的不均匀程度。根据实际需要可以选取产出、增加值等指标替代就业。参考文玫（2004）使用的计算公式：

$$G_i = \frac{1}{2N^2 \overline{s^k}} \sum_{i_1}^{N} \sum_{i_2}^{N} |s_{i_1}^k - s_{i_2}^k| \tag{2-5}$$

式中，G_i 表示区位基尼系数；$\overline{s^k}$ 表示行业 k 在各地区间的平均份额，这里实际等于 $1/N$；i_1、i_2 分别表示两个不同的地区；N 表示地区总数。该系数取值范围 $0 \sim 1$，取值为 0 表示产业在不同地区间均匀分布，取值为 1 表示生产活动完全集中在一个地区。

4. E-G 空间指数

E-G 空间指数是由艾莉森和格莱瑟（Ellision 和 Glaeser，1999）研究企业区位选择过程中的集聚倾向时提出的。该指数综合考虑了总就业和产业集中度等因素，矫正了地理集中指数，去除了企业以市场接近为导向的布局行为产生的聚集现象，同时避免了由于产业中一两个大企业的布局造成产业集聚的假象。

$$\gamma_{EG} \equiv \frac{G-H}{1-H} \tag{2-6}$$

式中，$G = \dfrac{\sum_{i=1}^{N}(s_i^k - s_i)^2}{(1 - \sum_i s_i^2)}$，表示与产业组织结构无关的地理集中程度；$s_i^k$ 表示 N 个地区中地区 i 行业 k 的就业占全国该行业就业的比重；s_i 表示地区 i 制造业就业占全国制造业就业的比重；$H = \sum_{j}^{M} z_j^2$ 表示产业集中度的赫芬达尔指数；z_j 表示行业 k 企业 j 的产值比重；M 为行业 k 内企业总数。

（二）集聚规模、集聚密度影响生产率模型

经济空间产出密度被认为是集聚经济外部性的来源，Ciccone 和 Hall（1996）构建了集聚经济对地区生产率影响的理论模型。

$$q_i = \theta_i [(n_i H_i)^\beta k_i^{1-\beta}]^\alpha (Q_i/A_i)^{(\lambda-1)/\lambda} \tag{2-7}$$

式中，q_i 表示城市单位面积产出；θ_i 表示城市全要素生产率；n_i 表示城市单位面积就业人数；H_i 表示平均人力资本水平；k_i 表示单位面积的物质资本投入；Q/A_i 为城市总产出/城市总面积，表示空间产出密度；α 表示单位资本和劳动的规模报酬,由于 $0 < \alpha \leq 1$,说明边际生产率递减,即表示存在"拥挤效应";β 表示人力资本和物质资本的要素贡献率;λ 表示产出密度弹性,当 $\lambda > 1$ 时,本地化经济表现为外部性,产业集聚对城市经济效率产生贡献。

Ciccone 和 Hall(1996)只是对集聚经济的外部性来源之一的经济密度进行了刻画,而未将集聚规模纳入理论模型当中,城市集聚经济主要通过集聚规模和集聚密度来表达,因为集聚经济的三个微观基础有赖于集聚规模。柯善咨、姚德龙(2008)对模型进行了改进,把反映城市集聚规模的工业集聚指数纳入模型当中,加入集聚规模变量刻画集聚经济影响生产率的模型如下:

$$q_i = \theta_i \left[(n_i H_i)^\beta k_i^{1-\beta} \right]^\alpha (S_i^\gamma g_i Q_i / A_i)^{(\lambda-1)/\lambda} \qquad (2-8)$$

式中,S_i 表示工业集聚指数,即城市工业部门在全国工业部门中所占的比重;g_i 表示工业占全市经济的比重。

(三)城市集聚经济与城市生产率

城市集聚经济的测量由集聚规模和集聚密度组成。集聚经济的形成有赖于集聚规模,只有达到一定规模的集聚才能形成集聚效应,同时,集聚密度是要素在有限空间范围内集聚一定程度的结果。所以,城市集聚规模与集聚密度是影响城市生产率的两大因素。对城市而言,城市规模主要用城市人口规模来表示。集聚密度一般是指经济密度,包括产业密度和就业密度。产业密度采用城市第二、第三产业增加值/市辖区面积来表示。就业密度采用市辖区单位面积内的就业人数表示,使用第二、第三产业就业人口/市辖区面积。城市劳动生产率用市辖区非农产业人均 GDP 表示,也有学者使用市辖区第二、第三产业生产增加值与市辖区第二、第三产业就业人口之比作为城市劳动生产率的指标。国外学者 Aison R. Abel、Ishita Dey 和 Todd M. Gabe(2011)使用单位就业人数的产出表示城市生产率,使用人口密度表示密度效应,因为在他看来知识溢出不仅限于就业人口。

二、拥挤效应测度

拥挤效应定量研究存在于经济领域内的研究主要集中于产业集群的要素拥挤问题,以及城市经济学领域的拥挤效应研究。

(一)生产要素拥挤效应

生产要素拥挤最早由诺贝尔经济学家 D. McFadden(1978)界定为生产要素配置不当导致处理能力下降的情况,是指在特定生产条件下一种或多种投入要素增加到一定程度时,由于投入过多造成生产阻塞以致产出降低的现象。有关要素拥挤效应测度,最早是由 Fare 和 Grosskopf(1983)提出非参数方法进行判断和测量，即采用生产前沿包络面作为衡量生产有效性的标准。自从 Fare（1983）建立数据包络分析（DEA）的首个测度模型，学界不断进行模型改良和完善，DEA 非参数法成为测量要素拥挤效应的重要方法。

（二）城市密度过大的拥挤效应

城市经济学研究中也都对拥挤效应进行了定量刻画，主要侧重于密度过大造成的拥挤效应和效率损失方面的研究。城市规模扩大，密度超过一定限度，造成要素拥挤的负面效应，要素拥挤造成效率损失。一般而言，经济密度带来的正收益减去密度过大引起的拥挤成本等于纯集聚效应（Net Agglomeration）。目前对拥挤效应进行定量刻画的是 Ciccone 和 Hall（1996）、Yu‒chin Chen 等（2011）。Yu‒chin Chen 等（2011）参照 Ciccone 和 Hall（1996）的建模方法，构建了劳动市场就业密度与经济规模报酬之间的计量模型，用 θ 指数来表示集聚效应与拥挤效应之间的纯效应，当 $\theta>1$ 时，集聚效应大于拥挤效应，或者称为生产密度的外部性效应超过新古典的要素边际生产力递减；当 $\theta<1$ 时，拥挤效应大于集聚效应。

国内学者柯善咨、姚德龙（2008）改进了 Ciccone 模型，建立了计量方程模型测算拥挤效应。n_i 表示城市单位面积就业人数，参数 β 为 n_i 系数，用来测量拥挤造成的效率下降。李君华（2009）利用数值模拟的方法对拥挤效应进行了刻画，参数 C 表征了学习效应与拥挤效应，参数越大，拥挤效应越大，拥挤效应会导致人均真实收入水平大幅度下降。正是因为存在拥挤效应，才保证了人口与要素在不同地区间的均匀分布和配置，避免了其他地区人口流失和形成巨大城市。

第四节　本章小结

城市是经济活动空间聚集的结果，是所有经济活动聚集在一定的地理空间范围内的现象。本书所界定的城市是一个承担经济功能的要素集聚范围，包括城市功能区、都市圈。城市效率是一个综合而又复杂的概念，根据 OECD 生产率手册，现有生产率的评价指标主要包括劳动生产率、资本生产率、资本—劳动生产率、全要素生产率，本书参照此标准来衡量城市效率。集聚经济与拥挤效应是影响城市效率和城市规模的两个作用力，集聚经济是提高城市效率的向心力，拥挤效应是造成城市效率损失的离心力，集聚与拥挤一起构成了城市的最优规模。从理论机制上看，集聚经济主要通过集聚规模与集聚密度影响城市效率，参考现有通行标准，集聚规模主要用人口规模考察，集聚密度用人口密度、经济活动密度表征；拥挤效应是人口、产业、经济等要素集聚到一定规模的结果，没有集聚就不存在拥挤，城市规模过大，密度过高，就会产生城市拥挤效应，这是城市所要承担的成本，集聚经济与拥挤效应一同形成了城市最优规模的这一空间均衡。

第三章 集聚经济、拥挤效应与城市效率的关系研究

集聚经济与拥挤效应是影响城市效率的两个作用力，集聚经济能够提高生产率，拥挤效应将降低生产率。本章主要阐述了国内285个地级市集聚经济及拥挤效应的表现、内容，以及如何影响城市效率。集聚经济通过采用要素地理集中度公式加以测算，文中主要包括人口地理集中度、经济地理集中度、产业集聚等内容。拥挤效应主要包括人口拥挤、交通拥挤、环境拥挤等内容。适度的集聚能够显著提高城市效率，过度集聚会带来巨大的拥挤成本，形成直接和间接成本，降低城市效率。

第一节 集聚经济与城市效率提升

一、集聚经济表现及内容

（一）人口地理集中度

集聚经济研究的热点是产业集聚问题。产业地理集中是从空间角度来考虑产业经济活动的分布，即产业经济活动在空间的聚集。借用产业地理集中这一概念，我们可以来衡量人口、经济、社会活动的地理集中程度。人口地理集中是综合考察人口要素的空间集聚程度，它是反映人口空间分布状况的重要指标。我们采用赫芬达尔指数来测算中国地级城市人口空间分布状况，由此判断人口总体空间集聚程度。测算数据主要采用eps数据库的《中国城市统计年鉴》中市辖区年末总人口（万人）和市辖行政区域土地面积（平方千米）两项指标，测算年份

区间为 2003~2014 年。

$$HHI_{pop} = \sqrt{\frac{\sum_{i=1}^{N}(S_i)^2}{N}} \qquad (3-1)$$

式中，HHI_{pop} 表示人口地理集中度；S_i 表示 i 地区（城市）的人口占 285 个地级市的比重；N 表示城市总数。人口地理集中度表示人口在区域空间的集聚程度，数值越大表示集中程度越高；反之，表示集中程度越低。根据中国 285 个地级城市人口地理集中度测算结果如表 3-1 和图 3-1 所示。

表 3-1 分地区层面人口地理集中度情况

年份	全国	观测值	东部	观测值	中部	观测值	西部	观测值
2003	0.00553	285	0.00733	99	0.00390	100	0.00467	86
2004	0.00550	285	0.00728	99	0.00393	100	0.00460	86
2005	0.00548	285	0.00722	99	0.00394	100	0.00463	86
2006	0.00563	285	0.00713	99	0.00359	100	0.00562	86
2007	0.00562	285	0.00712	99	0.00359	100	0.00561	86
2008	0.00561	285	0.00711	99	0.00356	100	0.00560	86
2009	0.00560	285	0.00711	99	0.00355	100	0.00557	86
2010	0.00559	285	0.00707	99	0.00367	100	0.00549	86
2011	0.00568	285	0.00701	99	0.00366	100	0.00590	86
2012	0.00568	285	0.00703	99	0.00368	100	0.00586	86
2013	0.00600	285	0.00675	99	0.00339	100	0.00589	86
2014	0.00563	285	0.00698	99	0.00348	100	0.00592	86

资料来源：根据 EPS 数据库计算所得。

2003~2014 年全国总体层面的人口地理集中度指数基本保持在 0.00548~0.00600。全国人口地理集中度空间格局呈平稳上升趋势，说明全国人口地理集聚程度总体呈集聚上升态势。

分区域人口地理集中度分布来看，东部地区的人口地理集中度最高，指数为 0.007 左右；中部地区人口地理集中度指数保持在 0.0039~0.00394；西部地区的人口地理集中度指数为 0.0046~0.00592。东部人口地理集中度基本保持缓慢的下降趋势，相对而言，人口集聚度趋于下降。中部地区的人口地理集中度指数最低，集聚指数呈现逐年下降；西部人口地理集中度呈现稳定的上升趋势，说明西部人口呈现一定集聚。

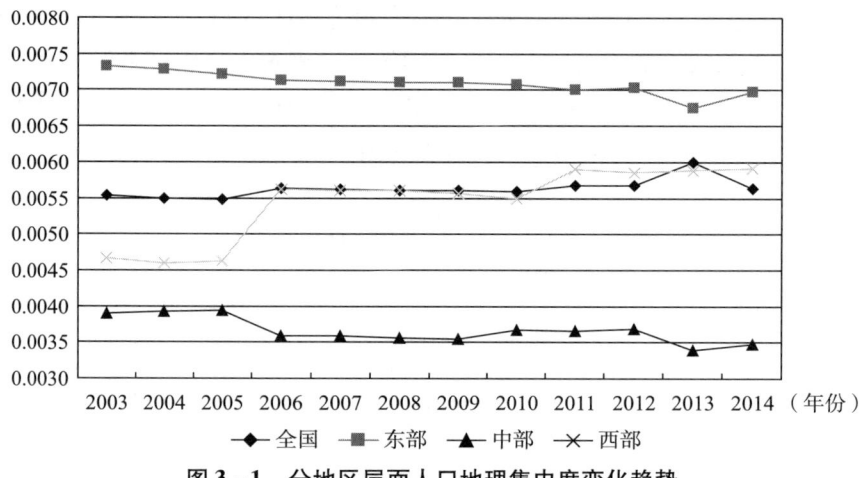

图 3-1　分地区层面人口地理集中度变化趋势

因此，从人口集中度测算结果来看，全国人口集聚程度总体趋于分散，说明随着我国区域发展总体战略的深入推进，经济发展差距相对缩小，人口要素分布趋于分散，但是不同区域的人口地理集中度呈现一定差异性。东部地区人口集聚度保持相对稳定，因为东部地区经济发达，就业和人口的吸纳能力强大，依然是全国经济活动中心和人口主要集聚度；中部地区人口集聚度稳中有降；西部地区人口集聚度上升较快，由于国家大力实施西部大开发战略，西部地区承接东部产业转移，经济发展水平不断提高，就业机会增加，促进了西部地区人口集聚度的上升。

不同规模城市的人口地理集中度指数可以判断人口在不同规模城市的分布状况和演变趋势。大城市人口地理集中度指数最高，基本保持在 0.00762～0.00842，中等城市人口地理集中度指数保持在 0.00174～0.00201，小城市人口地理集中度指数保持在 0.00095～0.00101（见表 3-2 和图 3-2）。总体而言，大城市的人口地理集中度最高，人口集聚程度高，小城市的人口地理集中度最低，人口集聚程度最小。分城市规模人口地理集中度变动趋势来看，大城市人口地理集中度呈现逐渐上升趋势；中等城市人口地理集中度从整体上呈现较为稳定且略有下降的趋势；小城市人口地理集中度呈现略有下降的趋势。由此说明，大城市的人口仍处于集聚阶段，由于大城市具有高福利、高工资，仍然是吸引人口流入的主要地区，中、小城市人口集聚度处于略有下降的趋势。

表3-2 分城市规模的人口地理集中度

年份	大城市	观测值	中等城市	观察值	小城市	观察值
2003	0.00769	140	0.00201	100	0.00101	45
2004	0.00764	140	0.00199	100	0.00101	45
2005	0.00762	140	0.00196	100	0.00100	45
2006	0.00785	140	0.00194	100	0.00099	45
2007	0.00783	140	0.00195	100	0.00099	45
2008	0.00782	140	0.00194	100	0.00099	45
2009	0.00781	140	0.00189	100	0.00099	45
2010	0.00779	140	0.00187	100	0.00098	45
2011	0.00794	140	0.00186	100	0.00096	45
2012	0.00794	140	0.00184	100	0.00095	45
2013	0.00842	140	0.00174	100	0.00090	45
2014	0.00788	140	0.00176	100	0.00090	45

资料来源：根据 EPS 数据库计算所得。

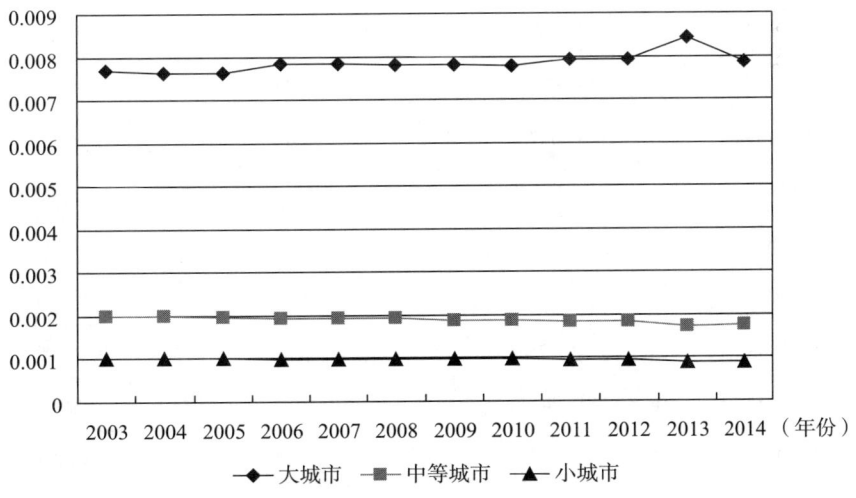

图3-2 分城市规模的人口地理集中度变化趋势

(二) 经济地理集中度

经济地理集中度主要衡量经济活动的空间分布状况，同样采用赫芬达尔指数来测算经济人口地理集中度，将变量人口替换为变量 GDP，公式如下：

$$HHI_{GDP} = \sqrt{\frac{\sum_{i=1}^{N}(S_i)^2}{N}} \tag{3-2}$$

式中，HHI_{GDP} 表示经济地理集中度；S_i 表示 i 地区（城市）的 GDP 占 285 个地级市的比重；N 表示城市总数，数值越高表示经济空间分布越集聚。

从分地区经济地理集中度来看，东部地区城市的经济地理集中度最高，其次是中部地区城市的地理集中度，西部地区城市的经济地理集中度最低（见表 3-3）。从总体来看，无论是全国层面还是东、中、西三大地带的城市经济地理集中度都呈上升趋势。不过从上升的速度来看，东部与中、西部地区的经济地理集中度差距进一步拉大（见图 3-3）。

表 3-3 分地区层面经济地理集中度情况

年份	全国	观察值	东部	观察值	中部	观察值	西部	观察值
2003	0.00817	285	0.00768	99	0.00369	100	0.00319	86
2004	0.00810	285	0.00761	99	0.00364	100	0.00313	86
2005	0.00850	285	0.00808	99	0.00340	100	0.00305	86
2006	0.00844	285	0.00802	99	0.00321	100	0.00332	86
2007	0.00839	285	0.00797	99	0.00324	100	0.00322	86
2008	0.00819	285	0.00772	99	0.00334	100	0.00342	86
2009	0.00820	285	0.00767	99	0.00337	100	0.00379	86
2010	0.00808	285	0.00754	99	0.00340	100	0.00384	86
2011	0.00794	285	0.00733	99	0.00352	100	0.00409	86
2012	0.00785	285	0.00720	99	0.00356	100	0.00420	86
2013	0.00778	285	0.00713	99	0.00355	100	0.00421	86
2014	0.00786	285	0.00718	99	0.00352	100	0.00443	86

资料来源：根据 EPS 数据库计算所得。

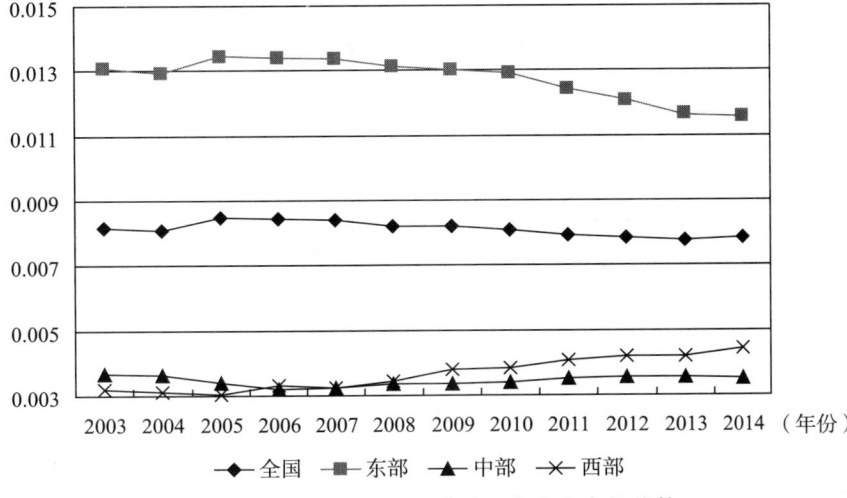

图 3-3　分地区层面经济地理集中度变化趋势

2003~2014 年分城市规模的经济地理集中度。大城市的经济地理集中度最高，小城市的经济地理集中度最低（见表 3-4）。从 2003~2014 年经济地理集中度的变动趋势来看，大、中、小城市的经济地理集中度都呈一定的下降趋势（见图 3-4）。

表 3-4　分城市规模的经济地理集中度

年份	大城市	观察值	中等城市	观察值	小城市	观察值
2003	0.01159	140	0.00146	100	0.00101	45
2004	0.01148	140	0.00146	100	0.00101	45
2005	0.01206	140	0.00143	100	0.00100	45
2006	0.01197	140	0.00143	100	0.00099	45
2007	0.01190	140	0.00141	100	0.00099	45
2008	0.01161	140	0.00144	100	0.00099	45
2009	0.01163	140	0.00136	100	0.00099	45
2010	0.01147	140	0.00136	100	0.00098	45
2011	0.01126	140	0.00136	100	0.00096	45
2012	0.01113	140	0.00135	100	0.00095	45
2013	0.01104	140	0.00132	100	0.00090	45
2014	0.01115	140	0.00127	100	0.00090	45

资料来源：根据 EPS 数据库计算所得。

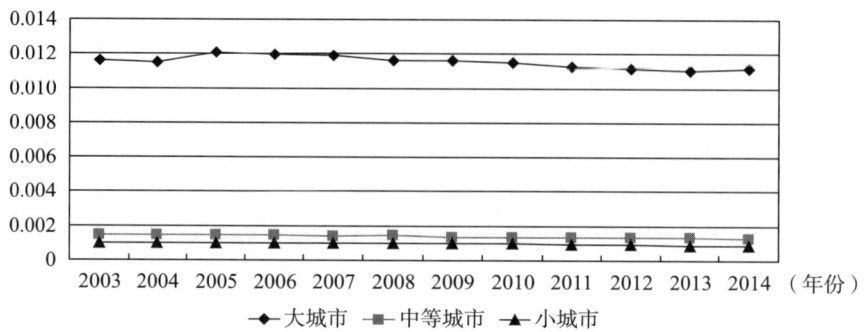

图3-4 分城市规模的人口地理集中度变化趋势

（三）产业集聚度

集聚经济是促进生产率提高的重要途径，国内外众多学者论证了产业集聚与城市生产率之间的关系：产业集聚程度越高，城市经济效率越高。为了衡量集聚经济影响城市生产率机制，我们首先需要测算产业集聚度，本书采用了较为简单的衡量方式，即用工业集聚指数来衡量集聚经济。工业集聚指数计算公式：工业集聚指数 = （市辖区工业增加值/全国工业增加值）×（市辖区工业增加值/全市地区生产总值）。

分区域层面工业集聚指数变化情况，东部城市平均工业集聚指数最高，显著高于中部和西部地区，中部地区城市工业集聚指数高于西部地区的城市工业集聚指数（见表3-5）。不过从2003~2014年工业集聚指数的变动趋势来看，东部地区城市的工业集聚指数呈逐年下降趋势，而中部和西部地区城市工业集聚指数呈逐年上升趋势（见图3-5）。由此说明，中西部地区城市的产业集聚度提高，产业经济发展实力增强，有力地促进了区域协调发展，东中西三大地带间的产业、经济发展差距缩小。

表3-5 分区域层面工业集聚指数

年份	全国	观测值	东部	观测值	中部	观测值	西部	观测值
2003	0.00353	285	0.00747	99	0.00167	100	0.00116	86
2004	0.00357	285	0.00756	99	0.00167	100	0.00117	86
2005	0.00351	285	0.00744	99	0.00165	100	0.00114	86
2006	0.00349	285	0.00731	99	0.00168	100	0.00118	86

续表

年份	全国	观测值	东部	观测值	中部	观测值	西部	观测值
2007	0.00351	285	0.00727	99	0.00174	100	0.00123	86
2008	0.00351	285	0.00708	99	0.00189	100	0.00129	86
2009	0.00351	285	0.00697	99	0.00192	100	0.00136	86
2010	0.00351	285	0.00681	99	0.00204	100	0.00140	86
2011	0.00351	285	0.00653	99	0.00224	100	0.00149	86
2012	0.00351	285	0.00647	99	0.00229	100	0.00151	86
2013	0.00352	285	0.00643	99	0.00233	100	0.00154	86
2014	0.00346	285	0.00627	99	0.00235	100	0.00152	86

资料来源：根据 EPS 数据库计算所得。

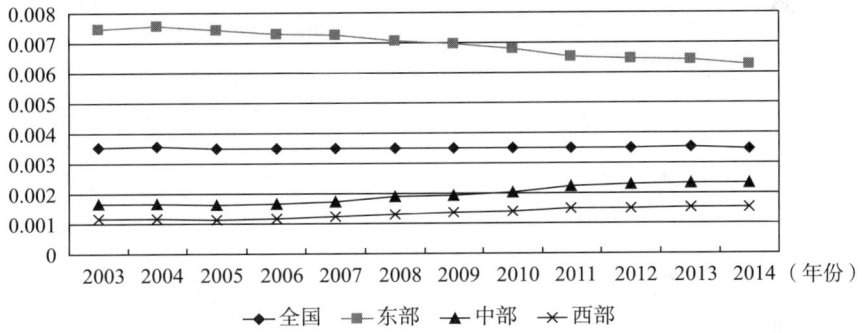

图 3-5 分区域层面工业集聚指数变动趋势

分城市规模工业集聚指数是反映不同规模城市的产业集聚度的指标。大城市的工业集聚指数显著高于中、小城市，2003 年大城市工业集聚指数是中等城市的约 5 倍，是小城市的 7 倍多。从 2003~2014 年分城市规模的工业集聚指数变动趋势来看，大城市呈现逐年下降趋势，由 2003 年的 0.00601 下降到了 2014 年的 0.00540；中等城市呈现逐年上升趋势，由 2003 年的 0.00128 上升到了 2014 年的 0.00175；小城市工业集聚指数呈现逐年上升趋势，由 2003 年的 0.00081 上升到了 2014 年的 0.00121（见表 3-6）。中、小城市与大城市的工业集聚指数差距逐渐缩小（见图 3-6）。说明大城市的产业集聚度有所下降，中等城市和小城市的产业集聚度有所上升，中、小城市经济发展速度加快，工业集聚度提高，在一定程度上说明了区域间的差距有所缩小。

表3-6 分城市规模工业集聚指数

年份	大城市	观测值	中等城市	观测值	小城市	观测值
2003	0.00601	140	0.00128	100	0.00081	45
2004	0.00605	140	0.00132	100	0.00083	45
2005	0.00592	140	0.00132	100	0.00086	45
2006	0.00583	140	0.00135	100	0.00094	45
2007	0.00583	140	0.00139	100	0.00099	45
2008	0.00576	140	0.00145	100	0.00107	45
2009	0.00574	140	0.00147	100	0.00107	45
2010	0.00564	140	0.00157	100	0.00115	45
2011	0.00553	140	0.00169	100	0.00126	45
2012	0.00549	140	0.00173	100	0.00128	45
2013	0.00549	140	0.00177	100	0.00127	45
2014	0.00540	140	0.00175	100	0.00121	45

资料来源：根据EPS数据库计算所得。

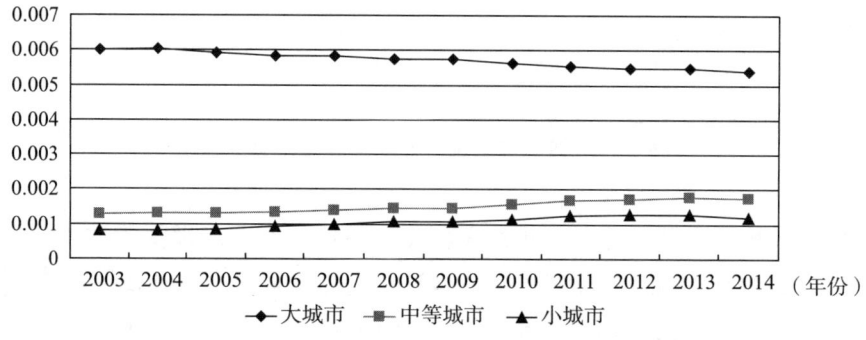

图3-6 分城市规模工业集聚指数变动趋势

二、集聚经济影响城市效率的机制

集聚带来的城市生产率提高引起了学术界的广泛讨论和研究。集聚影响城市效率主要表现在两个方面：一是集聚规模显著提高城市劳动生产率，城市规模越大城市劳动生产率越高；二是集聚密度对城市的效率具有显著的正面影响。

图 3-7 为我国地级市经济效率与城市规模、人口密度的散点图。横轴分别表示市辖区年末总人口的自然对数（lnpop）和市辖区人口密度的自然对数（lnpopdensity），城市规模、人口密度与城市经济效率存在正相关关系，且在回归分析中通过显著性检验。与 Edward L. Glaser（2007）和柯善咨（2014）研究结论相一致。

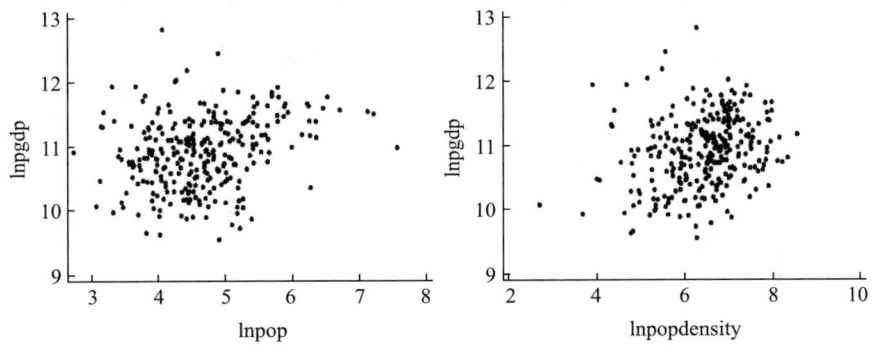

图 3-7 2014 年中国城市人口规模、人口密度与人均 GDP 散点图

（一）集聚规模提高生产率

经济要素在城市空间范围内的集聚能够引起规模经济和范围经济。产业的专业化分工可以提高劳动力的生产能力。对于城市经济而言，集聚的规模效应主要体现在城市经济效率的提高上。一是城市规模可以提高单位经济产出，二是城市规模能够显著提高劳动生产率。

人均 GDP 是衡量城市效率的指标之一。从分城市规模的经济产出来看，特大城市的人均 GDP 显著高于中、小城市，包含特大城市在内的大城市人均 GDP 也高于中、小城市（见表 3-7 和图 3-8）。

表 3-7 分城市规模人均 GDP　　　　　　　　　　　单位：元

年份	特大城市	观测值	大城市	观测值	中等城市	观测值	小城市	观测值
2003	28323	13	20482	140	13647	100	13137	45
2004	33662	13	24594	140	15904	100	15835	45
2005	38099	13	26265	140	18583	100	20150	45
2006	43714	13	30476	140	21116	100	23395	45

续表

年份	特大城市	观测值	大城市	观测值	中等城市	观测值	小城市	观测值
2007	46347	13	35314	140	24774	100	27905	45
2008	55601	13	41086	140	29860	100	31654	45
2009	59708	13	44371	140	32644	100	35314	45
2010	64677	13	49681	140	38425	100	43424	45
2011	69779	13	55674	140	44618	100	47185	45
2012	78162	13	62425	140	49238	100	53218	45
2013	117977	13	81857	140	55772	100	66751	45
2014	90488	13	68513	140	57916	100	58696	45

资料来源：根据 EPS 数据库计算所得。

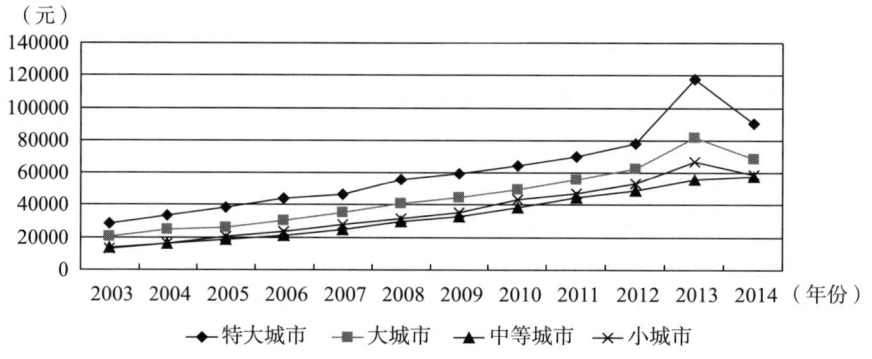

图 3-8 分城市规模人均 GDP 变动趋势

劳动生产率是衡量城市经济效率的重要指标之一，工资水平体现了劳动生产率的水平。劳动生产率越高，工资水平越高，工资与劳动生产率存在直接相关关系。

从分城市规模的劳动生产率来看，特大城市的工资水平最高，代表了最高的劳动生产率，而且特大城市的工资水平比其他规模类型的城市平均值高出很多。包含特大城市在内的大城市的平均工资也高于中、小城市，但是小城市工资水平高于中等城市（见表 3-8 和图 3-9）。从劳动生产率的变动趋势来看，特大城市与其他城市的绝对差距越来越大。

表 3-8 分城市规模劳动生产率

年份	特大城市	观测值	大城市	观测值	中等城市	观测值	小城市	观测值
2003	19229	13	14083	140	11990	100	13197	45
2004	22187	13	16108	140	13686	100	14709	45
2005	24094	13	18163	140	15548	100	16526	45
2006	28342	13	20558	140	17550	100	18809	45
2007	33097	13	24487	140	20950	100	22848	45
2008	37767	13	28186	140	24913	100	25998	45
2009	41829	13	31356	140	27702	100	28986	45
2010	47066	13	35420	140	31511	100	32570	45
2011	51902	13	40329	140	36503	100	37853	45
2012	58048	13	45542	140	41137	100	44517	45
2013	63423	13	49549	140	44578	100	47156	45
2014	70637	13	54090	140	48499	100	50074	45

资料来源：根据 EPS 数据库计算所得。

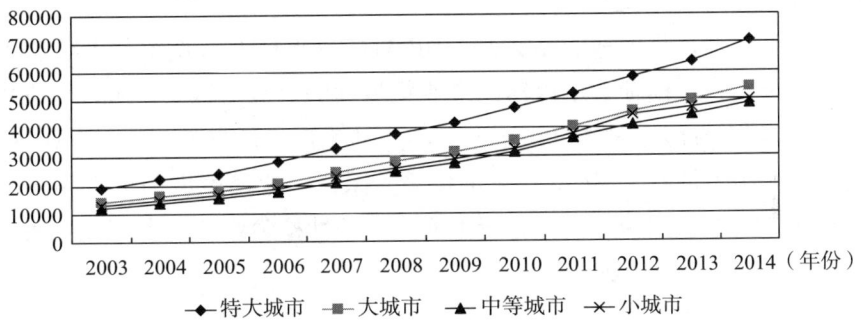

图 3-9 分城市规模劳动生产率变动趋势

（二）密度效应对生产率的提升

城市规模大，人口密度高，劳动力更加密集，劳动力间可以实现知识共享，可以发挥劳动力知识溢出效应，因为知识传播具有一定的范围和半径，溢出效应只会在有限的空间范围内发挥作用。尤其是默会知识只有在人们面对面的交流当中才能实现，这也是为什么创新主要来源于大城市的原因之一。

1. 劳动力密度与城市经济效率

图 3-10 分别是我国地级市人均 GDP 与就业密度散点图和劳动生产率与就

业密度散点图。横轴表示市辖区就业密度的自然对数（lnpop），纵横分别表示人均GDP的自然对数（lnpgdp）和劳动生产率的自然对数（lnwage），就业密度与城市人均GDP存在显著正相关关系，就业密度与劳动生产率也存在显著正相关关系，因为在回归分析中通过显著性检验，即两者存在相关关系的零假设的弃真概率<0.001。

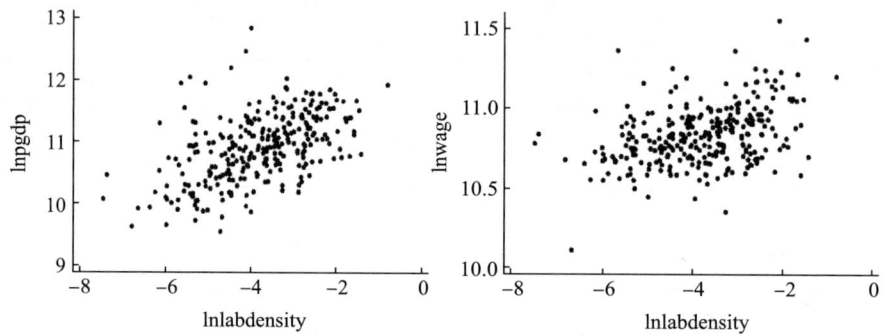

图3-10　2014年城市就业密度与人均GDP、劳动生产率

2. 产业集聚与城市经济效率

图3-11分别是我国地级市人均GDP与产业集聚度散点图和劳动生产率与产业集聚度散点图。横轴表示市辖区产业集聚度的自然对数（lnpop），纵横分别表示为人均GDP的自然对数（lnpgdp）和劳动生产率的自然对数（lnwage），产业集聚度与城市人均GDP存在显著正相关关系，产业集聚度与劳动生产率也存在显著正相关关系，因为在回归分析中通过显著性检验，即两者存在相关关系的零假设下的弃真概率<0.001。

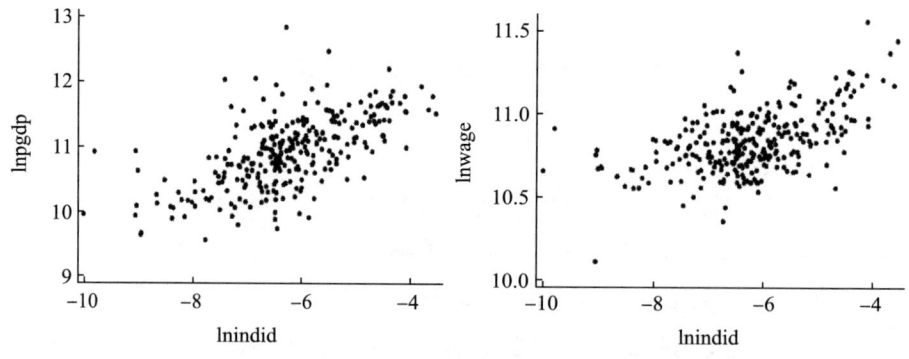

图3-11　2014年城市产业集聚度与人均GDP、劳动生产率

第二节 拥挤效应与城市效率损失

一、拥挤效应的主要内容

城市拥挤效应主要来源于城市空间资源有限造成的密度过大。因此，判断城市的拥堵问题主要是看密度大小，比如，人口密度、经济密度、交通密度。

（一）人口拥挤导致房地产价格上升

城市人口密度不断增加，尤其是大城市核心区的人口密度过高，造成城市交通流量过大，通勤速度减慢，城市的承载能力有限，公共服务供给不足。人口拥挤导致城市土地资源稀缺，大城市的地价节节攀升，如图3-12所示，1973~2016年英国与伦敦市每季度的平均房价走势，伦敦市的房价明显高于英国，并且两者有逐渐扩大之趋势。

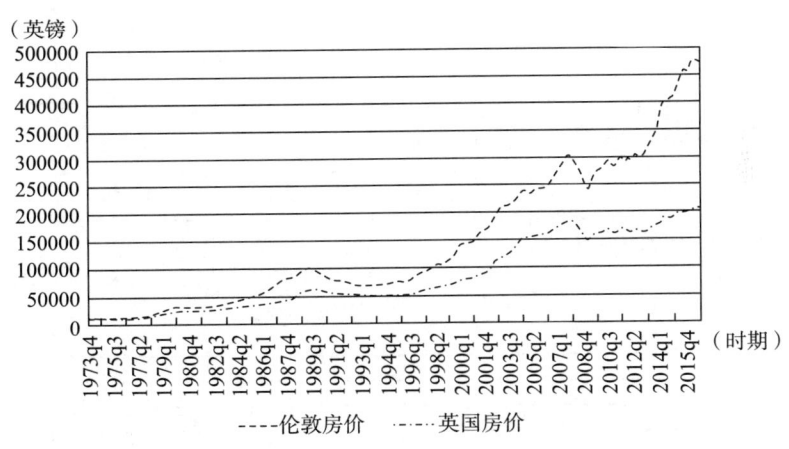

图3-12 伦敦市与英国房价走势（1973~2015年）

（二）交通拥挤

1. 城市汽车数量增长

从东、中、西三大地带的汽车增长数量来看，2003~2014年年均汽车增长率东部、中部、西部分别为1.17%、1.21%、1.21%，三大地带城市的平均年均增长率基本保持相当的水平。从汽车保有量的基数来看，东部地区明显高于中西部地区的城市平均水平，2003年为14.07万辆。中、西部地区城市汽车拥有量平均水平基本相当，2003年分别为5.91万辆和5.65万辆。2014年东部地区城市平均汽车拥有量为79.62万辆，中部地区为46.23万辆，西部地区为44.64万辆（见表3－9）。从城市拥有汽车平均数量来看，东部地区与中、西部地区有进一步扩大趋势（见图3－13）。

表3－9 分区域层面城市汽车拥有量　　　　　　　　　　单位：万辆

年份	东部	观测值	中部	观测值	西部	观测值
2003	14.07	99	5.91	99	5.65	85
2004	25.15	90	8.61	100	6.56	84
2005	23.80	90	11.73	100	8.12	83
2006	27.16	90	10.15	98	10.94	84
2007	31.47	92	11.70	99	12.72	83
2008	33.93	99	16.42	100	15.78	83
2009	39.96	99	20.23	97	19.78	84
2010	49.96	99	23.82	97	22.28	82
2011	55.80	99	27.79	96	27.20	81
2012	63.10	99	30.78	98	28.02	83
2013	72.95	92	36.17	95	36.38	81
2014	79.62	77	46.23	66	44.64	66

资料来源：根据EPS数据库计算所得。

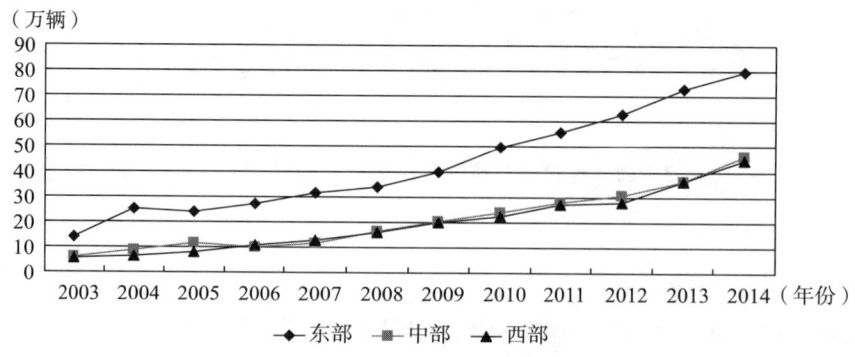

图3－13 分区域层面城市汽车拥有量趋势

2003~2014年，全国地级市、大城市、中等城市和小城的汽车拥有量年均增长率分别为19%、18%、18%、22%。说明小城市的汽车拥有量增长速度略高于大中城市，大城市与中等城市的汽车数量增长速度相当。比较汽车拥有量基数，大城市的汽车拥有量明显高于中等城市和小城市（见表3-10），且从增加的绝对数量来看，大城市与中、小城市的汽车拥有数量呈扩大趋势（见图3-14）。

表3-10 分城市规模汽车拥有量　　　　　　　　　　单位：万辆

年份	地级市	观测值	大城市	观测值	中等城市	观测值	小城市	观测值
2003	8.68	283	13.21	140	4.88	99	2.84	44
2004	13.42	274	18.90	135	9.94	97	3.80	42
2005	14.61	273	21.77	135	8.31	96	6.02	42
2006	16.02	272	24.16	133	8.97	97	6.56	42
2007	18.65	274	27.82	137	10.28	96	7.60	41
2008	22.38	282	32.80	139	12.83	99	10.95	44
2009	27.07	280	40.08	139	15.17	98	12.14	43
2010	32.67	278	48.70	138	18.84	97	12.45	43
2011	37.66	276	56.05	135	21.33	98	17.18	43
2012	41.39	280	62.24	139	23.04	98	15.80	43
2013	48.86	268	71.29	135	27.67	91	22.70	42
2014	58.03	209	85.31	107	31.08	68	26.06	34

资料来源：根据EPS数据库计算所得。

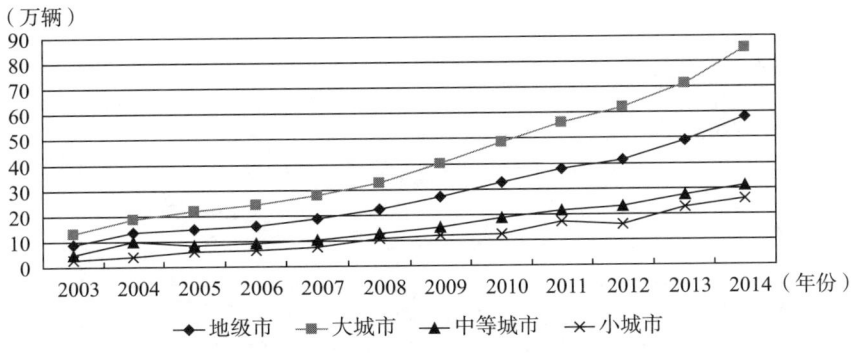

图3-14 分城市规模汽车拥有量趋势

2. 城市道路面积增长

从城市道路面积基数来看，大城市的道路面积超过全国地级市的平均值，更明显高于中、小城市（见表3-11和图3-15），而中、小城市的道路面积低于全国地级市平均值。从城市道路面积增长速度来看，2003~2014年年均增长率基本保持在7%左右，全国地级市、大城市、中等城市、小城市的道路面积年均增长率分别为7.4%、7.4%、7.5%、9.0%。

表3-11 分城市规模道路面积　　　　　　　单位：平方千米

年份	地级市	观测值	大城市	观测值	中等城市	观测值	小城市	观测值
2003	8.61	285	14.08	140	3.84	100	2.17	45
2004	9.71	285	16.07	140	4.11	100	2.37	45
2005	10.97	285	18.30	140	4.50	100	2.54	45
2006	11.68	285	19.39	140	4.86	100	2.84	45
2007	11.77	285	18.99	140	5.41	100	3.44	45
2008	12.18	285	19.57	140	5.66	100	3.69	45
2009	12.89	285	20.69	140	6.08	100	3.75	45
2010	14.01	285	22.40	140	6.74	100	4.09	45
2011	15.07	285	24.01	140	7.29	100	4.57	45
2012	16.11	285	25.97	140	7.52	100	4.56	45
2013	17.73	285	28.76	140	7.90	100	5.29	45
2014	18.96	285	30.73	140	8.51	100	5.62	45

资料来源：根据EPS数据库计算所得。

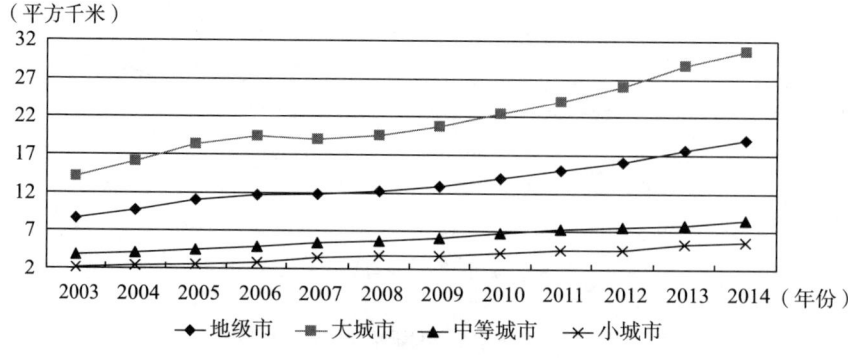

图3-15 分城市规模道路面积变动趋势

3. 单位车辆的道路面积

交通拥挤是困扰大城市的重要问题,是"大城市病"的突出表现之一。造成交通拥挤的根源在于,城市汽车数量快速增加,城市道路面积增加的速度远远落后于汽车增长的速度,因此,为了衡量城市道路交通拥挤情况,我们使用每辆车拥有的道路面积来衡量城市的交通拥挤状况,即城市道路面积/汽车数量。一方面,该数值越小,表示单位车辆拥有道路面积越少,反映了城市交通状况越差,即城市拥挤程度越大;另一方面,从城市公共基础设施角度看,该指标包含城市道路面积或汽车拥有量,无论是道路面积增加还是汽车数量增加都反映了城市公共设施条件改善,能够促进城市经济的发展。因此,在后面的计量回归方程中,我们将验证城市单位车辆道路面积对城市经济效率的促进作用更大还是负面效应更大。

从全国地级市汽车数量与道路面积平均值增长来看,汽车增长的速度明显快于城市道路面积(见图3-16),2003~2014年全国地级市汽车数量年均增长18.8%,城市道路面积增长7.4%。

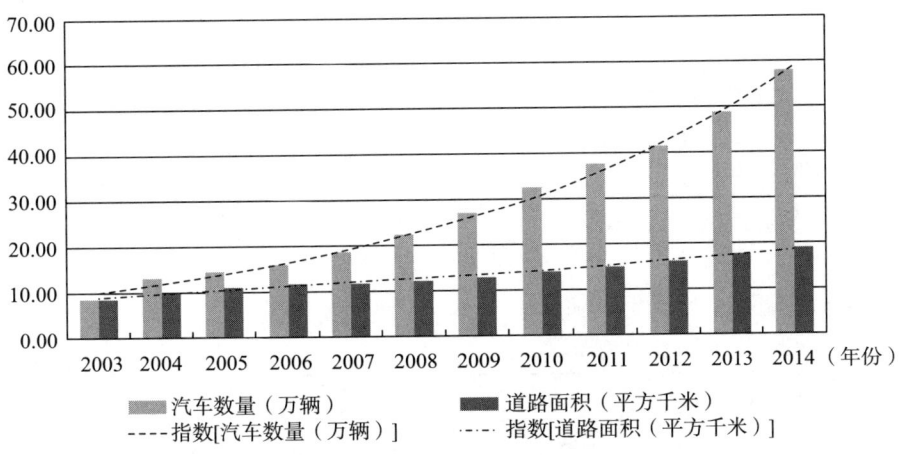

图3-16 城市汽车数量与道路面积

因此,随着城市汽车拥有量的不断增加,城市道路面积无法跟上汽车数量增加的速度,所以导致城市单位车辆拥有道路面积不断下降。如表3-12所示,全国285个地级市的平均单位车辆道路面积指数由2003年的1.347下降到了2014年的0.430。不同规模的城市单位车辆拥有道路面积数也呈显著的快速下降趋势。

特大城市的单位车辆面积低于大城市的平均水平,不过大城市的单位车辆道路面积大于中等城市和小城市(见图3-17)。

表3-12 分城市规模单位车辆道路面积　　单位:平方千米/万辆

年份	地级市	观测值	特大城市	观测值	大城市	观测值	中等城市	观测值	小城市	观测值
2003	1.347	285	1.135	13	1.420	140	1.314	100	1.193	45
2004	1.096	285	1.070	13	1.258	140	0.904	100	1.018	45
2005	0.992	285	1.070	13	1.103	140	0.932	100	0.779	45
2006	0.952	285	0.940	13	1.071	140	0.846	100	0.819	45
2007	0.900	285	0.799	13	0.918	140	0.915	100	0.813	45
2008	0.715	285	0.751	13	0.795	140	0.655	100	0.600	45
2009	0.681	285	0.626	13	0.687	140	0.724	100	0.565	45
2010	0.600	285	0.535	13	0.602	140	0.645	100	0.494	45
2011	0.545	285	0.547	13	0.563	140	0.563	100	0.451	45
2012	0.487	285	0.516	13	0.542	140	0.447	100	0.403	45
2013	0.443	285	0.506	13	0.494	140	0.407	100	0.367	45
2014	0.430	285	0.476	13	0.476	140	0.392	100	0.374	45

资料来源:根据EPS数据库计算所得。

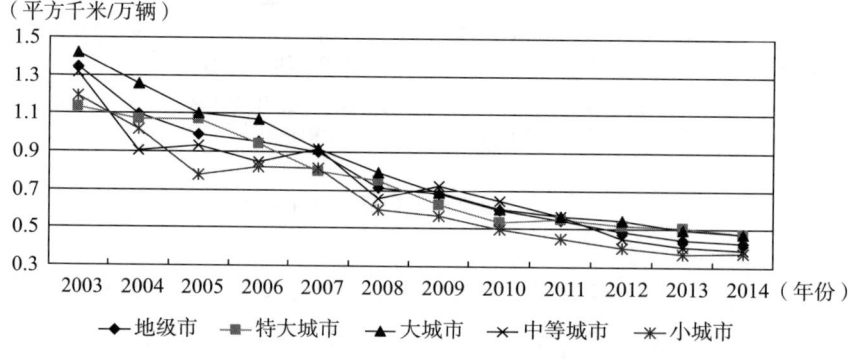

图3-17 分城市规模单位车辆道路面积

4. 交通拥堵定量刻画

根据北京市质量监督局的城市道路交通拥堵评价指标体系，交通拥堵指数分为：5级，取值区间为[0，10]，对应不同的道路网交通拥堵等级（见表3-13），1级表示运行最畅通，5级表示运行最拥堵。

表3-13 拥堵指数评价等级

交通拥堵指数	0~2	2~4	4~6	6~8	8~10
道路拥堵等级	非常畅通	畅通	轻度拥堵	中度拥堵	严重拥堵

资料来源：北京市质量监督局，城市道路交通拥堵评价指标体系。

将高德地图的"拥堵延时指数"作为城市拥堵程度的评价指标，即城市居民平均一次出行实际旅行时间与自由流状态下旅行时间的比值。该指数主要是从交通出行者角度出发，以简单易懂的方式表达交通拥堵给出行者带来的时间成本。该指数越高，表示出行延时占出行时间的比例越大，也就越拥堵[①]。拥堵指数的表达公式为：拥堵延时指数=旅行时间/自由流畅通旅行时间。

根据高德地图发布的《中国城市交通分析报告》。城市拥堵程度分布来看，经济越发达、人口越密集城市拥堵越严重，比如京津冀、长三角和珠三角城市群地区拥堵最突出，而西部人口稀少、经济欠发达地区道路状况畅通，比如新疆、青海、西藏等地区。从不同等级和规模城市交通拥堵状况来看，一、二线及省会城市拥堵最糟糕，不过拥堵不仅出现在大城市，小城市也同样出现了拥堵延迟现象，各种规模的城市和地区同样面临着拥堵问题。近些年随着私家车的增多，交通拥堵成为各类城市面临的问题。

2015年，中国拥堵排名前10的城市为北京、济南、哈尔滨、杭州、大连、广州、上海、深圳、青岛、重庆。其中北京高峰拥堵延时指数为2.06，平均车速为22.61千米/小时，成为拥堵时间成本最高的城市，北京驾车出行的上班族通勤要花费畅通下2倍的时间到达目的地。表3-14、表3-15分别为北京主要区域、核心地区主要商圈拥堵情况。

城市拥堵的成因是多方面的，主要有以下两个方面：①从宏观层面看，随着我国经济发展和人民生活水平提高，汽车保有量迅猛增长，仅次于美国，排名世界第二。汽车保有量的增长速度远远高于城市道路面积的增加速度，造成城市道

---

① 该指数来源于高德地图的交通拥堵报告。

路负荷过重，交通拥堵日益严重。②职住分离状况。可以运用早晚高峰单侧道路占比反映城市的职住分离状况，因为工作区与居住区的分离将在单侧拥堵的潮汐道路上表现出来。2015年重庆早晚高峰6%以上仅单侧道路拥堵严重，远远高于其他城市。北京市单侧拥堵道路条数最多，为88条，呈现出：早高峰由四周向中心区汇集；晚高峰由中心区向四周发散。孙铁山（2014）认为，北京居住与就业空间错位是影响城市经济运行和环境污染的重要因素。

表3-14 北京主要区域拥堵情况

排名	区域	拥堵指数	旅行速度
1	西城区	2.16	18.92
2	朝阳区	2.16	22.85
3	海淀区	2.05	23.96
4	东城区	1.96	19.64
5	昌平区	1.9	22.94
6	丰台区	1.64	30.1
7	石景山区	1.58	30.04

资料来源：高德地图《中国城市交通分析报告》。

表3-15 北京核心地区主要商圈拥堵情况

排名	区域	拥堵指数	旅行速度
1	香山	4.96	12.55
2	海子角村	4.35	8.08
3	王府井	4	7.66
4	菜户营	3.79	14.87
5	慈云寺	3.53	14.75
6	潘家园	3.53	13.29
7	十里河	3.37	9.73
8	月坛	3.13	11.27

资料来源：高德地图《中国城市交通分析报告》。

（三）环境拥挤

随着经济、人口要素在某个空间范围内不断积聚，城市规模不断扩大，城市空间资源承载量有限，带来了许多负外部效应，如私家车数量增加，汽车尾气排放增加了城市碳氧化物总量,城市环境不断恶化。从城市汽车拥有量指标看,大城市明显高于中、小城市,因此,城市污染排放总量是体现环境拥挤效应的重要内容。我们从环境污染排放总量和排放密度来衡量经济要素空间集聚带来的负面效应。本书采用二氧化硫排放密度和万元 GDP 二氧化硫排放量两个指标来评价不同规模城市的环境拥挤状况。同时运用 EKC 分析框架来分析城市经济发展水平、城市规模与环境污染之间的关系。

1. 二氧化硫排放密度（吨/平方千米）

二氧化硫排放密度反映单位行政区域面积内城市排放的污染物状况。计算公式为污染物排放总量/城市行政区域面积,它是反映城市经济产出过程中污染排放强度的指标。

分城市规模的污染排放量密度。从表 3-16 和图 3-18 可见,大城市的污染排放密度在全国 285 个地级市平均水平以上,中等城市和小城市在平均水平以下,大城市的污染排放密度最大,其次是中等城市排放密度,小城市的排放密度最小。从 2003~2014 年污染排放密度的变化趋势来看,无论是全国地级市,还是大、中、小不同城市规模的污染排放密度都呈现"上升—下降"的倒"U"形曲线。

表 3-16　分城市规模二氧化硫排放密度平均值　单位：吨/平方千米

年份	地级市	观测值	大城市	观测值	中等城市	观测值	小城市	观测值
2003	6.28741	285	8.46934	140	4.41981	100	3.64942	45
2004	7.17716	285	9.55775	140	5.17779	100	4.21394	45
2005	8.11464	285	9.55775	140	6.37920	100	4.78254	45
2006	7.94574	285	9.88082	140	6.58920	100	4.94005	45
2007	7.68906	285	9.42278	140	6.37895	100	5.20665	45
2008	7.19324	285	8.68146	140	6.24338	100	4.67401	45
2009	6.80819	285	8.17626	140	5.98830	100	4.37394	45
2010	6.80953	285	8.30618	140	5.89642	100	4.18242	45
2011	7.08460	285	8.58239	140	6.04067	100	4.74463	45
2012	6.59611	285	7.95211	140	5.74995	100	4.25781	45
2013	5.72879	285	6.32015	140	5.55295	100	4.27980	45
2014	5.98607	285	6.93120	140	5.38014	100	4.39218	45

资料来源：根据 EPS 数据库计算所得。

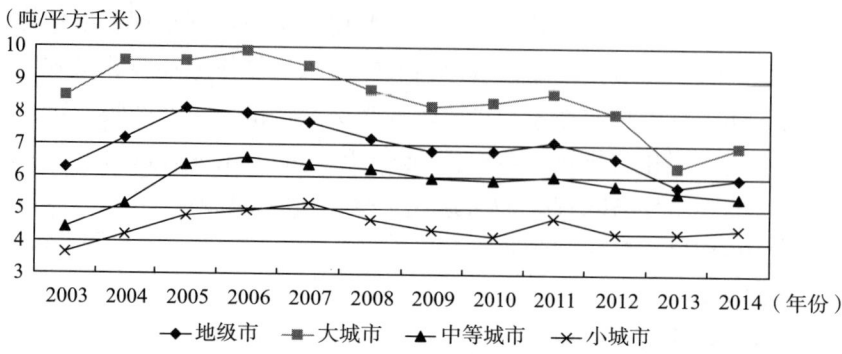

图 3-18 分城市规模二氧化硫排放密度平均值

2. 单位 GDP 二氧化硫排放量

单位 GDP 能耗是反映能源消费水平和节能降耗状况的主要指标，计算公式为：能源利用效率＝一次能源供应总量/国内生产总值（GDP），它反映了企业能源利用效率。单位 GDP 二氧化硫排放量则是衡量城市经济产出过程中污染排放程度，是从另外一个视角去衡量城市产出效率的重要指标，计算公式为：单位 GDP 二氧化硫排放量＝污染排放总量（吨）/GDP（万元）。

分城市规模的万元 GDP 污染排放量。从表 3-17 和图 3-19 可见，2003～2014 年，全国 285 个地级市的万元 GDP 二氧化硫排放量平均值都呈下降趋势，由 2003 年的 0.01806 下降到了 2014 年的 0.00384。无论是大城市、中等城市还是小城市，万元 GDP 污染排放量都呈现不断下降的趋势，说明随着我国经济发展水平的不断提高、科技水平的进步以及对环境保护的日益重视，城市污染治理水平不断提高，在城市经济产出效率不断提高的基础上，城市负面效应不断减少。从不同城市规模的单位 GDP 污染排放量比较来看，大城市的万元 GDP 的二氧化硫排放量最小，其次是中等城市，小城市的万元 GDP 二氧化硫排放量最高。2003 年大城市万元 GDP 二氧化硫排放量约为 0.01392，中等城市为 0.01876，小城市为 0.02941；2014 年仍然保持了这一趋势，大城市的万元 GDP 二氧化硫排放量为 0.00244，中等城市为 0.00460，小城市为 0.00664。大城市的单位 GDP 污染排放量在平均全国平均水平以下，中等城市和小城市的单位 GDP 污染排放量在全国平均水平以上。

由此说明，虽然从二氧化硫的排放总量来看，大城市是最高的，但是单位 GDP 的污染排放量却最小。一方面可能说明了大城市的污染治理具有显著的规模经济效应，另一方面或许是由于大城市的环境保护要求更高，经济产出效率更高,而且大城市的科技水平更高,污染治理的技术更先进,可以规避污染排出的负效应。从单位 GDP 二氧化硫变动趋势来看,小城市由于具有较高的污染水平,单位 GDP 的污染排放水平下降速度最快。

表 3-17　分城市规模万元 GDP 二氧化硫排放量

单位: 吨/万元 GDP

年份	地级市	观测值	大城市	观测值	中等城市	观测值	小城市	观测值
2003	0.01806	285	0.01392	140	0.01876	100	0.02941	45
2004	0.01662	285	0.01281	140	0.01760	100	0.02629	45
2005	0.01643	285	0.01258	140	0.01843	100	0.02400	45
2006	0.01414	285	0.01022	140	0.01663	100	0.02083	45
2007	0.01170	285	0.00826	140	0.01337	100	0.01868	45
2008	0.00931	285	0.00641	140	0.01125	100	0.01403	45
2009	0.00788	285	0.00552	140	0.00936	100	0.01197	45
2010	0.00646	285	0.00446	140	0.00785	100	0.00959	45
2011	0.00576	285	0.00393	140	0.00662	100	0.00954	45
2012	0.00464	285	0.00315	140	0.00548	100	0.00745	45
2013	0.00391	285	0.00259	140	0.00463	100	0.00644	45
2014	0.00384	285	0.00244	140	0.00460	100	0.00664	45

资料来源: 根据 EPS 数据库计算所得。

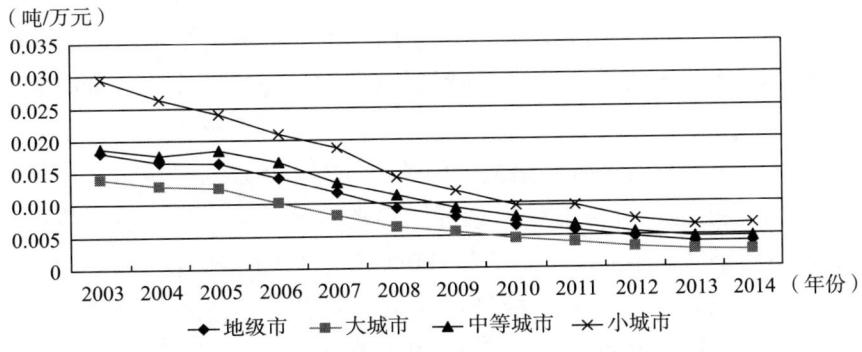

图 3-19　分城市规模万元 GDP 二氧化硫排放量

（四）城市规模与城市环境污染关系

随着城市人口、产业等经济要素不断集聚，以及城市规模不断扩大，城市出现了用地紧张、交通拥挤、环境污染等一系列"城市病"。城市环境污染是大城市"城市病"的突出问题。早期研究环境质量与经济发展水平之间的关系存在着EKC假说，即环境库兹涅茨曲线（见图3-20），由美国经济学家Grossman和Krueger（1991）最先提出，他们收集了世界上60个国家不同地区的环境污染排放物，进行了面板数据实证分析，得出结论：环境污染与经济增长之间呈现倒"U"形关系（王家庭、高珊珊，2011）。

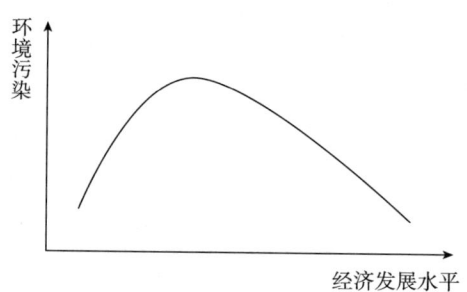

图3-20 环境库兹涅茨曲线（EKC）

根据Grossman和Krueger（1995）构建的环境库兹涅茨曲线模型，将环境污染作为被解释变量，经济增长作为解释变量，传统面板数据模型基本形式为：

$$\ln pollution_{it} = \alpha_i + \beta_{1i} \ln pgpd_{it} + \beta_{2i}(\ln pgpd_{it})^2 + \mu_{it} \qquad (3-3)$$

为了克服异方差问题，本书对方程两边进行了对数线性化处理。式中，i 为城市；t 表示时间，$pollution_{it}$ 表示环境污染排放密度，本书用地均二氧化硫排放量表示，即二氧化硫排放量（吨）/地区行政面积（平方千米）；$pgpd_{it}$ 表示人均经济发展水平。

为了考察城市规模与环境污染之间的关系，本书还加入了城市人口规模变量pop，同时城市规模与环境污染之间也可能存在着倒"U"形关系。随着城市规模扩大，环境污染城市不断恶化，但是城市规模达到一定程度，环境污染治理的规模效应显现，现实中规模越大的城市科技发展水平也越高，污染治理水平越高，因此，达到一定规模的城市，环境污染程度可能会有所减轻。为此我们构建了包含经济发展水平二次项和人口规模二次项的计量模型进行回归分析。具体模型如下：

$$\ln pollution_{it} = \alpha_i + \beta_{1i}\ln pgpd_{it} + \beta_{2i}(\ln pgpd_{it})^2 + \beta_{3i}\ln pop + \beta_{4i}(\ln pop)^2 + \mu_{it}$$
(3-4)

表3-18 变量的描述性统计

变量名	观测值	平均值	标准差	最小值	最大值
Polldensity	3420	6.951712	8.626898	0.0010	80.1217
Pop	3420	133.9732	169.5823	14.08	1943.9
pgpd	3420	39649.91	33100.54	1231	467749

表3-19 计量结果

因变量 lnpolldensity 回归方程（1）		因变量 lnpolldensity 回归方程（2）	
lnpgpd	3.112 *** (11.63)	lnpgpd	3.213 *** (11.99)
zlnpgpd	-0.150 *** (-11.46)	zlnpgpd	-0.155 *** (-11.79)
lnpop	1.868 *** (4.72)	lnpop	-0.134 * (-1.87)
zlnpop	-0.209 *** (-5.14)	—	—
_cons	-18.83 *** (-11.62)	_cons	-14.73 *** (-10.41)
N	3420	N	3420

注：* $p<0.1$，** $p<0.05$，*** $p<0.01$。

在表3-19中，从回归方程（1）和回归方程（2）结果比较来看，经济发展水平和人口规模变量的一次向和二次项都通过了显著性检验，说明城市经济发展水平、城市规模与环境污染存在显著的关系，回归方程（1）中的人口规模二次项非常显著，比回归方程（2）的人口规模项更加显著，说明加入人口规模二次项能够更加显著地通过检验。

1. 计算环境污染的人均GDP的拐点

利用回归方程（1）的参数估计值可以得到：$\partial(\ln polldensity)/\partial(\ln pgpd) = 3.112 - 0.15 \times 2 \times \ln pgdp$。由此可知，环境污染的人均GDP最低门槛值为31995

元,全国 285 个地级市的人均 GDP 为 39649.91 元,说明超过一半的地级城市已经跨越了倒"U"形曲线的拐点,人均 GDP 位于倒"U"形的右侧区域。

2. 计算环境污染的人口规模的拐点

利用回归方程(1)的参数估计值可以得到:∂(lnpolldensity)/∂(lnlnpop) = 1.868 - 0.209 × 2 × lnpop。由此可知,市辖区人口数量的最低门槛规模大约为 87.3 万人,全国 285 个地级市的人口规模为 133.97 万人,大部分城市的人口规模跨过了倒"U"形曲线的拐点,位于人口规模倒"U"形的右侧区域。

通过分析包含城市规模变量的 EKC 分析框架,构建了城市规模、城市经济发展水平与城市环境污染之间的计量方程。利用 2003~2014 年全国 285 个地级市的面板数据,重点定量考察了城市规模、城市经济发展水平与环境拥挤之间的关系。结果发现,城市经济发展水平与环境污染之间存在着倒"U"形关系的 EKC 理论得到证实。与此同时,我们还验证了不同规模城市的环境污染问题,发现城市规模与城市环境污染也存在着倒"U"形关系。

二、拥挤效应造成的城市效率损失

城市拥挤效应对城市效率造成的损失可以从城市拥挤的表现来刻画。城市交通拥挤、环境拥挤和人口拥挤带来社会治理成本上升。随着人口规模的扩大,汽车保有量不断增加,交通问题已经成为制约城市经济发展的最大阻力之一,交通拥挤严重制约城市经济发展。

(一)直接成本

城市环境拥挤造成城市经济效率损失,城市规模越大,城市污染排放总量越大。因此,城市拥挤效应越大,主要体现在治理污染环境的支出增加。美国、日本、欧洲为了治理交通拥堵,每年的直接经济开支都有几百亿美元。

(二)间接成本

城市交通拥挤给城市效率造成的损失主要体现在以下几个方面:一是交通拥堵带来的燃料成本。城市的行车速度降低,交通延误大大增加,带来直接的油耗增加,汽车尾气排放增加,环境污染加重,尾气、噪声增加,城市环境日益恶化。二是间接的时间损失。交通拥挤造成了通勤时间增加,以及劳动时间减少,用以通勤的时间本来可以创造价值,这样造成了间接的经济损失。与此同时通勤成本增加,精力损耗,导致高技能工人的时间投入减少,降低了高技能工作者的工作效率,降低了整体社会创新的概率。

第三节 本章小结

本章主要从集聚经济与拥挤效应的表现和内容展开论述，集聚经济主要体现在人口集聚、经济集聚、产业集聚，运用地理集中度测算公式测算了人口、产业地理集中度，并运用集聚指数公式测算了城市工业集聚指数，分区域产业集聚指数表现为：东部地区产业集聚指数下降，中、西部地区逐渐上升；分城市规模的工业集聚指数表现为：大城市的工业集聚指数下降，中小城市的工业集聚指数逐渐上升。

运用实际数据验证集聚规模、集聚对城市效率的提高作用，人口规模、劳动力密度和产业集聚度对城市效率的提高都有促进作用。拥挤效应包括交通拥挤和环境拥挤。交通拥挤体现在城市道路面积远远跟不上汽车保有量的增长速度；从分城市规模污染状况看，城市规模越大，单位 GDP 的污染越小，城市规模与城市污染呈倒"U"形关系，城市拥挤效应会形成直接成本和间接成本，降低城市效率。

第四章 基于 DEA 方法的城市效率测算及评价

选取科学的方法测算城市效率是评价城市效率的基础。本章主要采用国内外成熟的生产率测度方法——DEA 方法对中国 285 个地级市的城市效率进行测度,通过选取 2 个合意投入指标、2 个非合意投入指标和 2 个产出指标,测算中国城市全要素生产率,并运用 Malmquist 指数方法测算中国城市效率的技术变化与效率变化。在此基础上,按照不同区域、不同城市规模评价中国城市效率的总体分布状况,结合空间自相关模型,分析中国城市全要素生产率的空间分异状况。

第一节 效率测算的方法

一、数据包络分析（DEA）

数据包络分析（Data Envelopment Analysis，DEA）最早是由 Rolf Färe 创立的,它运用数学编程方法测定生产率,核心功能是用于界定和测算技术变化及效率变化。该方法模型使用数学规划建立评价模型,评价具有多项输入、多项输出的"单位"之间的相对有效性,称作 DEA 有效,它是评价生产单元（DMU）相对效率的一种有效方法。因此,我们可以将城市视为一个有效生产单元（DMU）,评价城市的效率,就可以采用 DEA 方法。城市本身就是一个由资源投入到获得产出的过程,如何评价不同城市的生产效率,以既定的投入获得最大产出,或在既定产出条件下使用最小投入,提出如何优化城市的要素投入组合,提高城市的生产效率,这是 DEA 方法在城市效率评价方面的应用。DEA 模型中的符号标记如下：

		1	2	3	⋯	j	⋯	n		
v_1	1	x_{11}	x_{12}	x_{13}	⋯	x_{1j}	⋯	x_{1n}		
v_2	2	x_{21}	x_{22}	x_{23}	⋯	x_{2j}	⋯	x_{2n}		
⋮	⋮	⋮	⋮	⋮	⋮	⋮	⋮	⋮		
v_i	i	x_{i1}	x_{i2}	x_{i3}	⋯	x_{ij}	⋯	x_{in}		
⋮	⋮	⋮	⋮	⋮	⋮	⋮	⋮	⋮		
v_m	m	x_{m1}	x_{m2}	x_{m3}	⋯	x_{mi}	⋯	x_{mn}		
		y_{11}	y_{12}	y_{13}	⋯	y_{1j}	⋯	y_{1n}	1	u_1
		y_{21}	y_{22}	y_{23}	⋯	y_{2j}	⋯	y_{2n}	2	u_2
		⋮	⋮	⋮	⋮	⋮	⋮	⋮		
		y_{r1}	y_{r2}	y_{r3}	⋯	y_{rj}	⋯	y_{rn}	r	u_r
		⋮	⋮	⋮	⋮	⋮	⋮	⋮		
		y_{s1}	y_{s2}	y_{s3}	⋯	y_{sj}	⋯	y_{sn}	s	u_s

式中，x_{ij} 为第 j 个城市对第 i 种类型输入的投入总量且 $x_{ij} > 0$；Y_{rj} 为第 j 个城市对第 r 种类型输出的产出总量且 $y_{rj} > 0$；v_i 为对第 i 种类型输入的一种度量权系数；u_r 为对第 r 种类型输出的一种度量权系数。i 取值 1，2，⋯，m，m 种输入；r 取值 1，2，⋯，s，s 种输出，j 取值 1，2，⋯，n，n 个城市。对于每一个城市 DMU_j 都有相应的效率评价指数。

$$h_j = \frac{u^T y_i}{v^T x_j} = \frac{\sum_{r=1}^{s} u_r y_{rj}}{\sum_{i=1}^{mn} v_i x_{ij}}, j = 1,2,\cdots,n \tag{4-1}$$

（一）评价城市规模有效和技术有效的 CCR 模型

在规模报酬不变（CRS）的假设下，A. Charnes、W. W. Cooper 和 E. Rhodes 于 1978 年给出第一个 DEA 模型——CCR 模型（魏权龄，2016）。以城市输入为导向的 CCR 模型如下：

$$\begin{cases} \min\theta = h_{j0} \\ \sum_{j=1}^{n} x_j \lambda_j \leq \theta x_0 \\ \sum_{j=1}^{n} y_j \lambda_j \geq y_0 \\ \lambda_j \geq 0, j = 1,\cdots,n; \theta \text{ 无限制} \end{cases} \tag{4-2}$$

Charnes 和 Cooper（1952）在研究运用单纯形法求解线性规划的最优解时，因为在"退化"情况下可能出现"循环"的现象，便引进了非阿基米德无穷小

量 ε，得到如下模型：

$$\begin{cases} \min[\theta - \varepsilon(e^T s^+ + \hat{e}^T s^-)] \\ \sum_{j=1}^n x_j \lambda_j + s^- = \theta x_0 \\ \sum_{j=1}^n y_j \lambda_j - s^+ = y_0 \\ \lambda_j \geq 0, j = 1, \cdots, n \\ s^+ \geq 0 \\ s^- \geq 0, \end{cases} \quad (4-3)$$

在该模型下来讨论 DEA 模型城市有效的判断准则。设 θ^0，λ_j^0，$j = 1$，…，n，s^{0+}，s^{0-} 为模型的最优解，则：

若 $\theta^0 < 1$，则第 j_0 不为弱 DEA 有效；

若 $\theta^0 = 1$，$e^T s^{0+} + \hat{e}^T s^{0-} = 0$，则第 j_0 个城市为 DEA 有效；

若 $\theta^0 = 1$，$e^T s^{0+} + \hat{e}^T s^{0-} > 0$，则第 j_0 个城市仅为弱 DEA 有效。

(二) 评价技术有效的 BCC 模型

在介绍 BCC 模型之前，阐述效率的相关概念。效率包含技术效率和配置效率两个成分，技术效率反映生产单元由给定投入集获得最大产出的能力；配置效率反映在分别给定的价格和生产技术下以最优比例利用投入的能力。这两方面的测量构成总的经济效率的测量。规模效率测量可用于表示在向能最大化生产率的可行生产点移动时生产率所能增加的量（蒂莫西，2008）。

CCR 模型下城市的 DEA 有效性既为技术有效也为规模有效，而 BCC 模型中的城市有效性仅为技术有效。设 h_{BCC}^I、h_{CCR}^I 分别为以城市输入为导向 DEA 模型 BCC、CCR 的最优值，记 h_{CCR}^I 为第 j_0 个城市的生产效率或技术效率，h_{BCC}^I 为第 j_0 个城市的技术效率，$SE = \dfrac{h_{CCR}^I}{h_{BCC}^I}$ 为第 j_0 个城市的规模效率。城市整体效率分解公式为：

$$h_{CCR}^I = h_{BCC}^I \times SE \quad (4-4)$$

可以得出三者之间的大小关系为：

$$\begin{cases} 0 < h_{CCR} \leq h_{BCC} \leq 1 \\ 0 < SE \leq 1 \end{cases}$$

由此可得：若 $h_{CCR}^I = 1$［即城市弱 DEA 有效（I-CCR）］，则 $h_{BCC}^I = 1$［即城市弱 DEA 有效（I-CCR）］，$SE = 1$，也即当第 j_0 个城市的整体效率为 1 时，它

的技术效率和规模效率都为1。

(三) 城市面板数据测度的 Malmquist – DEA 模型

Malmquist 指数法是一种多投入与多产出指标的效率分析方法,在不需要相关价格信息,以及不考虑成本最小化或利润最大化的条件下,可以将生产率变化原因分解为:技术变化与技术效率变化两个源泉,而技术效率变化又可以细分为:纯技术效率变化与规模效率变化。在评价城市效率变化时,我们可以借用该方法,从而判断城市全要素生产率变化的原因,这样不仅能够横向比较不同城市同一时期的效率差异,还能纵向比较同一城市在不同时期的效率变化,以此判断纯技术效率与规模效率对技术效率变化的贡献程度,为正确指导城市效率提高与改进指明方向。

以某个城市为例,Malmquist 指数定义式如下:

$$m_0(y_{t+1}, x_{t+1}, y_t, x_t) = \left[\frac{d_o^t(x_{t+1}, y_{t+1})}{d_o^t(x_t, y_t)} \times \frac{d_o^{t+1}(x_{t+1}, y_{t+1})}{d_o^{t+1}(x_t, y_t)}\right]^{1/2} \quad (4-5)$$

式中,x_t,x_{t+1} 分别表示该城市在时期 t 和 $t+1$ 期的投入向量,y_t,y_{t+1} 分别表示该城市 t 和 $t+1$ 期的产出向量,$d_o^t(x_t, y_t)$ 和 $d_o^t(x_{t+1}, y_{t+1})$ 分别表示以 t 时期的技术 T^t 为参照的、时期 t 和时期 $t+1$ 生产点的距离函数。指数分解公式如下:

$$TE = \frac{d_o^{t+1}(x_{t+1}, y_{t+1})}{d_o^t(x_t, y_t)} \quad (4-6)$$

$$TC = \left[\frac{d_o^t(x_{t+1}, y_{t+1})}{d_o^{t+1}(x_{t+1}, y_{t+1})} \times \frac{d_o^t(x_t, y_t)}{d_o^{t+1}(x_t, y_t)}\right]^{\frac{1}{2}} \quad (4-7)$$

$$Malmquist = TE \times TC = PTE \times SE \times TC \quad (4-8)$$

式中,TE 代表技术效率,TC 代表技术进步,PTE 代表纯技术效率,SE 代表规模效率。用 DEA 效率值的倒数替代距离函数值,考虑到面板数据,基于 DEA 改进模型来求解距离函数值,有以下几个线性规划:

$$[d_o^t(x_t, y_t)]^{-1} = \max_{\varphi, \lambda} \varphi,$$
$$st \quad -\varphi y_{it} + Y_t \lambda \geq 0,$$
$$x_{it} - X_t \lambda \geq 0,$$
$$\lambda \geq 0, \quad (4-9)$$

$$[d_o^{t+1}(x_{t+1}, y_{t+1})]^{-1} = \max_{\varphi, \lambda} \varphi,$$
$$st \quad -\varphi y_{i,t+1} + Y_{t+1} \lambda \geq 0,$$
$$x_{i,t+1} - X_{t+1} \lambda \geq 0,$$
$$\lambda \geq 0, \quad (4-10)$$

$$\left[d_o^t(x_{t+1}, y_{t+1})\right]^{-1} = \max_{\varphi,\lambda} \varphi,$$
$$st \quad -\varphi y_{i,t+1} + Y_t\lambda \geq 0,$$
$$x_{i,t+1} - X_t\lambda \geq 0,$$
$$\lambda \geq 0, \tag{4-11}$$

$$\left[d_o^{t+1}(x_t, y_t)\right]^{-1} = \max_{\varphi,\lambda} \varphi,$$
$$st \quad -\varphi y_{it} + Y_{t+1}\lambda \geq 0,$$
$$x_{it} - X_{t+1}\lambda \geq 0,$$
$$\lambda \geq 0 \tag{4-12}$$

当城市 Malmquist 指数大于 1 时, 城市生产率提高; 当城市 Malmquist 指数等于 1 时, 城市生产率不变; 当城市 Malmquist 指数小于 1 时, 城市生产率降低。其相应的分解指标的判断准则采用类似叙述。当然, 采用 DEA 模型计算的城市效率并非决定意义上的效率概念, 而是一种相对效率, 真实的效率水平等于 DEA 的估计值 (方创琳, 2011)。

二、国内 DEA 方法应用

DEA 方法是目前研究城市效率问题的最主要方法之一, 国内利用该方法进行实证研究的学者有: 杨开忠 (2002)、李郇 (2005)、袁晓玲 (2008)、郭腾云 (2009)、樊华 (2005)、孙威 (2010)、方创琳 (2011) 等。在模型选用上, 主要采用了 DEA 中的 CRS 模型、VRS 模型、超效率 DEA, 以及 Malmquist 指数等方法。在变量指标选取方面, 俞立平等 (2006) 运用 DEA 方法测度中国城市经济效率, 选取固定资产投资总额、劳动力作为投入变量, 地区生产总值、地方财政预算内收入、职工工资总额作为产出变量。刘秉镰、李清彬 (2009) 基于 DEA 模型的 Malmquist 指数方法对中国 1990~2006 年的城市全要素生产率的动态变化进行了实证研究。

第二节 指标选取与数据来源

一、指标选取

在传统的全要素生产率分析中, DEA 模型一般选取决策单元 (DMU) 的资本存量（K）和劳动力（L）作为投入要素、增加值（Y）作为产出要素来构建生产可能集（Färe R. 等，1994）。为了全面考察城市效率，引入了 DEA 应用于城市全要素生产率分析框架，本书增加了地方财政一般预算内收入这一指标，用于反映地区经济个体的利润，以此来综合评价城市的经济效率，而不是简单地以 GDP 产出来衡量投入产出效率。环境污染是评价城市投入产出效率的重要内容，本书还考虑包含环境污染变量的非合意产出，判断未包含污染变量的合意产出与包含污染变量的合意产出是否一致（见表 4-1）。

表 4-1 投入产出指标的含义

投入指标	变量	单位
合意	资本存量	亿元
合意	劳动力	万人
非合意	工业二氧化硫	吨
非合意	工业废水	万吨
产出变量	地区生产总值（GDP）	亿元
	地方财政一般预算内收入	亿元

（1）投入指标。经济活动最主要的生产要素为劳动力和资本，因此本书采用劳动力和资本作为投入要素。人口与劳动力不是同一个概念，人口是一个地区的总人数，劳动力主要反映了劳动年龄人口中参与工作的人，人口并不能完全反映生产中的劳动力投入要素。因此，本书用各市的年末单位从业人数和城镇私营、个体从业人数加总来表示。资本要素由资本存量进行衡量，各市的资本存量主要根据初始（以某一年为基期）的资本存量，按照一定的折旧率，加上每年的固定资产投资总额得到。在考虑合意产出时，本书还将城市废气和废水排放作为投入指标，用工业二氧化硫排放量与工业废水排放量来表示，这是衡量城市环境污染的最重要的两个指标。

（2）产出指标。用 GDP 和地方财政一般预算内收入两个指标来衡量，GDP 主要用于衡量经济产出，地方财政一般预算内收入主要用于衡量当地企事业单位的效率和利润，是反映地区经济效率的一个指标，所以加入地方财政一般预算内收入可以更加全面地反映城市的经济效率。

（3）资本存量测算。城市资本投入是历年投资形成的资本积累，应该是资本存量，而非流量，因此，需要计算各个城市的资本存量。Goldsmith（1951）最早使用永续存盘法对中国262个城市的资本存量进行估算,随后,郭庆旺(2005)也使用了永续盘存法对资本存量测算,他考虑了固定资产投资价格指数的因素P_t,为了简化公式,本书暂不考虑固定资产投资价格要素。δ_t为固定资产折旧率,现有文献一般设定为5%或10%,本书采用单豪杰(2008)计算中国30个省区资本存量时采用的10.96%的平均折旧率。由于单豪杰在《中国资本存量K的估算数据(1952年基期)(单位:亿元)》中将重庆和四川的资本存量合并计算,因此,为了将两地资本存量分离,本书按照2002年各自的GDP占比进行折算处理。

其中,I_0为基年固定资产投资额,考虑到数据的可得性,本书设定2003年为基年,δ为折旧率。以2003年为基期,K_t为t年的实际资本存量,K_{t-1}为$t-1$年的实际资本存量,I_t为t年的名义投资。

$$K_t = I_t/P_t + (1-\delta_t)K_{t-1} \qquad (4-13)$$

本书以2003年为基期,计算2003年各市的资本存量,首先按照各市的GDP占所在省份的比重,再乘以2003年各省的资本存量,由此得到各市2003年的资本存量初始额。i表示城市,S表示省份。

$$K_{i,2003} = (GDP_{i,2003}/GDP_s, 2003) \times K_{s,2003} \qquad (4-14)$$

劳动力:主要反映了从事劳动的人数。根据统计数据中的三次产业单位就业人数和城镇私营、个体就业人数两个指标加总得到。单位:万人。

地区生产总值:各市的GDP数据。单位:亿元。为使得各城市的GDP具有可比性,一般扣除价格因素的影响,不过由于缺少地级市的GDP缩减指数,学术界通常利用各省的GDP缩减指数进行平滑,但城市之间的GDP缩减指数相去甚远,各省的平均值并不能代替长期的实际情况,因此,本书借鉴方创琳(2011)直接采用当年价格统计的城市GDP。

废气排放:工业二氧化硫排放量。单位:吨。

废水排放:工业废水排放量。单位:万吨。

二、数据来源及处理

本书的数据主要来源于EPS数据库中的《中国城市统计年鉴》,个别缺失数据按照移动平均法进行了处理。为保证数据统计口径的一致性,本书使用了2003~2014年,除拉萨、毕节、铜仁外的285个地级以上城市数据,安徽巢湖市由于区划调整也做删除,部分城市的缺失值处理以及异常值处理按照以下方法:

缺失值的处理:部分市辖区数据缺失的处理方法,按照市区当年度的增长率进行计算，如长春市 2007~2008 年的固定资产投资额数据缺失，就是按照长春市区当年的固定资产投资额增长率进行折算；如果市辖区和市区的数据同时缺失，则按照当年该指标的省级增长率进行计算。

异常值的处理：如 2012 年鄂尔多斯固定资产投资为 302 万元，远远低于正常值，本书按照当年市区固定资产投资额的增长率进行折算处理。

第三节 城市全要素生产效率的测算

一、城市全要素生产率的时空变化

为了响应国家的供给侧改革，提高有效供给，本书选择以产出为导向的 DEA Malmquist 指数方法测算中国 285 个地级城市的全要素生产率。

由图 4-1 可知，全国城市全要素生产率平均变化趋势，由 2003 年的 0.42 上升到了 2014 年的 0.57，呈现逐步上升趋势。说明总体而言，我国城市效率整体呈现上升趋势。其上升的速度很快，2008 年后先是呈现微弱的上升，后又有所回落，类似"M"形走势，到了 2014 年城市效率又有所上升，达到 0.57，2008~2014 年，城市效率基本保持相对稳定趋势。因此，2003~2014 年，城市效率的变化基本可以分为两个阶段：2003~2007 年为城市效率快速提升阶段，2008~2014 年为城市效率变化相对平稳阶段。

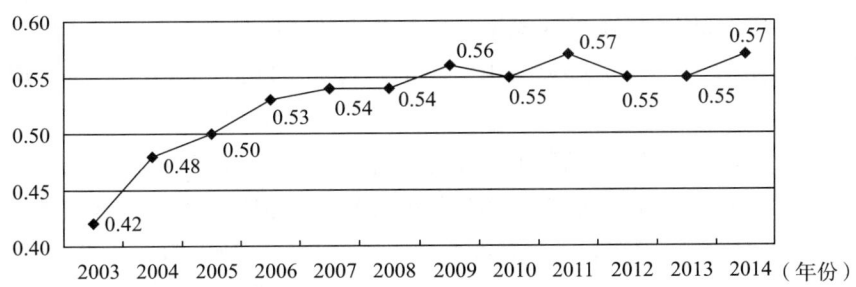

图 4-1 全国城市效率平均变化趋势

二、分区域层面的城市全要素生产率

（一）基于全局的四大地带的城市效率

表4-2为中国四大地区的划分。

表4-2　中国四大地区的划分

1	东部地区	北京市、天津市、河北省、上海市、江苏省、浙江省、福建省、山东省、广东省和海南省
2	中部地区	山西省、安徽省、江西省、河南省、湖北省和湖南省
3	西部地区	内蒙古自治区、四川省、重庆市、广西壮族自治区、贵州省、云南省、陕西省、甘肃省、青海省、宁夏回族自治区和新疆维吾尔自治区
4	东北地区	辽宁省、吉林省、黑龙江省

注：尽管安徽已经划入长三角地区，但是按照经济发展水平，仍将其归到中部地区。

全国285个城市效率。从总体来看，全国城市效率从2003~2014年一直处于稳健的上升趋势，说明技术进步一直推动着我国城市全要素生产率的提高。

东部85个城市。东部地区的城市效率由2003年的0.468逐渐上升到2014年的0.647，2003~2014年的城市效率平均值为0.563。从总体来看，东部地区的城市效率一直处于稳健的上升趋势，只有2010年和2012年两年有微弱下降，东部地区仍然是全国城市效率最高的地区，也是城市效率平均值突破0.6的唯一地区。

中部80个城市。中部地区的城市效率由2003年的0.350逐渐上升到2014年的0.522，2003~2014年城市效率平均值为0.472。东部地区2003~2009年的城市效率呈稳健的上升趋势，随后2010~2013年呈下降趋势，2014年又有所回升，达到最高值0.522。

西部86个城市。西部地区的城市效率由2003年的0.411上升到2014年的0.550，2003~2014年城市效率平均值为0.531。西部地区2003~2011年城市效率呈稳健的上升趋势，随后，2011年之后，城市效率有所下滑。

东北34个城市。东北地区的城市效率由2003年的0.475上升到2014年的0.536，2003~2014年城市效率平均值为0.557。东北地区的城市效率2003~2006年基本呈现上升趋势，2007~2014年基本上呈现下降趋势。相比较其他地区而言，东北地区的初始城市效率相对较高，但是从总体趋势来看，东北地区的城市效率呈现下滑趋势。

表4-3 分地区层面的中国城市效率分布

年份	全国	东部	中部	西部	东北
2003	0.419	0.468	0.350	0.411	0.475
2004	0.476	0.514	0.419	0.461	0.551
2005	0.499	0.516	0.455	0.484	0.600
2006	0.527	0.554	0.479	0.516	0.593
2007	0.538	0.550	0.490	0.552	0.583
2008	0.536	0.555	0.487	0.550	0.568
2009	0.557	0.586	0.506	0.577	0.556
2010	0.548	0.581	0.478	0.576	0.561
2011	0.565	0.595	0.498	0.592	0.580
2012	0.547	0.585	0.488	0.565	0.549
2013	0.548	0.609	0.493	0.543	0.537
2014	0.570	0.647	0.522	0.550	0.536
平均值	0.528	0.563	0.472	0.531	0.557

从全国四个地带间的城市效率比较来看。2003年城市效率最高的是东北地区0.475，最低的是中部地区0.350，东北地区的城市效率高于东部地区，西部地区的城市又高于中部地区。图4-2为2003~2014年全国城市效率平均变化趋势。

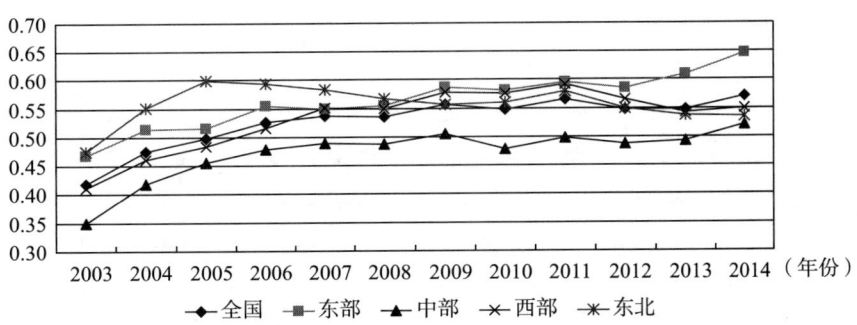

图4-2 全国城市效率平均变化趋势

（二）城市全要素生产率变化特征

总体来看，2003—2014年，城市全要素生产率（Malmquist指数）呈现出四个阶段走势的特征：先上升—后下降—再上升—再下降。2003~2007年，指数呈现逐步上升的阶段，由0.941上升到1.011，随后指数呈现下降的趋势，2008~2009年下降到了0.940，随后，又呈现一定的上扬，2010~2011年达到最高值1.054，之后，呈现逐年下降趋势，2013~2014年达到0.963。不过总体而言，2003~2014年城市全要素生产率呈上升趋势，由0.941上升到了0.963（见表4-4和图4-3）。从城市全要素生产率变化的来源来看，技术效率的进步是推动全要素生产率变化的最主要因素。

表4-4 中国285个地级以上城市全要素生产率均值结果

年份	Effch 技术效率	Techch 技术变化	Pech 纯技术效率变化	Sech 规模效率变化	Tfpch 全要素生产率变化
2003~2004	1.189	0.792	1.181	1.007	0.941
2004~2005	1.065	0.917	1.057	1.008	0.976
2005~2006	1.070	0.902	1.076	0.995	0.966
2006~2007	1.026	0.985	1.027	0.999	1.011
2007~2008	0.981	1.028	1.001	0.980	1.008
2008~2009	1.036	0.907	1.043	0.994	0.940
2009~2010	0.971	1.050	0.981	0.99	1.020
2010~2011	1.027	1.026	1.036	0.992	1.054
2011~2012	0.978	1.007	0.964	1.014	0.985
2012~2013	1.010	0.953	1.002	1.008	0.963
2013~2014	1.065	0.904	1.035	1.029	0.963
平均值	1.036	0.949	1.035	1.001	0.984

资料来源：作者计算所得。

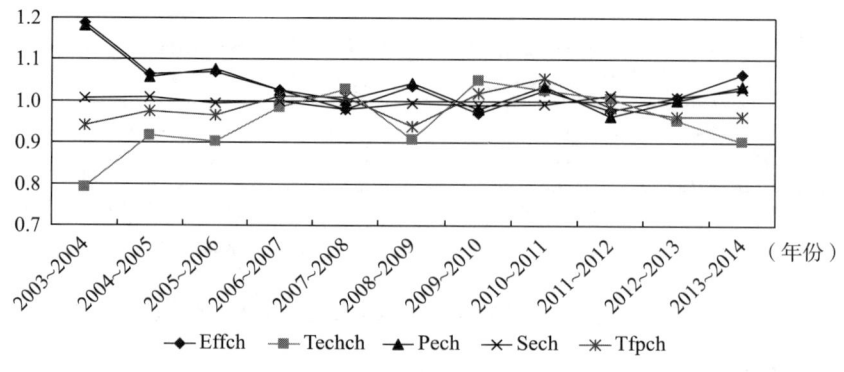

图4-3 年度平均变化的Malmquist指数（TFP变化）

从 2003~2014 年分区域城市全要素生产率变化平均值来看（见表 4-5），东部地区城市全要素生产率变化最大，为 1.013；其次是中部地区，为 0.991，西部地区全要素生产率变化的平均值为 0.977，东北地区最低为 0.927。

表 4-5　分区域城市全要素生产率变化（2003~2014 年平均值）

区域	Effch 技术效率	Techch 技术变化	Pech 纯技术效率变化	Sech 规模效率变化	Tfpch 全要素生产率变化
东部	1.042	0.972	1.038	1.004	1.013
中部	1.045	0.948	1.044	1.001	0.991
西部	1.037	0.942	1.035	1.002	0.977
东北	1.010	0.917	1.016	0.995	0.927

资料来源：作者计算所得。

（三）分区域城市全要素生产率变化（Malmquist 指数）

1. 东部地区城市全要素生产率变化

东部地区城市全要素生产率变化呈现出以下特点：除 2008~2009 年、2011~2012 年，城市全要素生产率低于 1 之外，其他年份的城市全要素生产率都高于 1（见表 4-6），说明东部地区城市全要素生产率普遍较高，而且保持相对稳定状态。从城市全要素生产率变化的来源来看，东部地区城市全要素生产率主要是因为技术效率的提高。

表 4-6　东部地区城市全要素生产率变化（2003~2014 年）

年份	Effch 技术效率	Techch 技术变化	Pech 纯技术效率变化	Sech 规模效率变化	Tfpch 全要素生产率变化
2003~2004	1.174	0.878	1.147	1.026	1.027
2004~2005	1.032	0.983	1.024	1.017	1.007
2005~2006	1.106	0.917	1.103	1.007	1.012
2006~2007	1.001	1.051	1.002	1.000	1.047
2007~2008	1.008	1.048	1.018	0.992	1.053
2008~2009	1.069	0.906	1.068	1.004	0.967
2009~2010	1.002	1.056	0.996	1.007	1.058
2010~2011	1.023	1.025	1.031	0.993	1.048

续表

年份	Effch 技术效率	Techch 技术变化	Pech 纯技术效率变化	Sech 规模效率变化	Tfpch 全要素生产率变化
2011~2012	0.975	1.021	0.984	0.993	0.993
2012~2013	1.057	0.962	1.062	0.993	1.008
2013~2014	1.136	0.906	1.095	1.036	1.013

资料来源：作者计算所得。

2. 中部地区城市全要素生产率变化

中部地区城市全要素生产率变化保持一定的波动性，2003~2008年，全要素生产率在波动中上升，2009~2014年全要素生产率呈现先上升再下降的趋势（见表4-7）。

表4-7 中部地区城市全要素生产率变化（2003~2014年）

年份	Effch 技术效率	Techch 技术变化	Pech 纯技术效率变化	Sech 规模效率变化	Tfpch 全要素生产率变化
2003~2004	1.250	0.796	1.248	1.004	0.991
2004~2005	1.123	0.925	1.134	1.003	1.032
2005~2006	1.090	0.903	1.083	1.009	0.983
2006~2007	1.041	0.999	1.047	0.997	1.033
2007~2008	0.995	1.039	1.009	0.990	1.033
2008~2009	1.042	0.893	1.061	0.987	0.932
2009~2010	0.954	1.049	0.953	1.007	1.001
2010~2011	1.044	1.025	1.063	0.988	1.070
2011~2012	0.993	1.022	0.980	1.022	1.011
2012~2013	1.028	0.957	1.027	1.003	0.977
2013~2014	1.102	0.896	1.085	1.019	0.976

资料来源：作者计算所得。

3. 西部地区城市全要素生产率变化

西部地区城市全要素生产率基本保持相对稳定的趋势。2003~2010年城市全要素生产率呈现逐步上升的趋势，不过2011~2014年之后，城市全要素生产率逐步下降（见表4-8），这可能与金融危机的影响有关，全要素生产率的变化主要来自技术效率的变化。

表4-8 西部地区城市全要素生产率变化（2003~2014年）

年份	Effch 技术效率	Techch 技术变化	Pech 纯技术效率变化	Sech 规模效率变化	Tfpch 全要素生产率变化
2003~2004	1.215	0.786	1.218	1.016	0.949
2004~2005	1.098	0.921	1.092	1.023	1.008
2005~2006	1.086	0.888	1.122	0.991	0.961
2006~2007	1.076	0.952	1.094	0.996	1.021
2007~2008	0.975	1.016	1.016	0.970	0.991
2008~2009	1.055	0.922	1.064	1.000	0.972
2009~2010	0.964	1.051	1.008	0.967	1.013
2010~2011	1.033	1.027	1.039	1.002	1.061
2011~2012	0.997	0.982	0.974	1.034	0.978
2012~2013	1.008	0.954	0.971	1.047	0.957
2013~2014	1.055	0.934	1.014	1.046	0.973

4. 东北地区城市全要素生产率变化

从东北地区城市全要素生产率变化来看，2003~2014年由0.839上升到了0.905，变动的趋势基本呈现了由低走高的特征。2003~2011年，城市全要素生产率变动基本呈现上升的趋势，2011~2014年城市全要素生产率呈现下降趋势（见表4-9），从城市全要素生产率贡献来看，主要来源于技术效率的变动，技术变化对城市全要素生产率起到了拖累的作用。2007~2008年、2010~2011年、2011~2012年，技术变化对城市全要素生产率起到了积极的贡献作用，其他年份的技术变化对城市全要素生产率起到了拖累的作用。

表4-9 东北地区城市全要素生产率变化（2003~2014年）

年份	Effch 技术效率	Techch 技术变化	Pech 纯技术效率变化	Sech 规模效率变化	Tfpch 全要素生产率变化
2003~2004	1.216	0.687	1.230	0.989	0.839
2004~2005	1.123	0.804	1.151	1.009	0.886
2005~2006	0.988	0.913	1.013	0.979	0.894
2006~2007	1.032	0.921	1.011	1.034	0.944
2007~2008	0.956	1.002	0.977	0.981	0.956

续表

年份	Effch 技术效率	Techch 技术变化	Pech 纯技术效率变化	Sech 规模效率变化	Tfpch 全要素生产率变化
2008~2009	0.977	0.910	0.996	0.988	0.890
2009~2010	0.992	0.994	0.996	1.000	0.982
2010~2011	1.034	1.028	1.050	0.992	1.063
2011~2012	0.969	1.017	0.951	1.023	0.982
2012~2013	0.963	0.969	0.977	0.987	0.928
2013~2014	1.011	0.909	0.990	1.020	0.905

资料来源：作者计算所得。

从总体来看，东北地区城市全要素生产率的变动呈现出两个阶段的特征：2003~2011年，城市全要素生产率呈上升趋势；2011~2014年，城市全要素生产率呈下降趋势。东北地区城市全要素生产率除了2010~2011年达到1.063，其他年份都低于1，说明东北地区城市全要素生产率普遍较低，而且呈现下降趋势。

三、分城市规模的城市全要素生产率

为了判断城市经济产出与城市效率之间的关系，需要思考是否城市规模越大，城市效率越高，并且城市规模判断的标准是什么？为体现城市规模划分的合理性和科学性，本书首先利用中国2014年地级城市市辖区的年末人口数量与2003~2014年各市辖区GDP平均值进行回归，两者具有很强的正向关系。人口规模越大，GDP规模越大（见图4-4）。因此，我们就以城市的GDP规模来定义城市规模。本书主要按照2003~2014年的GDP平均值对城市规模类型进行划分，按照GDP规模的七大等级，划分为七大类型，如表4-10所示。

（一）按GDP规模标准划分的城市效率

由表4-11可知，从2003~2014年城市效率平均值横向比较来看，类型1为0.906，类型2为0.626，类型3为0.553，类型4为0.526，类型5为0.470，类型6为0.460，类型7为0.527，城市效率最高的是类型1，其次是类型2，而城市效率最低的是类型6，城市GDP规模与城市效率之间关系呈正相关关系。由此说明，GDP规模越大的城市，城市效率越高。

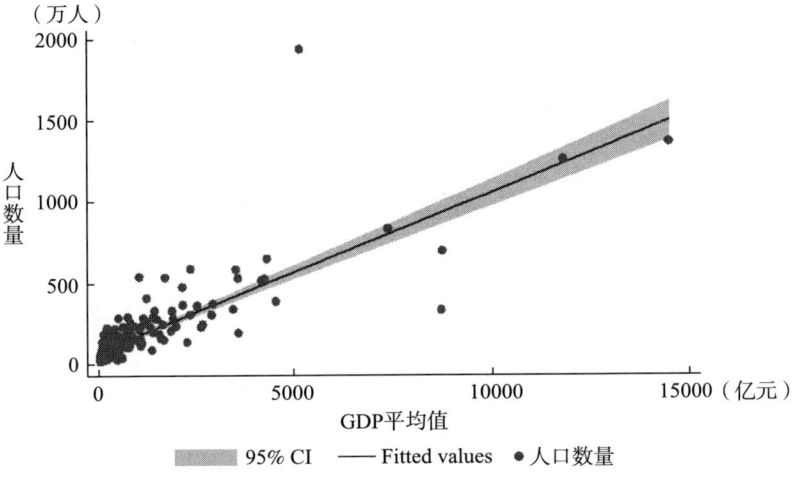

图 4-4 人口规模与 GDP 关系

表 4-10 按照 2003~2014 年 GDP 规模平均值划分的城市类型

类型	GDP 规模等级（亿元）	城市数量（个）	主要城市
类型 1	5000~15000	6	北京、天津、上海、广州、深圳、重庆
类型 2	1000~4999	43	石家庄、唐山、太原、呼和浩特、包头、沈阳、大连、长春、哈尔滨、大庆、南京、无锡、徐州、常州、苏州、南通、扬州、杭州、温州、宁波、合肥、福州、厦门、南昌、青岛、济南、淄博、烟台、东营、郑州、武汉、长沙、珠海、汕头、佛山、惠州、东莞、中山、南宁、成都、昆明、西安、乌鲁木齐
类型 3	500~999	39	邯郸、鞍山、抚顺、本溪、盘锦、吉林、淮安、盐城、镇江、泰州、嘉兴、湖州、绍兴、台州、马鞍山、芜湖、莆田、泉州、枣庄、潍坊、济宁、临沂、泰安、威海、日照、洛阳、宜昌、襄阳、株洲、岳阳、常德、江门、湛江、茂名、柳州、海口、贵阳、兰州、克拉玛依
类型 4	300~499	52	张家口、保定、沧州、秦皇岛、大同、朔州、通辽、鄂尔多斯、乌海、赤峰、锦州、营口、辽阳、松原、齐齐哈尔、连云港、宿迁、舟山、金华、蚌埠、淮南、铜陵、淮北、漳州、龙岩、九江、新余、德州、莱芜、平顶山、安阳、新乡、漯河、南阳、黄石、十堰、鄂州、湘潭、衡阳、韶关、桂林、自贡、攀枝花、泸州、绵阳、乐山、宜宾、玉溪、宝鸡、咸阳、西宁、银川

续表

类型	GDP规模等级（亿元）	城市数量（个）	主要城市
类型5	200~299	42	廊坊、阳泉、长治、丹东、葫芦岛、辽源、佳木斯、衢州、宿州、阜阳、安庆、景德镇、萍乡、赣州、聊城、菏泽、滨州、开封、濮阳、焦作、商丘、信阳、荆州、荆门、益阳、永州、郴州、阳江、肇庆、清远、揭阳、北海、防城港、钦州、贵港、玉林、德阳、内江、南充、遵义、曲靖、榆林
类型6	100~199	74个	邢台、承德、衡水、晋城、晋中、临汾、运城、呼伦贝尔、巴彦淖尔、阜新、铁岭、朝阳、四平、通化、白山、牡丹江、鸡西、鹤岗、双鸭山、七台河、伊春、丽水、宣城、滁州、池州、六安、黄山、亳州、三明、南平、宁德、宜春、上饶、抚州、鹤壁、许昌、周口、驻马店、孝感、咸宁、随州、邵阳、张家界、娄底、怀化、河源、梅州、汕尾、潮州、云浮、梧州、贺州、百色、来宾、三亚、广元、遂宁、广安、达州、资阳、眉山、六盘水、昭通、铜川、渭南、安康、延安、嘉峪关、金昌、白银、天水、酒泉、武威、石嘴山
类型7	30~99	29	忻州、吕梁、乌兰察布、白城、黑河、绥化、鹰潭、吉安、三门峡、黄冈、河池、崇左巴中、雅安、安顺、普洱、保山、丽江、临沧、汉中、商洛、张掖、定西、陇南、平凉、庆阳、吴忠、中卫、固原
	合计	285	

资料来源：作者分类整理所得。

那么为何GDP规模最小的类型7的城市效率要高于GDP规模比它更大的城市？因为类型7中包含了云南的普洱、保山、丽江、临沧等旅游型城市，这些城市的投入小，但是经济产出和收入大，资源的投入产出效率高，所以城市全要素生产率基本为1，因此，拉高了小规模城市的效率值，这属于特殊情况。

从2003~2014年城市效率时间变化趋势来看，不同规模类型的城市效率保持由低走高的总趋势，说明不同规模的城市，城市效率都呈现上升态势，其中，效率增长最快的是类型7，城市效率年均增长5.13%，类型6城市效率年均增长率为3.76%，类型5和类型4的城市效率年均增长率差不多，分别为3.73%和3.74%。由此可见，经济规模越小的城市，城市效率提升的幅度越大。

表4-11 基于不同规模城市的中国城市效率（2003~2014年）

年份	全国	类型1	类型2	类型3	类型4	类型5	类型6	类型7
2003	0.419	0.903	0.640	0.466	0.378	0.343	0.336	0.328
2004	0.476	0.882	0.667	0.532	0.464	0.412	0.397	0.347
2005	0.499	0.886	0.622	0.519	0.520	0.457	0.435	0.401
2006	0.527	0.881	0.620	0.540	0.538	0.480	0.472	0.480
2007	0.538	0.850	0.604	0.558	0.553	0.478	0.486	0.539
2008	0.536	0.870	0.598	0.557	0.543	0.470	0.488	0.552
2009	0.557	0.879	0.618	0.579	0.561	0.497	0.499	0.602
2010	0.548	0.880	0.609	0.563	0.543	0.488	0.477	0.648
2011	0.565	0.919	0.619	0.569	0.561	0.518	0.504	0.634
2012	0.547	0.958	0.630	0.556	0.548	0.484	0.463	0.634
2013	0.548	0.984	0.642	0.585	0.539	0.500	0.456	0.586
2014	0.570	0.984	0.645	0.612	0.566	0.514	0.504	0.568
平均值	0.528	0.906	0.626	0.553	0.526	0.470	0.460	0.527
年均增长率（%）	2.84	0.78	0.07	2.50	3.74	3.73	3.76	5.13

资料来源：作者计算所得。

（二）分规模城市全要素生产率变化

从不同规模城市的全要素生产率来看，城市规模与城市全要素生产率之间呈现"U"形曲线关系。超大城市规模与小规模城市的全要素生产率较高，而中等规模的城市全要素生产率相对较低。类型1的全要素生产率为1.009，类型7的全要素生产率为1.001，类型5和类型6的全要素生产率相同，都为0.990，类型3的全要素生产率为0.986，类型4的全要素生产率为0.982，类型2的全要素生产率最低，为0.966（见表4-12）。

表4-12 不同规模城市的全要素生产率平均值（2003~2014年）

城市类型	Effch 技术效率	Techch 技术变化	Pech 纯技术效率变化	Sech 规模效率变化	Tfpch 全要素生产率变化
类型1	1.033	0.977	1.015	1.018	1.009
类型2	1.012	0.954	1.004	1.008	0.966
类型3	1.028	0.958	1.028	1.000	0.986

续表

城市类型	Effch 技术效率	Techch 技术变化	Pech 纯技术效率变化	Sech 规模效率变化	Tfpch 全要素生产率变化
类型4	1.042	0.941	1.041	1.001	0.982
类型5	1.044	0.947	1.042	1.001	0.990
类型6	1.044	0.947	1.044	1.001	0.990
类型7	1.052	0.951	1.062	0.992	1.001

资料来源：作者计算所得。

从城市全要素生产率变化的来源来看，技术效率为主要贡献，所有类型城市的全要素生产率都大于1，说明技术效率对城市全要素生产率变化起到了主要贡献作用，但是技术变化值都小于1，说明技术变化对城市全要素生产率变化起到了"拖累"的作用。

（三）超大规模城市全要素生产率的变化

根据2003~2014年的GDP平均值，规模超过5000亿元的有六个城市，分别为北京、天津、上海、广州、深圳、重庆。

表4-13 类型1—超大规模城市全要素生产率变化情况（2003~2014年）

年份	北京	天津	上海	广州	深圳	重庆
2003~2004	0.961	0.841	1.298	0.789	0.775	1.304
2004~2005	1.051	1.087	1.037	0.948	0.913	0.825
2005~2006	1.018	0.933	1.064	0.945	0.957	0.949
2006~2007	1.073	0.973	1.184	0.977	1.041	0.704
2007~2008	1.048	1.003	1.055	0.989	1.007	0.960
2008~2009	0.993	1.001	1.002	0.950	0.908	1.008
2009~2010	1.043	1.024	1.061	1.022	1.022	1.030
2010~2011	1.196	1.044	1.046	0.971	1.050	1.268
2011~2012	0.959	1.048	1.004	0.925	0.997	1.585
2012~2013	0.979	0.884	1.012	1.042	0.993	0.963
2013~2014	0.983	1.088	0.994	1.137	1.046	1.045
平均值	1.028	0.993	1.069	0.972	0.974	1.058

资料来源：作者计算所得。

由表 4-13 可知,2003~2014 年,北京市全要素生产率由 0.961 上升到了 0.983,天津市全要素生产率由 0.841 升到了 1.088,上海市全要素生产率由 1.298 下降到了 0.994;广州市全要素生产率由 0.789 上升到了 1.137;深圳市全要素生产率由 0.775 上升到了 1.046;重庆市全要素生产率由 1.304 下降到了 1.045。从 2003~2004 年全要素生产率变化来看,最高的是重庆市 1.304,其次是上海市 1.298,其他城市都低于 1,最低的是深圳市 0.775。2013~2014 年,全市生产率最高的是广州市 1.137,其次是天津市 1.088,最低的是北京市 0.983。

从六大城市全要素生产率平均值来看,北京、上海、重庆三个城市全要素生产率都超过 1,说明这三个城市的全要素生产率相对较高,其中,重庆市最高 1.058,其次是北京市 1.028,排第三的是上海市 1.069,天津市为 0.993,深圳和广州两者的全要素生产率变化平均值基本相同,分别为 0.974 和 0.972。

总体而言,从六大城市 2003~2014 年全要素生产率变化趋势来看(见图 4-5),北京市呈现先上升后下降的趋势;天津市先上升后下降;上海市呈现初期有所下降,后期保持相对平稳的趋势;广州市呈现由低走高,总体上升的趋势;深圳市与广州市的情况相同,都是呈现先由低走高,逐年上升,不过随后有所回落,到 2013~2014 年又有所上升的趋势;重庆市全要素生产率变化呈现了先由高走低,再由低走高,随后又回落的变动趋势,相较于其他大城市,重庆市的全要素生产率的变动幅度最大,起伏波动较大。上海市除了 2013~2014 年全要素生产率变化值为 0.994 之外,其他年份的值都保持在 1 以上,说明上海市全要素生产率最高也是非常稳定的城市,是其他城市学习的标杆。

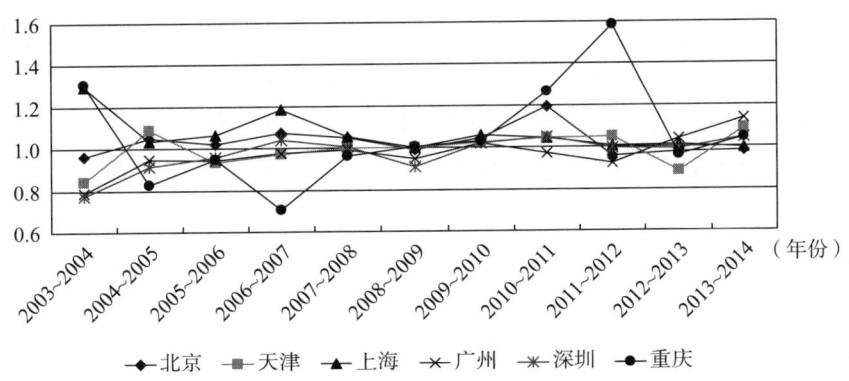

图 4-5 类型 1 城市全要素生产率变化情况(2003~2014 年)

(四)城市规模报酬递增与递减情况

由表4-14可知,从总体来看,中国285个地级城市中,70.5%的城市仍处在规模报酬递增阶段,24.2%的城市处于规模报酬递减阶段,5.3%的城市处于规模报酬不变阶段。

表4-14 中国285个地级城市规模报酬情况

类型	规模报酬递增(个)	规模报酬递减(个)	规模报酬不变(个)	城市总数(个)	递增占比(%)	递减占比(%)	不变占比(%)
类型1	—	6	—	6	0	100	0
类型2	4	36	3	43	9.3	83.7	7
类型3	21	16	2	39	53.8	41	5.1
类型4	38	10	4	52	73.1	19.2	7.7
类型5	38	1	3	42	90.5	2.4	7.1
类型6	71	—	3	74	95.9	0	4.1
类型7	29	—	—	29	100	0	0
合计	201	69	15	285	70.5	24.2	5.3

资料来源:作者计算所得。

类型1的城市全部处于规模报酬递减阶段,这些城市的GDP体量是中国城市中规模最大的,由于城市规模较大,城市各类要素的边际报酬已经处于递减阶段。类型2中的绝大多数城市也处于规模报酬递减阶段,规模报酬递减城市占比达到83.7%,其中9.3%的城市处于规模报酬递增,7%的城市规模报酬不变。类型3城市中规模报酬递增的城市占多数,为53.8%,规模报酬递减城市占比为41%,5.1%城市规模报酬不变。类型4、类型5规模报酬递增的城市占绝大多数,分别为73.1%和90.5%,两者规模报酬不变的城市约占7%。类型6城市规模报酬递增的城市占比为95.9%,约4.1%的城市规模报酬不变。类型7的城市全部处于规模报酬递增阶段,这两种类型城市的规模较小,城市各类要素投入仍处在规模报酬递增阶段。

总体而言,GDP规模大的城市绝大多数处于规模报酬递减的阶段,GDP规模小的城市多数处于规模报酬递减的阶段。不过,无论是规模大的城市,还是规模小的城市中都有少数城市处于规模报酬不变阶段。

(五)超大城市效率提升的目标对象

类型1中的六个超大城市为:北京、天津、上海、广州、深圳、重庆。其中,上海市、广州市、深圳市的城市全要素生产率为1。北京市效率提升的目标对象为深圳市与上海市（目标对象的权重分别为 0.409、0.591），天津市效率提升的目标对象为沈阳市与深圳市（目标对象的权重分别为 0.032、0.968），重庆市效率提升的目标对象为沈阳市与深圳市（目标对象的权重分别为 0.557、0.443）。

四、分城市规模的城市非合意产出

为全面考察城市效率问题，我们还将城市的负面产出工业二氧化硫废气排放和废水排放两个指标纳入作为 DEA 投入指标，以此测算城市投入产出效率，我们称为非合意产出，用此结果来分析不同规模城市在考虑负面产出效应后，城市规模与城市效率之间是否还存在正相关关系。

如表 4 – 15 所示，分规模的城市非合意产出结果与合意产出的结果保持高度一致，类型 1 的非合意产出仍保持最高，其次是类型 2。与合意产出情况略有区别的是，城市规模最小的类型 7 的非合意产出不仅高于全国平均值，而且也高于类型 3 的平均值。这是由于类型 7 中包含云南多个产出效率较高的旅游城市，这些城市重点发展旅游业，工业废气、废水等污染物排放很少，在考虑污染排放后，城市效率有进一步提高。

表 4 – 15　分城市规模的中国城市非合意产出

年份	全国	类型 1	类型 2	类型 3	类型 4	类型 5	类型 6	类型 7
2003	0.491	0.881	0.690	0.568	0.429	0.404	0.420	0.430
2004	0.553	0.898	0.723	0.620	0.502	0.469	0.486	0.523
2005	0.573	0.903	0.677	0.570	0.545	0.506	0.528	0.618
2006	0.583	0.895	0.682	0.585	0.555	0.508	0.535	0.649
2007	0.605	0.873	0.710	0.635	0.590	0.513	0.547	0.667
2008	0.589	0.886	0.683	0.620	0.571	0.496	0.537	0.645
2009	0.61	0.905	0.715	0.636	0.594	0.524	0.546	0.677
2010	0.601	0.906	0.709	0.619	0.582	0.521	0.526	0.696
2011	0.612	0.943	0.683	0.615	0.587	0.542	0.565	0.705
2012	0.633	0.993	0.718	0.625	0.618	0.560	0.576	0.725
2013	0.621	1.000	0.696	0.652	0.600	0.557	0.555	0.693
2014	0.625	1.000	0.686	0.654	0.603	0.554	0.580	0.681
平均值	0.591	0.923	0.698	0.616	0.564	0.513	0.533	0.642
年均增长率（％）	2.22	1.16	-0.05	1.29	3.15	2.90	2.98	4.27

资料来源：作者计算所得。

因此，在排除类型7小规模城市的特殊情况后，中国城市的非合意产出与城市规模仍保持正相关，即城市规模越大，城市效率越高。

五、城市全要素生产率的时空分异

(一) 城市全要素生产率的空间自相关性

Moran's I（莫兰指数）是判断空间自相关的重要指标，本书将采用该指标用于判断城市全要素生产率的空间相关性，计算公式如下：

$$Moran'sI = \frac{\sum_{i=1}^{n}\sum_{j=1}^{n}w_{ij}(Y_i - \overline{Y})(Y_j - \overline{Y})}{S^2\sum_{i=1}^{n}\sum_{j=1}^{n}w_{ij}} \tag{4-15}$$

式中，$S^2 = \frac{1}{n}\sum_{i=1}^{n}(Y_i - \overline{Y})^2$，$\overline{Y} = \frac{1}{n}\sum_{i=1}^{n}Y_i$，$i$，$j$ 表示城市个体，n 表示城市个数，Y_i 表示第 i 个城市的全要素生产率，w_{ij} 表示空间权重矩阵元素，本书采用城市地理距离倒数的平方设定权重矩阵。莫兰指数 I 的取值范围为 [-1, 1]。取值越接近于1表示空间正相关越高，取值为-1表示空间负相关，取值越接近于0，表示空间相关性越弱，等于0时表示城市间不存在空间相关性。

从表4-16可见，2003~2014年莫兰指数的P值都为0.0000，通过显著性检验，说明中国城市全要素生产率存在显著的空间自相关性，不过城市全要素生产率呈波浪式的下降趋势，说明城市全要素生产率的空间相关性越来越低。

表4-16 城市全要素生产率空间自相关

年份	Moran's I	P值	Z
2003	0.2143	0.000	11.7691
2004	0.1815	0.000	9.9946
2005	0.1352	0.000	7.4882
2006	0.1130	0.000	6.2941
2007	0.0975	0.000	5.4582
2008	0.0844	0.000	4.7538
2009	0.0630	0.000	3.5983
2010	0.0791	0.000	4.4655
2011	0.0813	0.000	4.5866
2012	0.0739	0.000	4.1876
2013	0.0954	0.000	5.3472
2014	0.0861	0.000	4.8396

(二) 城市全要素生产率空间冷热点分布

为进一步探索中国 285 个地级市全要素生产率的空间格局,了解其空间集聚状况,根据局部空间自相关方法,运用 ArcGIS 10.1 软件测算了结果,并按自然断点法分为 4 级,绘制中国城市全要素生产率的分级图和空间冷热点分布图。

1. 基于自然断裂法分级图

图 4-6 分别展示了 2003 年、2006 年、2009 年、2014 年城市全要素生产率的空间分布,白色区域为受到数据限制无法测算全要素生产率的城市或地区,如西藏、新疆等西部地区的城市以及被剔除样本的少数民族自治州。根据自然断裂法分为四个等级,黑色代表城市全要素生产率为 0.751~1.000;浅灰色代表城市全要素生产率为 0.482~0.751;斜线代表城市全要素生产率为 0.295~0.482;深灰色代表城市全要素生产率为 0~0.295。

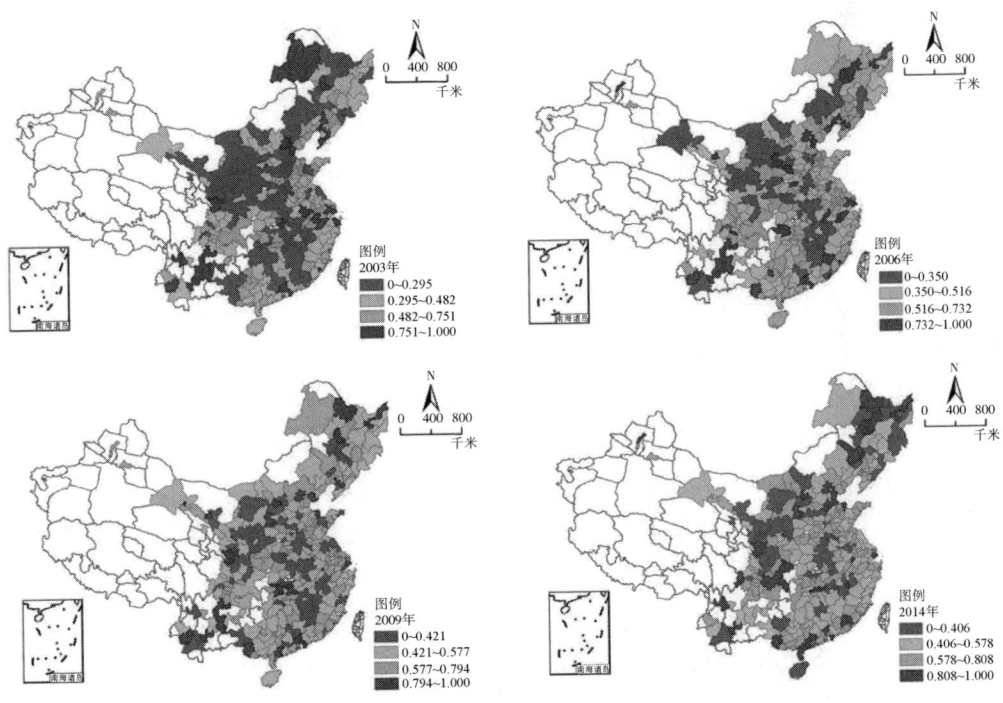

图 4-6 中国城市全要素生产率分级

2003 年,黑色区域代表较高的城市全要素生产率,主要分布在东北地区、京津冀地区、长三角地区、云南省、广东省、中部地区、西部地区、福建省的个别城市也有较高的全要素生产率。全要素生产率最低的深灰色区域集中分布在中、西部地区，如甘肃、陕西、山西、内蒙古、河南、广西、贵州、江西、湖南，这些地区集中了全要素生产率最低的城市，还有东部地区的河北省部分城市也较低。与2003年相比，2006年浅灰色区域明显增多，东北地区、环渤海地区、东南沿海、四川省都有增加，深灰色区域明显减少，由集中连片的块状分布变成碎片化分布，说明中国城市全要素生产率整体有所提升。2009年深灰色区域进一步减少，呈零星状分布，东南沿海地区黑色和浅灰色区域减少，说明城市的全要素生产率有所降低。2014年变化较为明显的是东北地区的深灰色区域有所增加，长三角的黑色区域减少，只有上海仍保持较高的城市效率。

从整体而言，城市全要素生产率空间分布逐渐趋于均衡，代表较低城市全要素生产率的深灰色区域范围逐渐缩小，并由集中连片的块状分布转向零星的碎片分布。中、西部地区的城市全要素生产率都有提高，京津冀、珠三角地区的城市全要素生产率也有所提升，但是长三角地区城市全要素生产率却有所弱化。

2. 冷热点分布

2003年城市全要素生产率空间分布，热点地区有4个，次冷点地区有6个，冷点地区有2个，次热点地区分布最大。热点地区分布在长三角、珠三角、东北的环渤海区以及云南省四个地区。冷点区域主要集中分布在甘肃、山西、河南、陕西一带，江西省内也有小部分冷点区。2006年热点地区有4个，次冷点地区有4个，冷点地区有3个，次热点仍然是主要分布地区。不过热点地区的长三角、东北环渤海有所弱化，珠三角地区则有所加强，冷点区域范围有所缩小，集中分布在甘肃、陕西一带，江西省内的冷点地区范围略有扩大。2009年热点地区减少为2个，次热点地区为4个，冷点地区有3个，热点地区范围有所缩小。长三角和东北环渤海地区热点区消失，集中分布在珠三角地区，云南省仍属热点区，不过热点区范围也缩小；甘肃、陕西一带的冷点区范围缩小，但是河南、湖北、江西一带成为主要的冷点区。2014年热点地区有2个，次热点地区有4个，冷点地区有2个。珠三角仍为热点地区，京津冀的环渤海地区则新增为热点区之一，甘肃、陕西一带成为冷点区，河南省也成为冷点区之一（见图4-7）。

从2003~2014年城市全要素生产率的冷热点地区分布变化情况来看，热点区数量和范围有所减少，中国大部分地区为次热点地区，热点地区主要分布在珠三角、长三角、东北环渤海地区以及云南省。珠三角一直是热点区，而且热点区的范围不断扩大，说明该地区城市全要素生产率整体较高，而且呈现出较高的空间聚集分布。东北环渤海地区的热点区范围一直处于萎缩趋势，2003年热点区

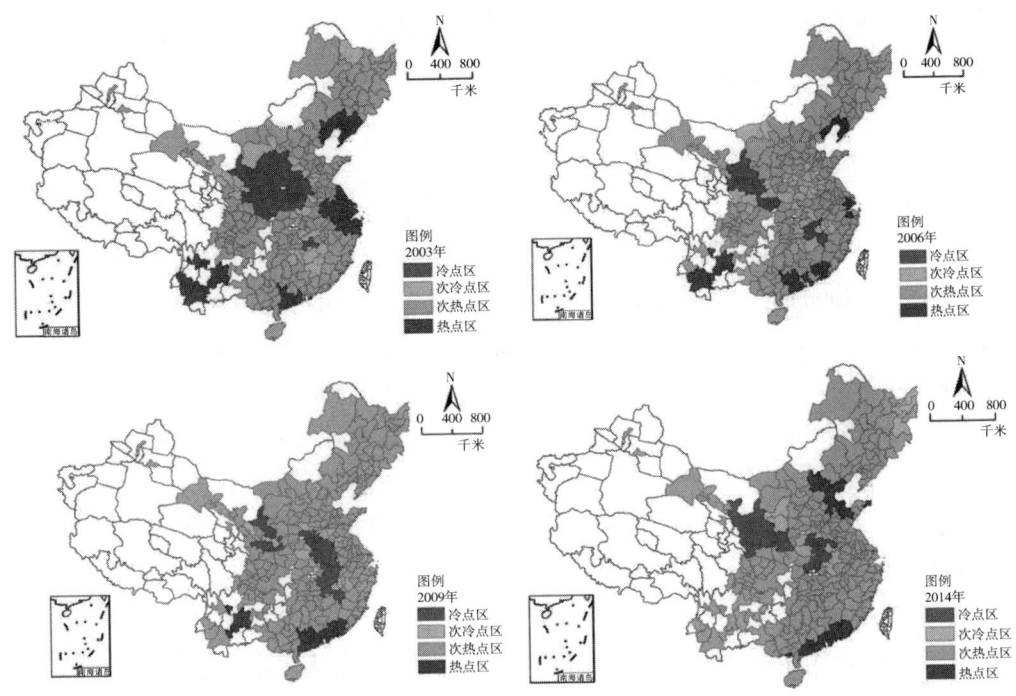

图4-7 中国城市全要素生产率的空间冷热点分布

范围较大,之后逐年下降,直至消失;长三角地区热点区范围与东北地区类似,逐年缩小,直至消失,说明这两个地区的城市全要素生产率不仅没有提高,还有下降趋势,并且空间聚集分布也在逐渐变弱。西部地区的云南省是热点区之一,主要得益于省内昆明、丽江、玉溪、保山等旅游型城市旅游业发达,以较少的投入获得较高的产出,具有较高的全要素生产率,不过该热点区范围也呈现逐年下降趋势,2014年已经下降为次热点区。京津冀地区的城市全要素生产率则相对有较大的提高,2014年成为主要热点区之一,说明该地区的城市效率提高较快。

第四节 本章小结

第一,全国城市全要素生产率的总体趋势由低走高,逐年上升。基于DEA方法测算的2003~2014年城市全要素生产率,城市全要素生产率由2003年的

0.42上升到了2014年的0.57,呈现逐步上升趋势。由此说明,总体上我国城市效率呈现逐年上升的趋势。

第二,分区域层面的城市全要素生产率基本上都呈现由低走高的趋势。横向比较来看,东部地区城市全要素生产率最高,东北地区的全要素生产率排在第二,西部地区要高于中部地区,由于西部地区欠发达的城市样本被排除在外,不包括经济欠发达的少数民族自治州,并且也将数据缺失的毕节、铜仁等欠发达城市剔除;与此同时,西部地区样本中许多旅游发达城市的全要素生产率普遍较高,所以西部地区城市的全要素生产率高于中部地区。金融危机对城市全要素生产率的影响明显,除了东部地区,东北、中部、西部地区城市的全要素生产率都有不同程度的下降。尤其是东北地区全要素生产率总体呈现下降趋势。

第三,2003~2014年按照GDP划分城市规模的城市全要素生产率分布呈现规模与效率正相关关系。城市GDP规模越大,城市全要素生产率越高,如GDP规模处于5000亿~15000亿元第一等级的北京、天津、上海、广州、深圳、重庆的全要素生产率最高,显著高于其他规模等级的城市,全要素生产率排第二的是GDP规模处于1000亿~4999亿元的城市,比较特殊的案例是类型7的城市全要素生产率平均值高于GDP规模在500亿元以下城市,体现了小城市效率高于中等城市,这是由于类型7中包含很多具有较高投入产出效率的旅游型城市。从2003~2014年城市全要素生产率的变化率来看,规模越小的城市全要素生产率进步越快,GDP规模最小的类型7城市的全要素生产率进步最快。在考虑工业废气和废水纳入两个污染指标后,城市效率与城市规模之间仍保持正相关,城市规模越大,城市效率越高。

第四,城市全要素生产率的空间分异状况。中国城市全要素生产率具有空间自相关性,即具有空间溢出效应。同时,从全要素生产率的冷热点空间分布来看,珠三角、长三角、东北地区、京津冀是热点地区,中部地区、西部地区是冷点地区。但是从全要素生产率空间分布变化来看,东北热点区、长三角热点区逐渐消失,说明这两个地区城市生产率整体有所下降。

第五章 基于圈层结构的国内外大都市比较研究

选取代表中国城市效率最高的北上广深超级大都市与国际大都市进行比较，才能发现中国城市与国际大都市存在的经济差距。本章梳理了国际通行的大都市圈（区）的研究，综述了OECD城市功能区、日本大都市圈和美国大都市区的划分标准和依据。同时，为了增强国内大都市与国际大都市的可比性和科学性，按照核心区、外围区、都市圈的结构划分城市圈层，进行国内外都市的经济社会指标比较分析，从而判断中国城市与国际大都市在经济发展方面存在差距，以及分析差距的主要根源。

第一节 大都市圈范围界定标准研究

研究中国城市问题，只有在与西方城市进行比较过程中才能得到有意义结果（赛明思，1981）。由于中国城市与国外的城市数据统计口径的差异，比如美国和欧洲地区有专门的大都市圈统计数据，大都市区并非一个行政辖区，而是经济功能区，而中国则以行政区划为统一标准进行数据统计。因此，为了增强中国与国外各大都市各项指标的可比性，首先必须明确国内外对城市概念界定的方法与划分标准，这样才能形成统一、标准的比较口径。

"城市"是一个经济概念，与我们传统意义上以行政区划界定的城市不同，现有对大都市圈层结构划分主要有OECD城市功能区划分方法、日本大都市圈划分标准、美国大都市区划分标准。通过综述这三类划分标准加深对现代城市圈层结构的理解。

一、OECD 城市功能区划分标准

OECD 提出的城市功能区划分有三个关键步骤,归结起来,主要包括(见图 5-1):

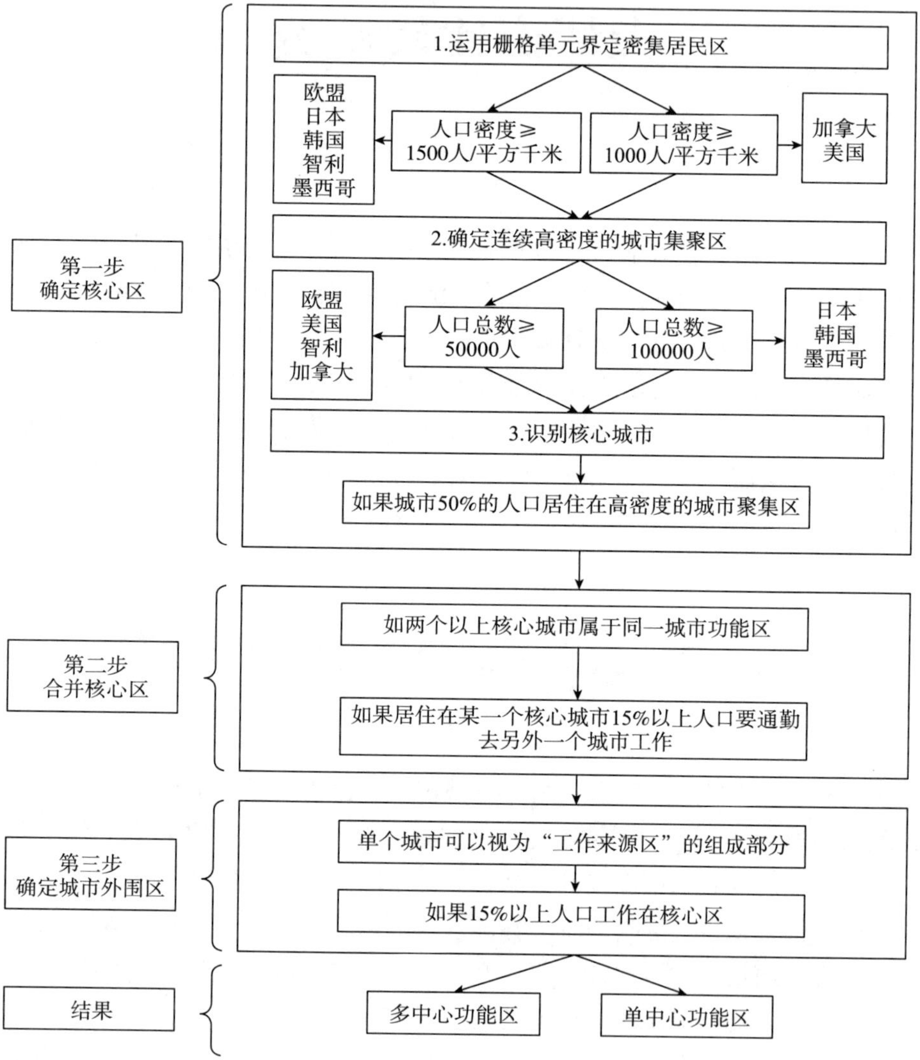

图 5-1 OECD 城市功能区界定

(1)确定核心区。通过格网(Grid)人口数据来确定城市核心区。城市核心区由相邻的市镇构成，这些市镇至少50%的人口都生活于高密度聚集区内。高密度聚集区定义为由人口密度至少每平方千米1500人（对美国和加拿大而言，这一标准为1000人/平方千米）且总人口至少50000人（对日本、韩国和墨西哥而言，这一标准提高为100000人）的相邻千米格网组成的区域。

（2）合并核心区。在通勤数据的基础上，把不相邻的核心区纳入到相同的城市功能区。若两个城市核心区任意一个的劳动人口超过15%在另一个核心区工作，则可以认为这两个核心区是一体化的，可以归入同一个都市区内（多中心城市也纳入考虑范围）。城市功能区的划分恰恰认可了多中心城市—区域的组织形态。

（3）确定城市外围区。在核心区以外，城市劳动力市场的"劳动力来源区"由那些把15%或以上劳动力输送到核心区就业的市镇组成。围绕某个单一城市功能区的市镇纳入考虑范畴，而那些不相邻的市镇则舍弃。

可见，城市功能区是由核心区和外围区构成的，而外围区往往突破行政边界。这种方法也使得确定一个城市功能区是单一中心还是多中心成为可能，不仅如此，也有助于确定城市集中的程度。正是由于能够更好地测量城市化的进程并方便国际比较，一些研究逐渐转向中国的城市功能区划分。不过，对于城市区域的划分标准仍旧是一个难点，尤其是如何来根据通勤数据确定核心区和外围区，主要的障碍在于中国并没有现成的通勤数据可用，不仅如此，千米格网人口数也无法获得（尽管通过拟合的方式可以近似地获得，但并不准确）。

二、日本都市圈的界定标准

都市圈的概念最早是由日本在20世纪60年代提出的，它是基于一套标准来界定城市化地区的规范与准则。在搞清楚这一概念之前，有必要明确日本关于城市化地区的相关概念。

（一）人口集中地区

"人口集中地区"是指在市区町村区域范围内，与人口密度高的基本单位区（原则上人口密度为每平方千米4000人以上）相邻，并且相邻地区的基本单位区域的人口在5000人以上的地区。到1990年的调查为止，人口集中地区，国势调查的调查人员将人口集中地区作为负责区域的调查区。但是从1995年的调查开始就基于基本单位区域进行调查。

如图5-2所示，白色表示基本单位区；灰色表示基本单位区中人口密度达到4000人/平方千米以上的地区。相邻地区的人口在5000人以上的地域成为

"人口集中地区",即使达到人口密度的基准,但相邻地区的人口未满5000人也成不了人口集中地区。

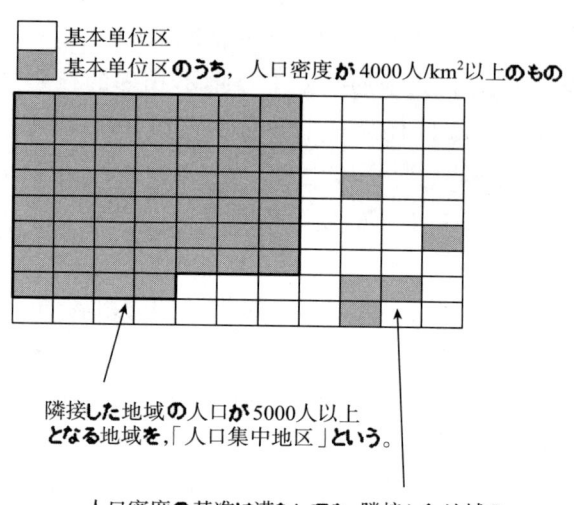

图5-2 日本基本单位区划分标准

（二）准人口集中地区

"准人口集中地区"是指市区町村的地域范围之内,人口集中地带与同基准的人口密度高的基本单位区相邻,并且相邻的基本单位区内的人口达到3000人以上5000人以下的区域。

（三）联合人口集中地区

"联合人口集中地区"是指在20个大都市的各区的人口集中地带中,夹在各区的界限之间连接着人口集中地区的一个地域单位。这是作为城市地区［市街地（城市下的行政区域单位）］的一体性,要考虑到成为政令指定城市前后所需要的统计上时间的连续性。但是,20个大都市中准人口集中地区夹在各区的界限之间,即使它合计的人数已经达到5000人以上也是不能作为联合人口集中地区。联合人口集中地区,不光用于自我统计,也会用在人口集中地区各类数据的计算当中。

（四）大都市圈·都市圈

大都市圈和都市圈是超过规定广域的都市地区所设定行政区域的地域划分类

型，一般由中心市及周边紧密社会经济联系的市町村共同构成的。大都市圈是基于 1960 年对各地的工作区、通学区调查结果而设定的。都市圈是 1975 年调查后提出的（见表 5-1）。各个大都市圈、都市圈的统计数据只是包括中心市及周边市町村的地域范围，不包括所有地区。

表 5-1　日本大都市圈的设定标准的变迁

调查年份	设定标准
1960	人口在 60 万以上的城市
1965	人口在 100 万以上的城市。但是，当人口 100 万以上的城市和同一都道府县内人口 50 万以上的城市都存在的情况下，这些人口超过 50 万的城市都可以说是中心市
1970	人口在 50 万以上的城市
1975 以后	现行的标准是东京都特别区及行政指令城市。但是，当中心市相互之间的距离接近时，不再将中心市单独作为大都市圈，而是将这一区域统一合为一个大都市圈

资料来源：东京都统计局。

1975 年调查以后，大都市圈·都市圈的中心市和周边市町村按照标准进行设定：

（五）中心市

大都市圈的"中心市"是指东京都特别区及政令指定都市。但是，如果中心市相互之间相距很近的情况下，就不一一定义它们为大都市圈，而是把它们作为一个统一的大都市圈（比如：关东大都市圈）。都市圈的中心市是不包括大都市圈在内的人口达到 50 万人以上的城市。

（六）周边市町村

"周边市町村"是指 15 岁以上往来大都市圈及都市圈的中心市上班和上学者的人数比例占该市町村常住人口的 1.5% 以上，并且与中心市相邻的市町村。但是，如果往返中心市的 15 岁以上的上班族和学生人数的比例不满 1.5%，但周围被其他符合周边市町村基准的市町村包围的话，该地区也可被称为周边市町村。

三、美国大都市区划分标准

（一）美国大都市统计区标准界定的发展历程[1]

大都市区是城市化发展到一定阶段的产物，是人口、经济、社会资源集聚状

---

[1] 这一部分主要参考了黄勇：《美国大都市区的发展与管理》，《浙江省社会科学》2001 年第 3 期。

况的反映。为了便于人口普查及其社会经济领域的调查，美国政府对大都市区的界定标准经历了不同阶段的调整和变化。1910年美国首次提出大都市区（Metropolitan District），规定大都市区是包含一个人口10万以上中心城市及外围10英里以内的地区，或外围地区距离超过10英里，但与中心城市紧密联系且人口密度达到150人/平方英里的城市化地区。1950年，美国联邦管理和预算办公室（OMB）制定了一套完整的大都市统计区的统计标准用于人口普查，包含人口至少在5万以上的中心城市以及与城市化人口达到75%以上的周围县共同组成的地区称为标准大都市统计区（Standard Metropolitan Statistical Area，SMSA）。此次修订将核心城市的人口由10万降低为5万，但是明确了外围以县为单位的地区，并且规定外围县的人口城市化比例必须达到75%。20世纪80年代初，美国OMB对大都市统计区的界定标准又进行了补充和调整，规定如果该地区总人口达到10万以上，并且有5万人居住在城市化地区，即使没有中心城市也可以被认定为大都市区。在名称上，由大都市统计区（Metropolitan Statistical Area，MSA）替代标准大都市统计区（SMSA）。与此同时，还将MSA类型进一步细分，将人口规模在100万以上的MSA定义为主要大都市统计区（Primary Metropolitan Statistical Area，PMSA），包含PMSA的大都市复合体称为联合大都市统计区（Consolidated Metropolitan Statistical Area，CMSA）。20世纪90年代，美国大都市统计区的标准和界定没有大的变化，只是做了细微的调整和补充，统一将MSA、PMSA和CMSA定义为大都市区（Metropolitan Area，MA）。

2000年，美国预算管理办公室对都市统计区标准又做了较大调整，界定了大都市统计区和小都市统计区（Micropolitan Area）的标准。2000年的都市区划定标准与1990年的大都市区标准相比有了较大变动。大都市统计区是指人口至少在5万及以上的城市化地区，小都市统计区是人口在1万~5万的城市核心所组成的城市化地区，并且用了首位城市（Principal City）替代中心城市（Central City）的概念。首次提出新概念合并统计区（Combined Statistical Area）一词，是指就业联系指数高于15的两个或更多的核心基础统计区共同构成的区域联合体，另外还提出大都市大区（Metropolitan Division），是指核心县人口超过250万的大都市区（曹升生，2011）。

（二）美国大都市区的划分标准和类型

美国大都市统计区是由联邦管理和预算办公室（OMB）制定和遵循一套官方标准进行的区域。它广泛地用于美国人口和经济社会指标方面的统计，按照划定标准主要分为以下几种类型大都市区、大都市统计区、主要大都市统计区、联合大都市统计区和核心基础统计区。

大都市区定义了 MSA 和 CMSA 中最大的城市为中心城市。大都市区包含大都市统计区和联合大都市统计区。联合大都市统计区是由主要大都市统计区联合组成的复合体。

1. 大都市区（MA）

大都市区是指拥有大量人口的核心区域，以及与该核心具有高度经济和社会一体化的邻近社区。大都市区的概念一般是指拥有大量人口城市化核心地区，具有核心城市，并且包含于该核心地区具有高度经济和社会一体化的邻近社区。联邦管理和预算办公室（OMB）制定和遵循一套官方标准来定义 MA。MA 的标准于 1990 年 3 月 30 日在《联邦公报》上发表。MA 分类提供用于人口和经济数据的普查、分析和发布。

2. 大都市统计区（MSA）

大都市统计区由一个或多个县组成，其中包含一个人口在 5 万以上的城市，或包含人口普查局定义的城市化地区（UA）总人口至少在 10 万（新英格兰地区为 7.5 万人）。大都市统计区的组成部分主要有规模最大的核心城市、人口集中的县以及周围人口密集定居的地区。其他有资格被定义为 MSA 地区的是必须符合指定的通勤水平和人口密度的县，并且能够达到大城市标准，符合最小人口密度或城市人口百分比。新英格兰地区 MSA 的划定标准遵循另外的通勤和人口密度规定。定义 MA 为一个人口密集定居的核心地区以及与周边地区紧密相连的城市化地区。根据人口普查局定义标准，MSA 满足核心城市的人口必须达到 5 万，以及总人口达到 10 万以上的城市化地区（新英格兰地区人口 7.5 万）。任何相邻的县至少有 50% 人口在核心城市。一般定义 MSA 需要满足以下几个标准和条件：①具有核心城市，OMB 将每个 MSA 或 CMSA 中的最大城市指定为中心城市；②人口密度；③城市人口百分比；④通勤联系。

3. 主要大都市统计区（PMSA）

主要大都市统计区是指满足 MSA 基本要求，且人口在 100 万及以上的，或者单独区域满足标准也可以定义为 PMSA。目前，已经停止使用这一概念。

4. 联合大都市统计区（CMSA）

由 2 个及以上的基本大都市统计区共同构成的大都市区联合体可以被认定为 CMSA。

5. 核心基础统计区（Core Based Statistical Areas，CBSAs）

2000 年，美国管理与预算办公室首次提出这一概念，并于 2003 年使用这一概念，CBSA 是以县为单位，由核心县及周边具有紧密通勤联系的县共同构成的城市化地区，它可以分为大都市统计区和小都市统计区，类似 MSA 一词。

第二节 国际大都市圈经济社会指标比较

根据大都市圈层结构的划分标准，为了增强国内外大都市各项指标数据的可比性，我们将城市划分为核心区、外围区和都市圈三个圈层结构。将我国的北京、上海与纽约、伦敦、巴黎、东京、首尔等国际大都市进行比较。

一、伦敦都市圈

伦敦都市圈是指包括伦敦及其周围通勤地区的大城市化地区，也可以称为伦敦通勤带（London Commuter Belt）、东南都市圈，即周边地区通勤到伦敦市中心工作。大伦敦（Greater London）是英格兰地区伦敦的行政管理边界，它由 33 个行政区域构成，即伦敦城和 32 个市区，在伦敦城周围的 12 个市区称为内伦敦，其他 20 个市区称为外伦敦。伦敦城、内伦敦、外伦敦构成大伦敦市。大伦敦区成立于 1965 年，起源于 1963 年的伦敦政府法案，大伦敦区最早成为独立的地区是在 1963～1986 年的大伦敦管理委员会的直接管辖之下。1994 年重新建立大伦敦区，并于 2000 年成立大伦敦区管理部门。它是英国人均 GVA 最高的地区，达到 3.7 万英镑。大伦敦建成区是衡量伦敦连续的城市化地区的标准，它包括大伦敦区行政管理范围的周边地区。大伦敦市的最核心地区是伦敦城（The City of London），只占大伦敦市中心 1 平方英里的面积，却是世界上领先的国际金融和商业中心，在非常小的地理范围内高度集聚大量商业写字楼，只有少数居住楼分布。每天大约有 35000 人口在伦敦城市中心通勤，其中多数人从事金融和商务服务业。伦敦城的持续发展和扩张，对国家的经济贡献越来越大，伦敦城的 GDP 为 418 亿英镑，占英国国民经济的 8.5%。伦敦城的就业结构中金融占比最大，其次是商务和房地产，以及管理和教育等现代服务业。

（一）总体概况

大伦敦市行政区域范围 1572 平方千米，2015 年人口为 856.9 万人，占英国总人口 6493.76 万人的 13.2%。内伦敦面积为 319 平方千米，人口为 341.3 万人，外伦敦面积 1253 平方千米，人口为 515.6 万人，内伦敦的人口密度为 10699

人/平方千米,比外伦敦和大伦敦市高出一倍左右(见表5-2)。

表5-2 大伦敦都市圈的空间范围及基本情况

圈层划分	划分依据	空间范围	面积(平方千米)	2015年人口(万人)	人口密度(人/平方千米)
核心区	内伦敦	伦敦城周围的12个市	319	341.3	10699
外围区	外伦敦	其他外围的20个市	1253	515.6	4114
都市圈	大伦敦	33个地区	1572	856.9	5451

资料来源:英国国家统计办公室(Office for National Statistics,ONS)。

2012年大伦敦的GVA占全国比重为22%,内伦敦的占比达到15.6%,说明大伦敦市圈的核心区经济占比相对较高。从人均GVA来看,内伦敦以65769英镑远远高于大伦敦和英国平均水平,而且内伦敦的第三产业占比高达94.59%(见表5-3),也远高于英国77.85%的平均水平。可以说明伦敦大都市圈内圈的经济占比高、实力强、工资水平高,现代服务业发达。

表5-3 大伦敦都市圈经济、产业概况(2012年)

圈层划分	GVA(亿英镑)	GDP占全国比重(%)	人均GVA(英镑)	产业结构(%)
内伦敦	2160.50	15.6	65769	0.009:5.40:94.59
外伦敦	932.90	6.7	18571	0.066:16.85:83.09
大伦敦	3093.39	22	37232	0.026:8.83:91.14
英国	13830.82	100	21674	0.69:21.46:77.85

资料来源:英国国家统计办公室(Office for National Statistics,ONS)。

(二)就业情况

从分年龄段就业率来看,内伦敦25~34岁人口的就业率最高,相比较外伦敦和英国就业率最高的年龄段为35~49岁,更加年轻化,而且,内伦敦的工作年龄为71.5岁(见表5-4),比其他地区工作人口更加年轻化。

从分年龄段就业人数占比来看,大伦敦市占英国的比例中25~34岁人口占比最高,内伦敦市占大伦敦市中25~34岁人口占比最高(见表5-5),说明伦敦市和伦敦市核心区的就业人口相对年轻化。

表 5-4 伦敦都市圈分年龄段就业率（2015 年）　　　　　　　单位:%

地区	16~19 岁	20~24 岁	25~34 岁	35~49 岁	50 岁以上	50 岁以上至退休年龄	工作年龄
内伦敦	16.4	58.7	81.4	78.8	44.1	64.2	71.5
外伦敦	26.7	62.9	79.9	81.8	43.9	70.9	72.9
大伦敦	23.1	61	80.7	80.6	44	68.6	72.3
英国	34.7	65.8	80.7	83.3	40.5	69.1	73.2

资料来源：英国国家统计办公室（Office for National Statistics，ONS）。

表 5-5 分年龄段就业人数占比（2015 年）　　　　　　　单位:%

年龄段	内伦敦占大伦敦比例	外伦敦占大伦敦比例	伦敦市占英国
16~19 岁	25.48	74.52	8.02
20~24 岁	43.76	56.24	13.33
25~34 岁	49.95	50.05	19.65
35~49 岁	39.22	60.78	13.79
50 岁以上	32.88	67.13	10.54
50 岁以上至退休年龄	32.10	67.90	10.51
工作年龄人口（16~59 岁）	41.43	58.57	14.03

资料来源：英国国家统计办公室（Office for National Statistics，ONS）。

从工作年龄人口数量及增长率来看，大伦敦市 2005~2011 年增长率基本保持在 1.5% 左右，内伦敦工作年龄人口增长率更快，基本保持在 2% 左右，高于外伦敦和英国整体水平（见表 5-6），说明大城市是就业岗位创造重要贡献者，城市核心区仍然是就业者的主要选择地。

表 5-6 16~64 岁工作年龄人口数量及增长率（2015 年）

地区 年份	内伦敦 （万人）	增长率 （%）	外伦敦 （万人）	增长率 （%）	大伦敦城 （万人）	增长率 （%）	英国 （万人）	增长率 （%）
2004	208.6	1.0	299.0	0.6	507.6	0.7	3869.0	0.8
2005	212.6	1.9	302.4	1.2	515.1	1.5	3911.1	1.1
2006	215.8	1.5	306.3	1.3	522.1	1.4	3950.2	1.0
2007	219.5	1.7	310.3	1.3	529.8	1.5	3989.9	1.0
2008	223.5	1.8	315.2	1.6	538.7	1.7	4021.8	0.8

续表

地区 年份	内伦敦 （万人）	增长率 （%）	外伦敦 （万人）	增长率 （%）	大伦敦城 （万人）	增长率 （%）	英国 （万人）	增长率 （%）
2009	227.9	2.0	319.9	1.5	547.9	1.7	4042.8	0.5
2010	231.3	1.5	324.5	1.4	555.9	1.5	4068.3	0.6
2011	236.6	2.3	329.8	1.6	566.4	1.9	4094.4	0.6
2012	238.7	0.9	331.6	0.5	570.4	0.7	4088.1	-0.2
2013	241.6	1.2	334.1	0.7	575.6	0.9	4091.5	0.1

资料来源：英国国家统计办公室（Office for National Statistics，ONS）。

分职业就业率来看，伦敦市专业技术人员、副教授及技术人才、经理及高级白领的就业率明显高于英国整体水平，一般技能职业员工的就业率低于英国，说明伦敦的高学历、高技能人才比例高。从伦敦市的圈层结构来看，内伦敦的专业技术人员、副教授及技术人员、经理及高级白领的就业率显著高于外伦敦（见表5-7），说明伦敦市核心区的高学历、高技能人才相对集中。

表5-7 分职业就业率情况（2015年） 单位：%

职业构成	内伦敦	外伦敦	大伦敦	英国
经理及高级白领	12.6	10.8	11.5	10.2
专业技术人员	25.5	22.2	23.6	19.7
副教授及技术人员	21.4	14.8	17.5	14
行政和秘书职业	8.2	11.1	9.9	10.7
熟练技术工人	5.6	9.7	8	10.7
个人服务业	7.5	8.4	8	9.3
销售和客户服务职业	6.3	7.2	6.8	7.7
工厂机械操作工	3	5.5	4.4	6.4
初级工人	9.4	9.6	9.5	10.8

资料来源：英国国家统计办公室（Office for National Statistics，ONS）。

分产业工作年龄人口就业率来看，伦敦市的第一产业比例为0.1%，大大低于英国的1%，其次，制造业就业率为3.7%，也低于英国的9.7%。但是，伦敦市的银行金融保险业的就业率为25.1%，远高于英国的16.5%。说明伦敦市的产业相对英国整体而言更为高端。

从伦敦市分圈层产业就业率来看,内伦敦的制造业就业率为 2.6%,低于外伦敦和大伦敦市,内伦敦的银行金融保险业的就业率为 29.5%,高于外伦敦和大伦敦市,服务业的就业率为 91%,远高于英国的 79.6%,也高于大伦敦市的 87.2%(见表 5-8),说明越往市中心,服务业的就业比重越高,尤其是银行金融保险等高端服务业的就业率越高,而低端行业制造业的就业率越低。

表 5-8　分产业工作年龄人口就业率(2015 年)　　　　单位:%

行业	内伦敦	外伦敦	大伦敦	英国
农业、渔业	0.1	0.1	0.1	1
能源及水产业	0.6	1.2	1	1.8
制造业	2.6	4.5	3.7	9.7
建筑业	5	9	7.3	7.3
销售、酒店餐饮业	15.9	16.9	16.5	18.4
交通及通信业	11.9	11.8	11.9	8.9
银行金融保险业	29.5	21.9	25.1	16.5
公共行政、教育健康业	25.7	27.3	26.6	30.1
其他服务业	7.9	6.4	7	5.7
服务业—合计	91	84.4	87.2	79.6

资料来源:英国国家统计办公室(Office for National Statistics,ONS)。

根据 1984~2014 年伦敦分行业就业指数变动情况,制造业就业指数呈逐年下降趋势,房地产、科学技术行业和信息、通信、金融保险行业呈上升趋势,房地产、科学技术行业上升趋势明显,信息、通信和金融保险行业呈现平稳上升趋势(见图 5-3)。由此说明伦敦市的低端产业制造业呈衰退趋势,金融保险等现代服务业日趋发达,符合产业更替和产业由低端向高端转型升级的规律。

由图 5-4 可见,1996~2014 年伦敦就业岗位增加了 40%,其中制造业下降的比例最快,减少了 49%。就业岗位增加最高的是酒店和餐饮业达到了 93%,其次是专业化、科技和房地产业,增长率为 90%,教育行业增长 82%,排在第三位。由此说明了伦敦的制造业对就业的贡献快速下降,而现代服务行业增长快速,对就业的贡献更大,这与伦敦国际化大都市的发展定位的产业结构相匹配。

第五章 基于圈层结构的国内外大都市比较研究

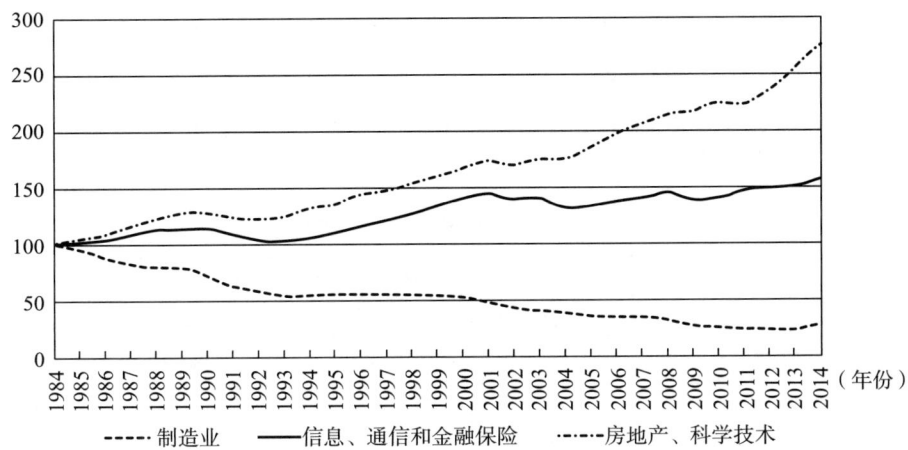

图5-3 1984~2014年伦敦分行业就业指数变化趋势（index-1984=100）

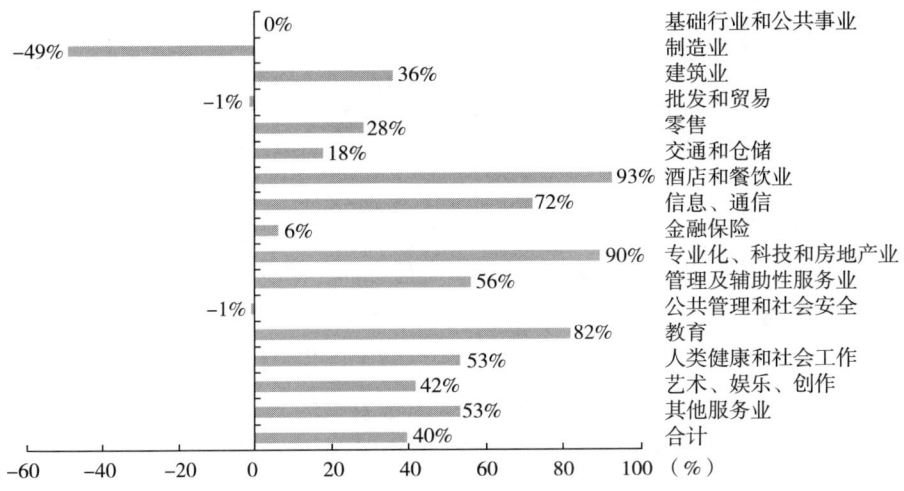

图5-4 1996~2014年伦敦1位数行业就业岗位变动率

二、巴黎都市圈

巴黎都市圈是指由巴黎市和其周围存在着密切的相互交流与合作地区共同构成的巴黎大区，法语中的"法兰西岛"（Ile-de-France）即是巴黎大区的称呼。巴黎大区包括中心城市巴黎市（the City of Paris），巴黎近郊的三个省：上赛纳省（Hauts-de-Seine）、赛纳—圣旦尼省（Seine-Saint-Denis）、瓦勒德马恩省

· 109 ·

（Val‑de‑Marne），以及巴黎外围的 4 个省：赛纳—马恩省（Saine‑et‑Marne）、伊夫林省（Yvelines）、埃松省（Essonne）、瓦勒德瓦兹省（Val‑d'Oise），巴黎大区的总面积达到 1.2 万平方千米，2015 年总人口逾 1200 万（见表 5‑9），是除了伦敦都市圈之外的欧洲第二大都市圈。

表 5‑9 2015 年巴黎大区概况

范围		所辖市镇（个）	面积（平方千米）	人口（万人）	人口密度
巴黎市		20	105.4	221.85	21048
近郊三省	上赛纳省	36	175.6	160.34	9131
	赛纳—圣旦尼省	40	236.2	157.40	6664
	瓦勒德马恩省	47	245	137.20	5600
远郊四省	赛纳—马恩省	514	5915.3	139.14	235
	伊夫林省	282	2284.4	142.44	624
	埃松省	196	1804.4	127.99	1180
	瓦勒德瓦兹省	185	1245.9	121.03	971
巴黎大区		1300	12012.2	1207.39	1005

资料来源：法国国家经济研究统计局（INSEE）。

（一）基本概况

巴黎大区的核心区是巴黎市，面积只有 105.4 平方千米，人口 221.85 万，人口密度 21048，外围区是周围七省，面积 11966.8 平方千米，人口 985.54 万，人口密度 824（见表 5‑10）。2013 年法国 GDP 为 21165.65 亿欧元，巴黎为 6425.23 亿欧元，占法国的 30%。2013 年，巴黎大区的人均国内生产总值是全法国最高的地区，达到 53639 欧元，远远高于法国人均 32126 欧元的平均水平。巴黎大区产业结构为：0.1∶13.1∶86.7，法国三次产业结构为：1.6∶19.8∶78.6，很明显巴黎大区的服务业占比高于法国平均水平，第一产业占比低于法国。

表 5‑10 巴黎大区圈层结构

圈层划分	划分依据	面积平方千米	2015 年人口（万人）	人口密度（人/平方千米）
核心区	巴黎市	105.4	221.85	21048
外围区	周围七省	11966.8	985.54	824
都市圈	巴黎大区	12072.2	1207.39	1000

资料来源：法国国家经济研究统计局（INSEE）。

(二) 人口情况

从2008～2013年巴黎大区人口变动情况看，人口年均增长率基本保持在0.2%～0.9%，人口自然增长率为0.7%～1.3%，人口流动增长率为负数（见表5-11）。核心区巴黎市的人口年均增长率和自然增长率都处于巴黎大区中最低水平。

表5-11 2008～2013年巴黎大区人口变动情况　　　　单位:%

地区	人口年均增长率	人口自然增长率	人口流动增长率
巴黎市	0.2	0.7	-0.6
上赛纳省	0.5	1	-0.4
赛纳—圣旦尼省	0.6	1.3	-0.7
瓦勒德马恩省	0.6	1	-0.3
瓦勒德瓦兹省	0.5	1.1	-0.6
塞纳—马恩省	0.9	0.8	0.1
伊夫林省	0.2	0.8	-0.6
埃松省	0.8	0.9	-0.1

资料来源：法国国家经济研究统计局（INSEE）。

(三) 就业情况

从人均可支配收入来看，巴黎市以25711欧元居首位，不过与外围六省的差距不大。巴黎大区的就业人数变化率不大，就业率保持在73%～79%，失业率保持在10%～19%（见表5-12），核心区巴黎市与其他地区差距不大。

表5-12 2013年巴黎大区就业概况

地区	人均可支配收入（欧元）	2008～2013年就业人数变化率（%）	就业率（%）	失业率（%）
巴黎市	25711	0.2	77.2	11.9
上赛纳省	25522	0.5	78.2	10.7
赛纳—圣旦尼省	16609	0.8	73.4	18.5
瓦勒德马恩省	21359	0.2	75.9	12.6
瓦勒德瓦兹省	20547	-0.4	74.7	13.1
塞纳—马恩省	21707	0.5	76.4	11.2
伊夫林省	25143	-0.3	75.9	9.9
埃松省	22615	0.2	75.6	10.7

资料来源：法国国家经济研究统计局（INSEE）。

（四）三次产业结构

从分行业机构数占比的三次产业结构，农业占比基本保持在 0.1%~1.1%，核心区巴黎的农业占比只有 0.1%，外围地区伊夫林省占比最高为 1.1%，工业占比在 2.8%~4.8%，建筑业的占比差异较大，巴黎市为 4.4%，

表 5-13　2014 年巴黎大区分行业机构数占比　　　　　　　　　　单位：%

地区	农业	工业	建筑业	商业、交通、服务业	行政、教育、健康及社会服务
巴黎市	0.1	2.8	4.4	83.8	8.9
上赛纳省	0.1	3.1	6.9	78.5	11.4
赛纳—圣旦尼省	0.1	3.6	16.4	70.4	9.6
瓦勒德马恩省	0.2	3.3	10.7	73.7	12.2
瓦勒德瓦兹省	0.9	4.3	13.4	68.6	12.9
塞纳—马恩省	3	4.8	12.5	66.7	13
伊夫林省	1.1	3.6	9.3	71.6	14.4
埃松省	1.1	4	12.5	68.8	13.6

资料来源：法国国家经济研究统计局（INSEE）。

三、纽约都市圈

按照美国预算管理办公室界定的大都市统计区，纽约大都市区就是指纽约—北新泽西—长岛大都市统计区（NewYork - Newark - Jersey City，NY - NJ - PA）。

（一）基本概况

纽约大都市区是全美国最大的都市区，也是全世界最大的都市区之一，位于美国东北部。

该区包含：①美国人口最多的城市——纽约市、长岛各县、纽约州的中哈德逊谷和下哈德逊谷；②新泽西州最大的六个城市——纽瓦克（Newark）（新泽西州最大城市）、泽西市（Jersey）、帕特森（Paterson）、伊丽莎白（Elizabeth）、特伦顿（Trenton）和爱迪生（Edison）及其周边地区；③康涅狄格州的七个最大城市中的六个：布里奇波特（Bridgeport）（康涅狄格州的最大城市）、纽黑文（New Haven）、斯坦福德（Stamford）、沃特伯里（Waterbury）、诺沃克（Norwalk）和丹伯里（Danbury）及其周边地区；④宾夕法尼亚州东北部五县，包括

该州第三大城市阿伦敦（Allentown）。整个大都市区以纽约市为中心，包括纽约州上州的六个郡与长岛的两个郡，纽泽西州的14个郡，康乃狄克州的三个郡，以及宾夕法尼亚州东北部的一个郡。2014年，纽约都市圈的面积为38552.4平方千米，人均GDP为69105美元，高于美国大都市区人均52078美元的平均水平（见表5-14）。

表5-14 纽约大都市区及美国GDP概况

年份	美国大都市统计区（亿万美元）	增长率（%）	纽约都市圈（亿万美元）	增长率（%）	纽约市占大都市区比例（%）
2010	132548.54	—	1324206	—	10.00
2011	134385.64	1.4	1327364	0.2	9.90
2012	137219.25	2.1	1365847	2.9	10.00
2013	138877.68	1.2	1368563	0.2	9.90
2014	142032.94	2.3	1388513	1.5	9.80
2015	145630.88	2.5	1412183	1.7	9.70

资料来源：美国统计局网站。

（二）经济概况

美国大都市统计区是对美国城市化地区进行数据统计的区域，纽约都市圈占美国大都市统计区的比例在10%左右，从增长率来看，纽约都市圈略低于美国大都市统计的平均水平。

如表5-15所示，美国十大都市圈中，纽约都市圈是美国大都市区中经济总量最大、人口规模最多的都市圈，2015年经济占比约为10%，2014年人口占比为6.3%。不过，人均GDP指标最高的是波士顿都市圈，人均74545美元，纽约都市圈以69971美元排名第4，人均可支配收入波士顿以53632美元排名第1，纽约都市圈排在第5位（见表5-15）。

表5-15 美国十大都市圈经济社会概况

大都市圈名称	经济总量（亿美元）	经济占比（%）	人口规模（万人）	人口占比（%）	人均GDP（美元）	人均可支配收入（美元）
美国大都市区	162040.29	100	27266.7942	100	52896	42207
纽约	16027.05	9.89	2009.2883	6.30	69971	46249

续表

大都市圈名称	经济总量（亿美元）	经济占比（%）	人口规模（万人）	人口占比（%）	人均GDP（美元）	人均可支配收入（美元）
亚特兰大	3392.03	2.09	561.4323	1.76	53216	41833
波士顿	3965.49	2.45	473.2161	1.48	74545	53632
芝加哥	6406.56	3.95	955.4598	3.00	59688	43998
达拉斯	4856.83	3.00	695.4330	2.18	63197	45385
休斯敦	5033.11	3.11	649.0180	2.04	70797	50288
洛杉矶	9308.17	5.74	1326.2220	4.16	62826	39927
迈阿密	3179.86	1.96	592.9819	1.86	47143	41916
费城	4111.61	2.54	605.1170	1.90	60662	47160
华盛顿	4910.42	3.03	603.3737	1.89	72558	48539

资料来源：美国统计局网站，经济总量、人均GDP为2015年数据，人口与人均支配收入为2014年数据。

（三）纽约市概况

作为纽约大都市圈的核心区，纽约市是美国第一大城市和第一大港口，是世界上最重要和最著名的金融和商业中心之一，主要由曼哈顿区、布朗克斯区、布鲁克林区、皇后区和斯塔滕岛区共同组成（见表5-16）。

表5-16 纽约市基本概况

行政范围		2014年人口数量	土地面积	人口密度
分区	所属县	万人	平方公里	人/平方公里
曼哈顿区	纽约郡	163.63	59	27673
布朗克斯区	布朗克斯郡	143.82	109	13221
布鲁克林区	国王郡	262.18	183	14182
皇后区	皇后郡	232.16	283	8237
斯塔滕岛区	里士满郡	47.33	151	3151
纽约市		849.11	786	10756
纽约州		1974.62	122284	159

资料来源：美国统计局网站。

人口是影响经济发展的重要资源。我们以2010年纽约市分区的人口状况来判断人力资源状况。纽约市学龄人口占总人口的15.3%，65岁以上的人口占总人口的12.2%。学龄人口分区占比来看，布朗克斯区占比最高为19.1%，布鲁克林区65岁以上人口最多，达到29.46万人，皇后区为28.82万人（见表5-17）。

表5-17 纽约市人口状况

地区	纽约市	布朗克斯区	布鲁克林区	曼哈顿区	皇后区	斯塔滕岛区
2010总人口（万人）	824.26	138.51	255.29	158.59	225	46.87
学龄人口（万人）	126.04	26.51	42.47	15.79	33.19	8.09
学龄人口占比（%）	15.30	19.10	16.60	10	14.80	17.20
65岁以上人口（万人）	100.22	14.59	29.46	21.42	28.82	5.93
65岁以上占比（%）	12.20	10.50	11.50	13.50	12.80	12.70

资料来源：美国统计局网站。

四、东京都市圈

东京都市圈，狭义的范围是指"一都三县"，即由东京都与相邻的三个县（埼玉县、千叶县、神奈川县）构成，人口约占日本总人口的30%。广义的东京都市圈是指由东京都与周边七个县（埼玉县、千叶县、神奈川县、茨城县、栃木县、群马县和山梨县）构成的首都圈，也可以称为关东都市圈（刘磊，2008）。

（一）基本概况

日本实行都道府县的行政管理体制。东京是日本的首都，是全国的政治和经济中心，我们一般所称的东京其实是指东京都，它是省一级行政区划。东京都大致位于日本列岛中央、关东地区南部，东面以江户川为界与千叶县相邻，西面以山地为界与山梨县相邻，南面以多摩川为界与神奈川县相邻，北面则与埼玉县相邻。东京都是由23个特别区及26个市5个町8个村构成的广域自治体。东京都行政面积为2190.9平方千米，占国土面积的5.80%，2014年人口1337.85万人，占全国10.52%。东京都市圈最核心的三个区是千代田区、中央区和港区，简称都心三区，是日本首都东京商业、政治和文化中心。都心3区的人口密度为9706人/平方千米，东京都内圈23区部的人口密度为14589人/平方千米，说明东京都最核心地区的人口密度并不高（见表5-18）。

表5-18 东京都市圈的圈层结构（2014年）

圈层划分	划分依据	空间范围	面积平方千米	人口（万人）	人口密度人/平方千米	人口占比（%）
核心区	都心三区	千代田区、中央区、港区	42.24	41	9706	3.22
内圈区	23区部	东京都的23区部	626.70	914	14589	7.19
外围区	东京都	东京都行政区	2190.90	1338	6106	10.54
都市圈	东京都市圈	东京都、埼玉县、千叶县、神奈川县	13562.10	3592.2	2648.7	28.27
日本	—	—	377972.28	12708.3	336	100

资料来源：东京都统计局。

（二）东京都人口概况

1. 城市人口与面积增长速度呈现"一快一慢"

2000~2010年人口集中地区人口变化来看，东京都的人口增长率最高，为9.3%，远远高于日本全国4.0%的增长率，东京都市圈的增长率也达到了7.8%，都市圈的其他三个县的人口增长率也都高于日本全国水平。从人口集中地区面积变化来看，东京都增长0.7%，东京都市圈增长1.7%，日本增长2.3%，除了埼玉县、千叶县分别为2.6%、2.9%，高于全国平均水平，其他地区都低于全国平均水平（见表5-19），说明东京都市圈的城市化水平较高，城市土地扩张的潜力较小，东京都市圈层核心的东京都城市化水平高，可开发的土地资源有限。所以，东京都市圈的人口集中地区面积的增长较慢，但是人口集聚的速度仍在加快。

表5-19 人口集中地区人口及面积变化情况

地区	人口集中地区人口（万人）				人口集中地区面积（平方千米）			
	2000年	2005年	2010年	2005~2014年变动率（%）	2000年	2005年	2010年	2005~2014年变动率（%）
全国	8280.97	8433.14	8612.15	4.0	12457.4	12560.6	12744.4	2.3
埼玉县	542.57	556.58	572.95	5.6	669.6	677.1	687.0	2.6
千叶县	419.75	434.24	452.93	7.9	616.1	622.1	634.0	2.9
东京都	1182.12	1232.92	1291.71	9.3	1066.9	1069.7	1074.4	0.7
神奈川县	794.86	825.02	852.24	7.2	936.5	943.1	949.2	1.4
东京都市圈	2939.29	3048.76	3169.84	7.8	3289.1	3312.0	3344.6	1.7

资料来源：东京都统计局。

2. 劳动年龄人口变动趋势

如表 5-20 所示，2005~2014 年从 15~64 岁劳动年龄人口来看，日本劳动年龄人口呈逐渐下降趋势，由 2005 年的 8409.24 万人下降到 2014 年的 7785 万人，东京都市圈的劳动年龄人口的数量也由 2005 年的 2383.06 万人下降到的 2014 年的 2310.3 万人，与日本老龄化、生育率低导致劳动年龄人口减少的趋势保持一致。

表 5-20 劳动年龄人口（15~64 岁人口）

地区	2005年（万人）	占全国比重（%）	2010年（万人）	占全国比重（%）	2014年（万人）	占全国比重（%）	变动趋势（2005~2014年）（%）
全国	8409.24	100	8103.18	100	7785	100	-7.4
埼玉县	489.23	5.8	474.91	5.9	457.3	5.9	-6.5
千叶县	415.46	4.9	400.90	4.9	384.8	4.9	-7.4
东京都	869.56	10.3	885.02	10.9	886.2	11.4	1.9
神奈川县	608.81	7.2	598.89	7.4	582	7.5	-4.4
东京都市圈	2383.06	28.3	2359.73	29.1	2310.3	29.7	-3.1

资料来源：东京都统计局。

但是，东京都的劳动年龄人口却由 2005 年的 869.56 万人上升到 2014 年的 886.2 万人，而且劳动年龄人口的占比由 10.34% 上升到 11.4%。东京都市圈的劳动年龄人口占比也由 28.3% 上升到 29.7%。2005~2014 年劳动年龄人口增长趋势来看，日本下降了 7.4%，东京都市圈下降了 3.1%，减少速度远远小于日本下降水平，而且东京都逆势上升，劳动年龄人口增长了 1.9%。由此说明，相对日本其他地区而言，东京都市圈对劳动年龄人口的吸引力较大，尤其是东京都对劳动人口的吸引力最大，人口集聚效应仍在继续加强。

3. 老龄化趋势

从 2005~2014 年的 65 岁以上老年人口变化趋势来看，日本的老年人口由 2567.2 万人增长到了 3300 万人，增长率达到 28.5%，从东京都和东京都市圈的老年人口增长率来看普遍高于日本全国的水平，分别为 31.2% 和 40.7%。从老年人口占全国的比重来看，东京都市圈的占比逐渐上升，由 2005 年的 23.3% 上升到了 2014 年的 25.6%，与总人口的占比基本一致。东京都市圈的一都三县的老年人口占比也逐渐上升，变动趋势保持一致（见表 5-21）。

表 5-21 东京都市圈老年人口（65岁以上）

地区	2005年（万人）	占全国比重（％）	2010年（万人）	占全国比重（％）	2014年（万人）	占全国比重（％）	变动趋势（2005~2014年）（％）
全国	2567.20	100.0	2924.57	100.0	3300	100.0	28.5
埼玉县	115.70	4.5	146.49	5.0	173.7	5.3	50.1
千叶县	106.03	4.1	132.01	4.5	157.1	4.8	48.2
东京都	229.55	8.9	264.22	9.0	301.1	9.1	31.2
神奈川县	148.03	5.8	181.95	6.2	211.5	6.4	42.9
东京都市圈	599.31	23.3	724.67	24.8	843.4	25.6	40.7

资料来源：东京都统计局。

4. 人口迁移趋势

人口迁移是衡量地区人口变动情况的重要指标，也是判断地区劳动力供给和人力资本状况的重要标准。从 2014 年人口迁移数据来看，除了福冈县、爱知县，还有东京都市圈的一都三县人口净迁入之外，其他地区属于人口净流出地。从 2005~2014 年人口净迁移速度来看，千叶县、埼玉县的净迁移人口在增加，东京都市圈、东京都净迁入人口呈现先降后升的趋势，神奈川县净迁入人口在减少（见表 5-22）。总体而言，东京都市圈是人口净迁入地区，也是日本近些年来人口数量减少、老龄化趋势加重情况下，相对少有的人口净迁入地区，说明东京都市圈的人口集聚仍在继续。

表 5-22 东京都市圈人口迁移情况

地区	迁入者（万人）			迁出者（万人）			净迁入者（人）		
	2005年	2010年	2014年	2005年	2010年	2014年	2005年	2010年	2014年
全国	260.16	233.24	225.97	260.16	233.24	225.97	0	0	0
埼玉县	16.59	16.25	15.76	16.61	14.71	14.26	-240	15424	14909
千叶县	16.25	15.14	13.72	15.64	13.72	12.88	6117	14187	8364
东京都	43.81	39.63	40.47	35.15	34.80	33.15	86562	48331	73280
神奈川县	23.78	21.59	20.39	21.56	20.10	19.10	22249	14887	12855
东京都市圈	100.43	92.61	90.34	88.96	83.33	79.39	114688	92829	109408

资料来源：东京都统计局。

（三）东京都三次产业结构

如表 5-23 所示，主要从行业的企业机构数量、从业人员数量和增加值指标来衡量东京都和都心三区的基本情况。

表 5-23 东京都及都心三区分行业情况

产业	东京都			都心三区占东京都比重（%）		
	机构数（个）	从业人数（人）	增加值（百万日元）	机构数	从业人数	增加值
农业、林业	342	2683	8481	9.1	7.8	5.6
渔业	10	119	682	60.0	26.9	—
其他	7	64	331	28.6	21.9	—
采矿业	40	367	7839	32.5	36.0	16.0
建筑业	33815	414965	2620441	7.4	24.4	31.3
制造业	41352	614315	3976230	7.3	23.1	31.1
电力、燃气、热力及水生产和供应业	358	29036	745278	32.1	37.4	40.1
通信业	16998	730422	7084617	38.7	46.3	56.6
交通运输和邮政业	13742	406641	2596312	14.5	17.9	26.0
批发零售业	124769	1691895	12572860	17.0	30.1	43.8
金融保险业	9414	385019	6278923	30.9	52.6	64.3
房地产	44932	289313	2949992	13.8	34.0	50.6
学术研究	31122	362689	4238980	33.5	46.0	64.1
住宿餐饮	60476	635920	1360253	16.6	22.8	28.0
生活娱乐	34219	276276	1102222	8.7	18.8	21.0
教育	12613	285806	1373203	8.5	13.3	15.4
医疗卫生	30708	553980	5089807	8.7	10.3	58.7
综合服务业	1730	19673	91562	11.5	19.8	18.5
居民服务、修理和其他服务业	29073	702843	3540361	25.4	33.9	48.1
合计	485720	7402026	55638374	16.3	29.4	47.3

资料来源：东京都统计局。

第一产业。都心三区农业和林业的占比较低，企业数量、从业人员数和增加值占比分别为9.1%、7.8%和5.6%；但是，渔业的企业数量占了60.0%，渔业从业人员数量占了26.9%。

第二产业。都心三区采矿业和电力、燃气、热力及水生产和供应业的占比较高。采矿业的企业数量和从业者人数占比为32.5%、36.0%,但是增加值的占比只有16.0%,说明产值与企业数量不成比例。其次,电力、燃气、热力及水生产和供应业的企业数量、从业人员数量和增加值占比分别为32.1%、37.4%和40.1%,产值与企业数量匹配。都心三区的建筑业和制造业的企业数量占比只有7%左右,但是产值却高达约30%,说明这两个行业的企业生产效率和效益较高。

第三产业。都心三区的产业规模排在前三位的通信业、金融保险业、学术研究行业的企业数量都占30%以上,分别为38.7%、30.9%、33.5%,企业从业人员数占比为46.3%、52.6%、46.0%,创造的增加值分别为56.6%、64.3%和64.1%。其中,医疗卫生行业企业数占比8.7%,但是创造的增加值占比高达58.7%。

东京都的三次产业的企业数量占比分别为0.07%:15.56%:84.37%;从业人员数三次产业比为0.04%:14.30%:85.66%,增加值三次产业比为0.02%:13.21%:86.77%。都心三区三次产业的企业数量比为0.05%:7.09%:92.86%,三次产业从业人员数量比为0.01%:11.68%:88.31%,三次产业增加值的比例为0.00%:8.95%:91.05%。由此可见,都心三区第三产业的企业数、从业人员数和增加值的占比均高于东京都的水平。

从三次产业的机构数、从业人数、增加值数来分析东京都的三次产业结构,第一产业占比都小于1%,第二产业占比在15%左右,第三产业占比在85%左右(见表5-24),说明东京都的服务业占比较高,现代服务产业发达,符合国际大都市的产业特征。

表5-24 东京都和都心三区产业结构 单位:%

三次产业结构	东京都			都心三区		
	机构数	从业人数	增加值	机构数	从业人数	增加值
第一产业占比	0.07	0.04	0.02	0.05	0.01	0.00
第二产业占比	15.56	14.30	13.21	7.09	11.68	8.95
第三产业占比	84.37	85.66	86.77	92.86	88.31	91.05

资料来源:东京都统计局。

与此同时,都心三区服务业占比明显高于东京都水平,因为都心三区是东京都的核心,是经济和政治中心,是创新的源泉,所以该地区的金融业、通信业和学术研究等行业领域处于领先地位,这些行业的企业数量、从业人员的占比较高,同时创造的产业增加值也更高。

(四) 东京都公共服务分布情况

从东京都学校资源的分布来看,每万人幼儿园数区部、郡部、岛部与东京都平均水平相当,不过都心三区的水平明显高于东京都。每万人小学数、中学数,区部略低于东京都平均水平,市部、郡部、岛部都高于东京都,尤其岛部高出东京都较多;每万人高校数区部略高于东京都,市区、郡部低于东京都,岛部略高(见表5-25)。说明基础教育资源分布相对均衡,高校资源主要集中在东京都的核心区。

表5-25 东京都学校数量情况(2014年) 单位:个

地区	学校数量				每万人学校数			
	高校	中学	小学	幼儿园	高校	中学	小学	幼儿园
东京都	431	817	1355	1023	0.32	0.61	1.01	0.76
区部	308	533	877	729	0.34	0.58	0.96	0.80
千代田区	18	14	11	12	3.39	2.64	2.07	2.26
中央区	2	5	16	16	0.14	0.36	1.16	1.16
港区	18	22	21	30	0.83	1.01	0.97	1.38
市部	115	262	452	290	0.28	0.63	1.09	0.70
郡部	1	7	11	4	0.17	1.21	1.91	0.69
岛部	7	15	15	0	2.63	5.63	5.63	—

资料来源:东京都统计局。

从东京都医疗资源的分布来看,东京都每万人医师数为31人,区部为37人,高于东京都的平均水平,都心三区的万人医师数都在100以上,明显高于东京都;市部、郡部、岛部的万人医师数明显低于东京都平均水平(见表5-26)。

表5-26 东京都医院、医师数基本情况

地区	医院数(个)	一般诊疗所(个)	齿科诊疗所(个)	医师数(个)	每万人医师数(个)
东京都	646	12758	10647	41498	31
区部	424	9730	8338	33133	37
千代田区	15	460	351	1695	348

续表

地区	医院数(个)	一般诊疗所(个)	齿科诊疗所(个)	医师数(个)	每万人医师数(个)
中央区	4	478	436	1307	101
港区	15	687	592	2636	126
市部	217	2970	2275	8283	20
郡部	4	37	20	47	8
岛部	1	21	14	35	13

资料来源：东京都统计局，医师数、每万人医师数为2012年数据，其他为2013年数据。

(五) 东京都交通基本情况

从公路长度和面积来看，东京都区部的公路长度和面积约占东京都的50%，与28%的土地面积相比，区部的公路都高于其他地区。从公路密度来看，东京都的密度为11.18千米/平方千米，区部公路密度为18.9千米/平方千米，市部千米密度为13.16千米/平方千米，郡部公路密度为2.15千米/平方千米，岛部公路密度为3.66千米/平方千米，由此可见，东京都的核心和内圈的公路密度远远大于外围地区。从人均公路里程来看，东京都为13.93平方千米/人，区部为11.21平方千米/人，市部为17.29平方千米/人，郡部为85.57平方千米/人，岛部为268.5平方千米/人，由此可见，东京都内圈的人均公路里程由于人口密集，人均里程数较低。不过东京都的都心三区千代田区、中央区、港区的人均公路里程分别为52.45平方千米/人、21.6平方千米/人和20.18平方千米/人，远高于东京都的平均水平（见表5-27）。

表5-27 东京都道路长度及面积概况

地区	长度（米）	面积（平方米）	公路密度（千米/平方千米）	人均公路里程（平方千米/人）
东京都	24498186	186379779	11.18	13.93
区部	11891476	102524252	18.97	11.21
千代田区	175732	2785286	15.07	52.45
中央区	194855	2991407	19.08	21.60
港区	305187	4389750	14.98	20.18
市部	10317629	71765704	13.16	17.29
郡部	808640	4940395	2.15	85.57
岛部	1480441	7149428	3.66	268.50

资料来源：东京都统计局。

五、首尔都市圈

首尔都市圈是位于韩国西北部首尔市的都市化地区，也可以被称为首都圈，或者叫京畿地方，它是由仁川、首尔以及京畿道三个不同行政区域构成的，行政范围包括首尔市特别行政市 25 个区、仁川 8 个区和 2 个县，还有京畿道 27 个城市和 4 个县，总面积为 11829.57 平方千米。首尔都市圈人口达到 2400 万，占韩国的 50%，是世界上第四大都市圈，是韩国的文化、商业、金融、工业和居住中心，韩国最大的城市首尔市人口规模达到 1000 万，其次是仁川，人口为 300 多万。

（一）基本概况

首尔都市圈的核心区是首尔市，面积为 605.25 平方千米，2010 年人口为 979.43 万人，人口密度为 16189 人/平方千米，外围区是指仁川市、京畿道省，面积为 11099.7 平方千米，人口密度为 1265 人/平方千米（见表 5-28）。从圈层结构人口分布来看，核心区的人口密度很大，外围区和都市圈的人口密度较小。

表 5-28　首尔都市圈行政概况

圈层划分	划分依据	包含的行政区域	面积（平方千米）	人口（万人）
核心区	首尔市	首尔市	605.25	979.43
外围区	首尔市周围地区	仁川市和京畿道省	11099.70	1404.20
都市圈	首尔都市圈	首尔市、仁川市和京畿道省	11705	2383.63
韩国	—	—	100295.35	4858.03

资料来源：韩国经济统计，人口数据为 2010 年。

从分圈层经济情况来看，核心区首尔市的 GDP 占全国比例为 22.12%，首尔都市圈占全国的 48.99%（见表 5-29），几乎占据了半壁江山，说明首尔都市圈在韩国的经济具有举足轻重的地位。

表 5-29　首尔都市圈人口经济状况

圈层划分	人口密度（人/平方千米）	人口占比（%）	面积占比（%）	GDP（亿元）	GDP 占比（%）
核心区	16189	20.16	0.60	19719.654	22.12
外围区	1265	28.9	11.06	23943.576	26.86
都市圈	2036	49.07	11.67	43663.230	48.99
韩国	485	—	—	89130.276	—

资料来源：韩国经济统计，韩币与人民币汇率换算按照 1 韩元 = 0.006 元折算，人口数据为 2010 年，GDP 数据为 2014 年。

人均 GDP、人均收入和人均可支配收入是衡量经济发展水平的主要指标。首尔市的三个指标都显著高于韩国和都市圈平均水平。不过，首尔都市圈的人均GDP 低于全国水平，人均收入和可支配收入都高于韩国水平（见表 5-30）。

表 5-30　首都圈经济指标总体情况（2014 年）　　　　　单位：元

地区	人均 GDP	人均收入	人均可支配收入
韩国	176760	177318	98994
首尔市	199374	228630	115602
仁川	123858	135162	91356
京畿道	161016	174858	96792
首尔都市圈	161418	179550	101250

资料来源：韩国经济统计，韩币与人民币汇率换算按照 1 韩元 = 0.006 元折算。

（二）首尔市人口概况

首尔市 2010 年总人口为 1005.05 万人，2014 年总人口为 989.07 万人，总人口数有所下降，从人口结构来看，14 岁以下的人口占比由 13.95% 下降到 12.32%；15~59 岁人口由 71.90% 下降到 70.80%，60 岁以上人口由 14.15% 上升到 16.87%（见表 5-31），说明首尔市的儿童人口和劳动年龄人口占总人口数都减少，人口老龄化程度加快。

表 5-31　首尔市的人口结构

年份	总人口	14 岁以下（人）	占比（%）	15~59 岁（人）	占比（%）	60 岁以上（人）	占比（%）
2010	1005.05	140.20	13.95	722.62	71.90	142.23	14.15
2014	989.07	121.90	12.32	700.27	70.80	166.90	16.87

资料来源：韩国经济统计。

（三）分行业就业情况

从分行业从业人数占全国比重来看，首尔都市圈所有产业就业人数占比达到 51.3%，首尔市达到 25.4%，第一产业农林渔业占比较低，都市圈为 13.80%，首尔市仅为 1.5%；从第二产业就业人数占比看，都市圈占比为 46.12%，首尔市占比为 14.17%；从第三产业就业人数占比分析，都市圈为 53.39%，首尔市为 29.64%（见表 5-32）。总体而言，首都圈第三产业占全国的比重最高。

表 5-32　2010 年首尔都市圈分行业从业人数及占比

产业	全国（万人）	首尔（万人）	都市圈（万人）	首尔占比（％）	都市圈占比（％）
所有产业	1764.70	448.74	906.43	25.4	51.30
农林渔业（第一产业）	3.04	0.05	0.43	1.50	13.80
采矿业	1.64	0.05	0.25	3.10	15.60
制造业	341.77	27.25	152.77	8.00	44.70
电力、燃气、蒸汽与水供应	6.63	1.19	2.5	17.90	37.80
污水、垃圾处理、原料回收等环保业	6.91	0.65	2.87	9.40	41.60
建筑业	118.07	38.15	60.67	32.30	51.40
第二产业	475.02	67.29	219.06	14.17	46.12
批发零售业	261.79	78.35	140.26	29.90	53.50
交通运输业	99.25	27.08	52.30	27.30	52.70
住宿餐饮业	176.63	40.51	84.33	22.90	47.70
信息与通信业	46.86	29.56	36.38	63.10	77.60
金融保险业	70.69	27.05	39.19	38.30	55.50
房地产、租赁业	44.06	14.25	27.13	32.30	61.50
专业化、科学技术	75.04	36.72	54.81	48.90	73.00
商业设施管理及辅助性活动	78.87	34.92	49.57	44.30	62.90
公共管理和安全管理	66.37	12.92	27.17	19.50	41.00
教育	142.09	29.72	68.38	20.90	48.10
人类健康及社会工作活动	108.48	24.02	50.67	22.10	46.60
艺术体育娱乐及相关服务	32.29	7.52	16.68	23.30	51.70
国际组织、修理及其他个人服务	84.25	18.77	40.07	22.30	47.60
第三产业	1286.67	381.39	686.94	29.64	53.39

资料来源：韩国经济统计。

（四）三次产业结构

从 2014 年三次产业增加值占全国比重看，首都圈第一产业占全国比重为 13.7%，第二产业占比为 36.7%，第三产业占比 58.6%；首尔市占全国比重为：1.4%∶5.4%∶33.2%。很显然，第三产业占全国的比重很高。从首尔市分行业增加占全国比重看,信息通信、金融保险、纺织服装、批发零售、商务服务都占较大比重,在40%以上(见表5-33)。

表5-33 2014年分行业总增加值及占比

产业	韩国（亿元）	首尔市（亿元）	首尔市占比（%）	首都圈（亿元）	首都圈占比（%）
总增加值	81271	18080	22.2	40165	49.4
农林渔（第一产业）	1897	26	1.4	259	13.7
矿产业	162	8	4.8	33	20.1
制造业	24466	1140	4.7	8892	36.3
食物饮料	1099	17	1.5	303	27.6
纺织服装	1227	583	47.5	845	68.9
木材纸打印	675	92	13.6	379	56.1
石油采矿化工	3821	55	1.4	1028	26.9
金属产品	4448	38	0.9	1057	23.8
电子电器	6871	264	3.8	3457	50.3
机器交通设备	6326	92	1.5	1823	28.8
电气、燃气、水	1798	126	7.0	653	36.3
建筑	4030	525	13.0	1668	41.4
第二产业	54923	2940	5.4	20138	36.7
批发零售	7094	3164	44.6	4740	66.8
交通运输	3026	581	19.2	1604	53.0
住宿餐饮	2143	585	27.3	1116	52.1
信息通信	3150	1851	58.8	2599	82.5
金融保险	4555	2086	45.8	2943	64.6
房地产	6557	2150	32.8	4055	61.8
商务服务	6061	2485	41.0	4252	70.2
公共管理	5890	1030	17.5	2304	39.1
教育	4444	916	20.6	2037	45.8
健康和社会服务	3433	811	23.6	1657	48.3
文化和其他服务	2566	594	23.1	1352	52.7
第三产业	48918	16254	33.2	28659	58.6

资料来源：韩国经济统计。

如表 5-34 所示,韩国三次产业增加值比例为 1.8∶51.9∶46.3,首都圈的三次产业增加值比例为 0.5∶41.1∶58.4,首都圈的第一、第二产业占比明显低于韩国总体水平,第三产业增加值占比高于韩国,再从首尔市的三次产业结构来看,第一、第二产业占比为 0.1% 和 15.3%,更是远低于韩国及首都圈,第三产业占比高达 84.6%,远远高于其他地区。说明韩国都市圈的核心区首尔市的现代服务业水平极高,越往外圈第二产业占比越高,服务业比重降低。

表 5-34 三次产业增加值(2014 年)

	韩国	首尔	仁川	京畿道	首都圈
第一产业增加值(亿元)	1897.07	26.23	15.13	218.1	259.47
第二产业增加值(亿元)	54922.58	2939.88	2574.13	14624.11	20138.13
第三产业增加值(亿元)	48917.95	16254.11	2263.93	10141.45	28659.49
第一产业增加值占比(%)	1.8	0.1	0.3	0.9	0.5
第二产业增加值占比(%)	51.9	15.3	53.0	58.5	41.1
第三产业增加值占比(%)	46.3	84.6	46.6	40.6	58.4

资料来源:韩国经济统计,韩币与人民币汇率换算按照 1 韩元 = 0.006 元折算。

六、国内大都市圈

(一)北京都市圈

依据 2012 年《北京市主体功能区规划》,将北京划分为四类功能区域,即首都功能核心区、城市功能扩展区、城市发展新区和生态涵养发展区。①首都功能核心区由东城区和西城区构成,共 32 个街道,土地面积 92.4 平方千米。②城市功能拓展区由朝阳区、海淀区、丰台区、石景山区构成,共 70 个街道、7 个镇、24 个乡,土地面积 1275.9 平方千米。③城市发展新区由通州区、顺义区、大兴区(北京经济技术开发区)以及昌平区和房山区的平原地区构成,共 24 个街道、56 个镇、1 个乡,土地面积 3782.9 平方千米。④生态涵养发展区由门头沟区、平谷区、怀柔区、密云区、延庆区以及昌平区和房山区的山区部分构成,共 14 个街道、79 个镇、15 个乡(含昌平区的 7 个镇,房山区的 1 个街道、9 个镇和 6 个乡),土地面积 11259.3 平方千米。

根据北京市《国民经济和社会发展第十三个五年规划纲要》的界定标准,我们将北京城六区视为核心区,包括东城区、西城区、朝阳区、海淀区、丰台区和石景山区,核心区是首都功能的主承载区。外围区主要是指北京市行政辖区,北京都市圈划分则参照肖金成(2016)① 的划分标准(见表5-35)。

表 5-35 北京都市圈的范围

圈层划分	划分依据	空间范围	包含的行政区域	面积（平方千米）	2014 常住人口（万人）
核心区	城六区	中心城区	东城区、西城区、朝阳区、海淀区、丰台区和石景山区	1369	1276.3
外围区	北京市	北京市行政辖区	16 个市辖区	16410.5	2114.8
都市圈	北京都市圈	1+4	北京市、保定市、廊坊市、张家口市、承德市	18658.5	2459.6

资料来源：EPS 中国区域经济数据库。首都圈根据肖金成(2016)的划分标准,同时保定、廊坊、张家口、承德市的数据都是市辖区数据。

表 5-36 为北京都市圈的人口经济产业状况

表 5-36 北京都市圈的人口经济产业状况

圈层划分	人口密度（人/平方千米）	GDP（亿元）	人均 GDP（元）	产业结构
城六区	9324	13568.60	106312	1.41:26.48:72.11
北京市域	1289	19500.56	92210	0.91:22.51:76.58
北京都市圈	1318	21439.56	87167	2.45:45.53:52.02

资料来源：EPS 中国区域经济数据库,数据为 2013 年,北京都市圈的产业结构按照各个城市三次产业增加值比例加总后取平均值。

(二) 上海都市圈

基于对上海中心城、上海市域和上海都市圈的分析,结合上海发展的现实并参照已有研究成果,对三个圈层具体界定如表 5-37 所示。①上海中心城：现有研究和《上海市城市总体规划 (1999~2020 年)》将中心城界定为外环线以内地

---

① 北京首都圈的划分标准依据肖金成在 2016 年由北京区域经济学会举办的"京津冀协同发展与产业布局暨 2016 年北京区域经济学会年会"上的发言。

第五章 基于圈层结构的国内外大都市比较研究

表5-37 上海城市三个圈层划分结果

划分维度	划分依据	空间范围	包含的行政区域	区域面积（平方千米）	2013常住人口（万人）
上海中心城	建筑景观连片	外环线以内	黄浦区、徐汇区、长宁区、静安区、普陀区、闸北区、虹口区、杨浦区、闵行区、宝山区、浦东新区	2142	1703
上海市域	行政隶属	上海市行政区域	15个市辖区和崇明县	6340	2415
上海都市圈	通勤距离	上海中心外100千米辐射半径	上海市行政区划；苏州市行政区划；嘉兴市的嘉善县、秀洲区、南湖区	15035	3652

资料来源：EPS中国区域经济数据库。

区的区域，这里我们也采用这种划分方法。但由于外环内区域与行政区并不重合，考虑到数据的可得性，我们把城市人口的主体部分分布于外环以内的市辖区作为中心城的范围。②上海市域：上海市行政区划范围，包括15个市辖区和1个市辖县（崇明县）。③上海都市圈：欧美日等发达国家都有对都市圈或类似区域进行过划分，但划分标准各不相同，为便于进行国际比较，OECD推出了城市功能区划分的思想及方法，其本质就是都市圈。这里我们采用OECD的划分方法对上海都市圈进行了划分。结合上海及周边实际情况，我们把上海市、苏州市（不含张家港市）、嘉定市辖区及嘉善县划分为上海都市圈。此外，为方便对上海都市圈的不同圈层特征和比较优势进行分析与对比，我们还将上海市域以内、中心城以外的区域称为内圈，上海都市圈以内、市域以外的区域称为外圈。

上海市行政面积6340平方千米，中心城市面积2142平方动千米，占全市面积的34%，2013年上海市常住人口2415万人，中心城常住人口1703万人，占全市人口的70%，以30%左右的面积承载70%的人口。

表5-38为上海城市人口产业经济状况。

（三）深圳都市圈

深圳都市圈的范围的界定主要参照国家和广东省的相关文件。①2009年4月，国务院批准的《珠江三角洲地区改革发展规划纲要（2008～2020年）》，正式确定将深圳、东莞和惠州三地，作为深莞惠经济圈和珠三角一体化的重点区域。②2014年10月，深莞惠经济圈再次"扩容"，广东省政府正式批准河源、汕尾加入行列，形成现有的深莞惠（3+2）经济圈格局。③2016年5月27日，在

表 5-38 上海城市人口产业经济状况

划分维度	人口密度（人/平方千米）	经济总量（亿元）	人均 GDP（元）	产业结构
上海中心城	7950	16541.87	96962	0.47∶37.19∶62.33
上海市域	3826	21602.12	90092	0.60∶37.16∶62.24
上海都市圈	2342	35773.27	97955	2.00∶45.68∶52.32

资料来源：EPS 中国区域经济数据库，数据为 2013 年，产业结构根据各产业增加值计算。

深圳召开的东进战略与区域协调发展研讨会上，与会专家们纷纷为东进战略建言献策，并提议将曾经由深圳、东莞、惠州与河源、汕尾组成的"深莞惠经济圈（3+2）"升级为"C5 深圳大都市圈"（深莞惠河汕，或称大亚湾大都市圈、珠江口东岸大都市圈），如表 5-39 所示。

表 5-39 深圳都市圈的范围

划分维度	划分依据	包含的行政区域	区域面积（平方千米）	2013 年常住人口（万人）
深圳市域	行政隶属深圳市域	罗湖区、福田区、南山区、盐田区、新宝安区、新龙岗区、光明新区、坪山新区、龙华新区、大鹏新区	1997	1062.9
C3 深圳+2	深圳市周边	深圳、东莞、惠州	15803	2364.6
C5 深圳都市圈	通勤距离深圳中心外 100 千米辐射半径	深圳、东莞、惠州、河源、汕尾	36322	2967

资料来源：EPS 中国区域经济数据库。

表 5-40 为深圳都市圈人口产业经济状况。

表 5-40 深圳都市圈人口产业经济状况

划分维度	人口密度（人/平方千米）	经济总量（亿元）	人均 GDP（元）	产业结构（%）
深圳市域	5322	14500.23	136421	0.04∶43.43∶56.54
C3 深圳+2	1496	22668.61	95867	0.84∶51.43∶47.73
C5 深圳都市圈	817	24020.69	80960	2.76∶53.39∶43.85

资料来源：EPS 中国区域经济数据库，数据为 2013 年，产业结构根据各产业增加值计算。

第三节 国内外大都市的经济社会比较

考虑不同城市的土地面积、人口规模差异,为了实现国际大都市之间数据具有可比性,我们一方面划定圈层结构具有可比性,另一方面主要从人均量进行比较,并且从城市的核心、内圈、外圈方面进行全方位的比较。

一、基于城市面积的比较

如图5-5所示,美国洛杉矶都市圈的土地面积最大,首尔都市圈占全国的国土面积比例居世界首位,达到4.7%,其次是大伦敦都市圈2.85%,东京都市圈2.3%。由此可见,一般国土面积较小的国家,大都市圈的面积占比相对较高,国家面积较大的都市圈面积占比较小。

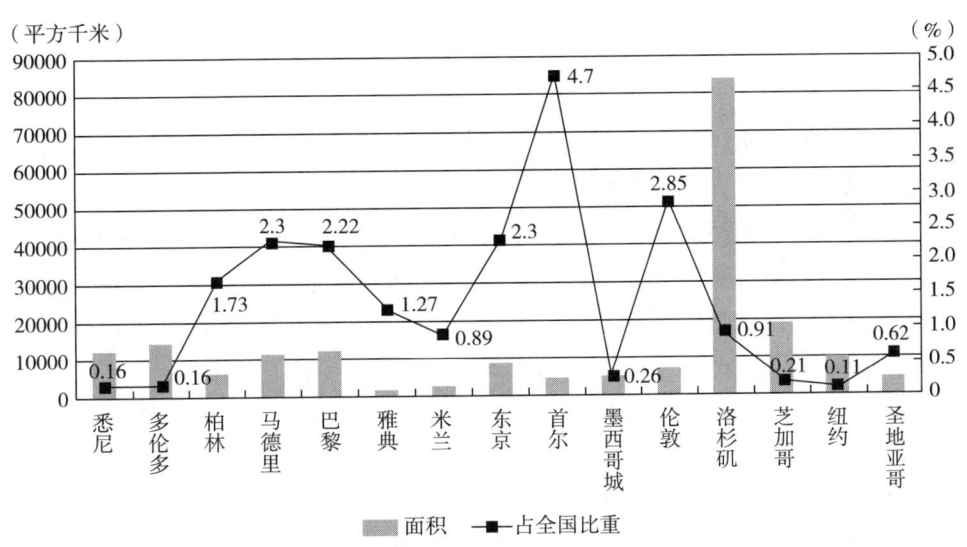

图5-5 国际大都市行政面积及占比

二、基于人口方面的比较

如图5-6所示,从国际大都市的人口规模来看,东京都市圈以3593万人居于世界都市圈的首位。我国大城市常住人口规模在全世界城市中也排在前列。上海以2426万人居于第三位,北京以2152万人居于第四位。

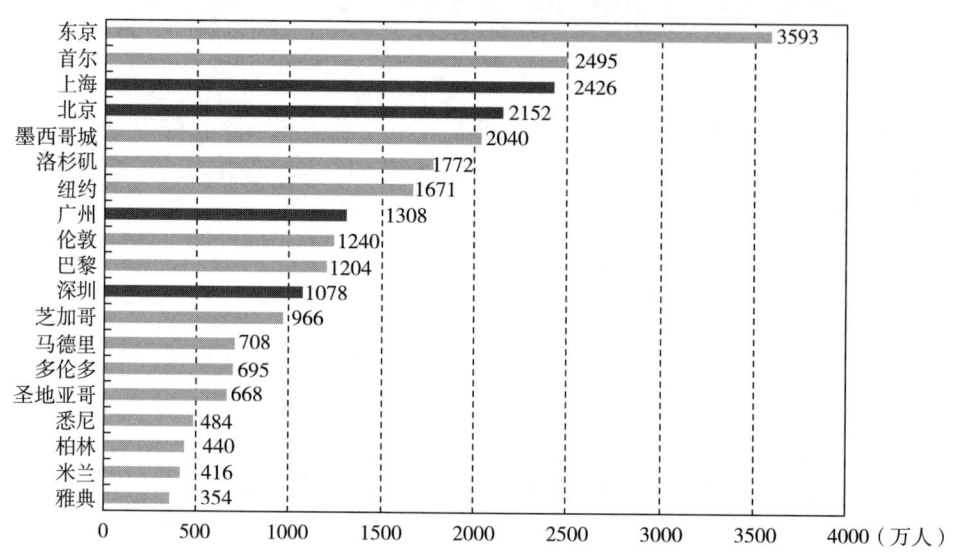

图5-6 2014年国际大都市人口规模

从人口规模占全国比重来看,首尔都市圈的人口占比最高,达到49.48%。发达国家的大都市的人口规模普遍较高,人口的集聚程度很高,发展中国的大都市,如墨西哥城、圣地亚哥的人口占比也高达17.05%、37.48%。相对而言,我国大都市的人口集聚程度还相对较低,根据我国城市常住人口统计数据,北京、上海占全国的人口比重为1.67%和1.88%,北上广深一线城市的人口比重都低于2%,说明我国大城市的人口首位度仍然比较低(见图5-7)。

从不同年龄段人口数量构成来看。按照城市行政范围,上海市的人口老龄化程度位居四大一线城市之首。2010年,上海市65岁及以上人口比重为10.12%,而北京市、广州市、深圳市分布为8.7%、4.97%、1.76%。东京都65岁及以上人口的比例最高,达到了20.31%,是老龄化程度最高的城市,其次为纽约市,达到了12.2%,高于首尔市的9.34%(见表5-41)。

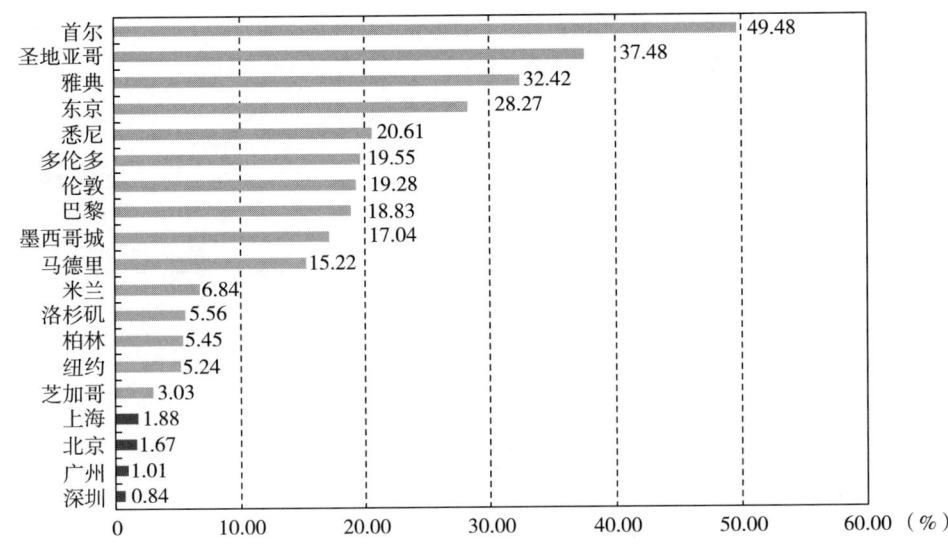

图 5-7 国际大都市人口规模占全国比重

表 5-41 2010 年七大城市人口年龄结构   单位:%

区域	14 岁及以下	15~64 岁	65 岁及以上
上海市	8.63	81.25	10.12
北京市	8.60	82.70	8.70
广州市	11.47	81.91	4.97
深圳市	9.84	88.40	1.76
纽约市	15.30 (5~17 岁)	—	12.20
东京市	11.83	67.85	20.31
首尔市	13.95	76.71	9.34

资料来源：2010 年全国人口普查资料。

高素质人才不足，比例偏低。根据内生增长理论，人才是支撑经济增长的重要动力源泉，人才成为各个大都市争相竞争的宝贵资源。谁获得了高级人才就能具备竞争优势，就能够突破经济转型升级的瓶颈。从中国四大一线城市的高级专业人才数量来看，距离建设国际现代化都市和国际文化大都市的目标还有较大的距离。从四大城市的人口受教育水平来看，北京市的大专以上人口比例最高，达到 30% 以上，上海为 21.95%，广州市为 19.23%，深圳市 17.18%。

表 5-42 2010 年四大城市人口受教育结构　　　　　　　　单位:%

区域	小学	初中	高中（含中专）	大专及以上
北京市	9.96	31.39	21.22	31.50
上海市	13.54	36.4	20.97	21.95
广州市	15.72	36.13	22.92	19.23
深圳市	8.88	44.05	23.97	17.18

资料来源：2010 年全国人口普查资料。

三、基于经济指标的比较

（一）人均 GDP 与国际大都市存在较大差距

从人均 GDP 来看，2012 年深圳、北京、上海的人均 GDP 分别为 19558 美元、13857 美元和 13524 美元。纽约以 73091 美元位居榜首，巴黎、芝加哥、米兰、伦敦、洛杉矶的人均 GDP 都在 5 万美元以上，发展中国家的圣地亚哥和墨西哥城也在 2 万美元以上。比较而言，中国人均 GDP 最高的深圳市是纽约的 1/4，巴黎、伦敦的 1/3，东京的 1/2（见图 5-8）。由此可见，国内大都市不仅与发达国家经济水平存在差距，还低于发展中国家的墨西哥城和圣地亚哥。

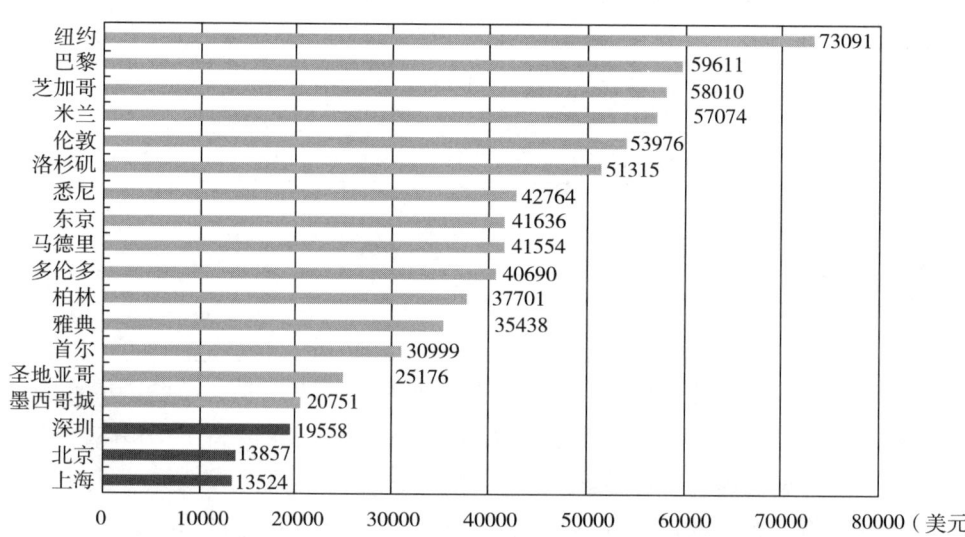

图 5-8 国际大都市人均 GDP 的比较（2012 年）

资料来源：根据 OECD 网站数据整理计算。

(二) 与国际大都市相比,GDP 占全国比重明显偏低

国际大都市是各国经济发展的龙头,起着核心带动作用。国际大都市 GDP 占本国经济总量的比重,一方面体现了该城市的经济地位以及对本国经济的贡献度,另一方面体现了大都市对本国经济龙头带动作用的大小。如表 5-43 和图 5-9 所示,从国际大都市占本国 GDP 的比重来看,2012 年圣地亚哥以 47.46% 的经济占比排在首位,首尔以 45.78% 居第二位,东京、巴黎、伦敦的 GDP 占比也在 30% 左右,墨西哥城占比达到 22.67%,纽约为 7.86%。比较国际大都市,上海、北京、深圳的经济总量占比总体偏低,分别为 3.73%、3.31% 和 2.40%。从 2005~2012 年 GDP 占比的变化趋势来看,巴黎、伦敦、纽约三大都市的 GDP 占比呈现上升的趋势,首尔、东京则维持相对稳定的比例。上海的经济占比下降趋势比较明显,由 4.94% 下降到了 3.73%;北京由 3.72% 下降到了 3.31%,深圳由 2.64% 下降到了 2.40%。

表 5-43 国际大都市 GDP 占本国经济总量的比重变化趋势   单位:%

年份 大都市	2005	2006	2007	2008	2009	2010	2011	2012
圣地亚哥	44.79	44.84	45.65	46.06	46.59	44.94	45.61	47.46
首尔	46.26	46.60	46.62	46.26	46.46	46.21	45.76	45.78
东京	32.17	32.15	32.09	32.52	32.33	32.14	32.30	32.02
巴黎	28.94	28.73	29.32	30.79	30.54	31.49	30.82	30.75
伦敦	26.42	26.08	26.74	27.14	27.14	27.33	27.96	28.29
墨西哥城	24.04	23.60	23.46	23.07	23.93	23.47	22.88	22.67
纽约	7.77	7.76	7.78	7.66	7.89	7.91	7.84	7.86
上海	4.94	4.82	4.62	4.40	4.31	4.16	3.92	3.73
北京	3.72	3.70	3.64	3.48	3.48	3.42	3.32	3.31
深圳	2.64	2.65	2.52	2.44	2.35	2.32	2.35	2.40

资料来源:根据 OECD 网站数据整理计算。

由此可见,无论是与发达国家相比,还是与发展中国家相比,我国三大国际大都市在全国的经济总量占比明显偏低,对全国经济的贡献和带动作用较弱,尽管占有大量的人力资本和经济社会优势资源,但是创造的经济贡献偏低。比如,三大都市的人口占比明显高于经济占比,因为三大国际大都市汇集了全国最高素

质的人才、享受了国家最优厚的政策待遇（上海自贸区、深圳特区），然而创造的经济总量却偏低，龙头带动的作用不显著。

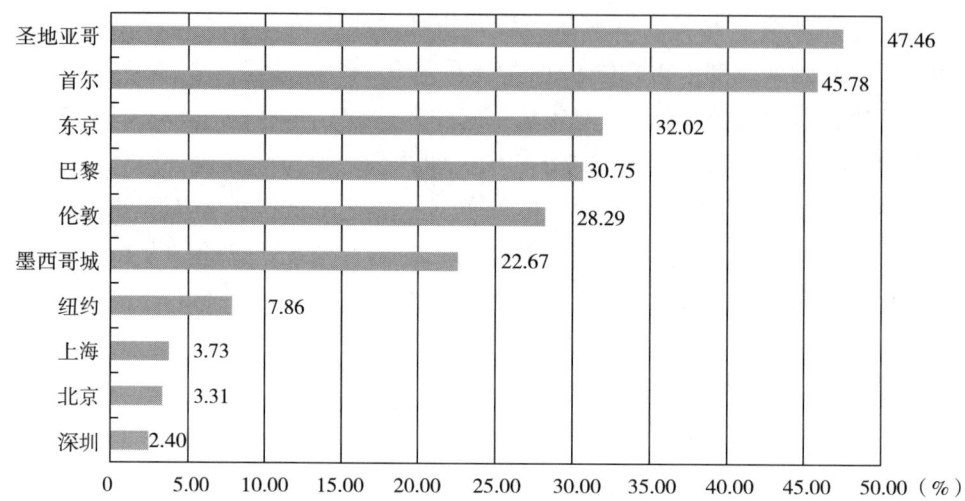

图 5-9 2012 年国际大都市 GDP 占本国经济总量比重

资料来源：根据 OECD 网站数据整理计算。

（三）三次产业结构欠优化，制造业占比偏高

经济发展是产业结构不断变迁的过程。按照发达国家工业化发展历程的经验，经济发展水平越高，工农业的占比不断下降，服务业的比重越高。从国际五个大都市来看，北京、上海、深圳的服务业比重明显偏低，制造业占比较高。2014 年巴黎市的三次产业结构为 0.1∶7.2∶97.2；大伦敦市三次产业结构为 0.02∶8.8∶91.1；纽约市的三次产业结构为 0.22∶10.67∶89.10；东京市的三次产业结构为 0.02∶13.21∶86.77；首尔市的三次产业结构为 0.15∶16.26∶89.90。反观我国四个大都市，从市辖区三次产业结构来看，北京市为 0.63∶21.55∶77.82；上海市为 0.41∶34.69∶64.9；深圳市为 0.03∶42.57∶57.39；广州市为 1.31∶33.47∶65.23（见表 5-44 和图 5-10）。除北京市第三产业占比接近 80% 之外，其他三个大都市第三产业占比都低于 70%，与发达国家大都市的服务业发展存在较大差距。说明国外大都市已经处于服务业发展及创新阶段，从简单的制造业向设计、研发、创新等生产性及服务性行业转型升级，而我国大都市才初步完成工业化阶段，刚迈入后工业化时代，产业发展正由传统产业向现代服务业转型升级。

表 5-44 2014 年国际大都市三次产业结构比较   单位:%

国内外大都市	第一产业	第二产业	第三产业
巴黎市	0.10	7.20	97.20
伦敦市	0.02	8.80	91.10
纽约市	0.22	10.67	89.10
东京市	0.02	13.21	86.77
首尔市	0.15	16.26	89.90
北京市	0.63	21.55	77.82
上海市	0.41	34.69	64.90
深圳市	0.03	42.57	57.39
广州市	1.31	33.47	65.23

资料来源：根据 OECD 网站数据整理计算。

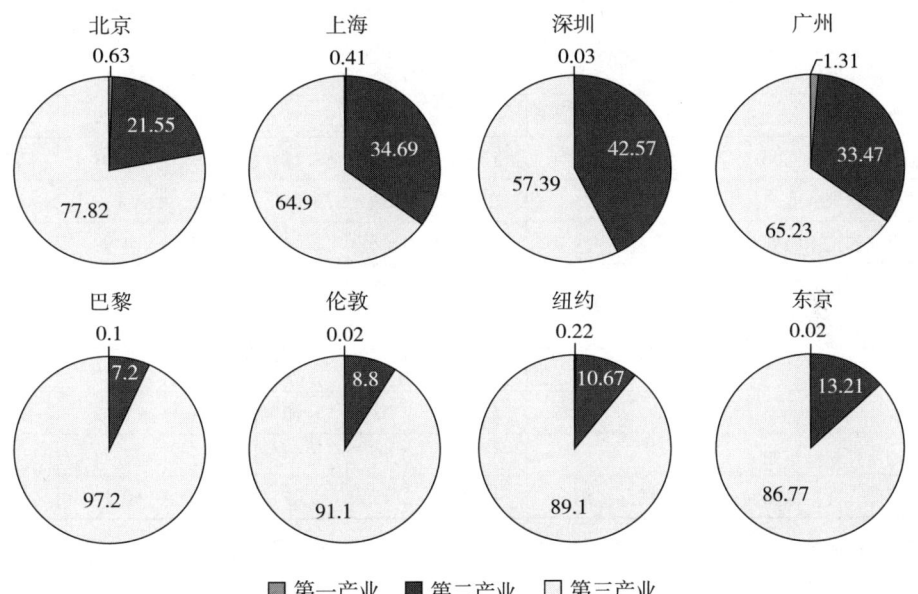

图 5-10 国际大都市产业结构比较

为进一步考察行业内部就业结构情况，我们从分行业单位从业人员人数指标分析，深圳市制造业就业人数的占比最大，为 56.45%，上海和广州制造业占比分别为 26.81%、32.41%，北京制造业占比最低，仅为 12.86%。东京都的制造业占比仅为8.3%,伦敦市的制造业占比仅为2.43%(见表5-45)。除北京与东京都的就业结构接近之外,其他三个大都市的就业数量中制造业的占比偏大,说明产业仍然倚重制造业,服务业对经济的贡献仍有待提高。

表5-45 2014年北上广深与东京都和伦敦分行业就业结构比较   单位:%

行业	北京	上海	广州	深圳	东京都	伦敦
农、林、牧、渔业	0.42	3.53	8.00	0.01	0.04	0.59*
采矿业	0.61	0.00	0.01	0.08	0.00	—
制造业	12.86	26.81	32.41	56.45	8.30	2.43
电力、热力、燃气及水生产和供应业	0.85	0.32	0.49	0.38	0.39	—
建筑业	6.30	8.06	3.32	6.62	5.61	5.12
批发和零售业	12.17	17.25	19.79	5.62	22.86	11.76
交通运输、仓储和邮政业	6.59	6.41	5.57	5.60	5.49	5.02
住宿和餐饮业	4.36	3.77	5.50	2.25	8.59	6.85
信息传输、软件和信息技术服务业	8.35	3.35	2.21	2.89	9.87	7.82
金融业	4.54	2.52	1.55	2.01	5.20	6.72
房地产业	5.19	3.56	3.29	3.70	3.91	2.12
租赁和商务服务业	12.31	9.22	3.05	4.97	—	—
科学研究和技术服务业	8.18	3.22	2.04	1.70	4.90	13.47
水利、环境和公共设施管理业	1.17	1.47	0.80	0.27	—	9.96
居民服务、修理和其他服务业	1.70	2.56	3.98	0.41	9.50	2.69
教育	4.85	2.70	3.53	2.02	3.86	7.60
卫生和社会工作	2.66	2.02	1.60	1.34	7.48	10.18
文化、体育和娱乐业	2.26	0.79	0.83	0.56	3.73	3.57
公共管理、社会保障和社会组织国际组织	4.62	2.45	2.05	3.10	0.27	4.10

注:*为农、林、牧、渔业+采矿业+电力、热力、燃气及水生产和供应业的总比例。

四、基于圈层结构要素分布的比较

(一)国内劳动生产率水平偏低,与国际大都市存在差距

劳动生产率是反映一个地区或城市生产率水平的重要指标,也是衡量城市经济发展水平的重要标准,反映了劳动者素质和质量,也是城市经济发展到一定阶段的重要体现。从图5-11可见,纽约市的劳动生产率为160141美元,居于榜首,巴

黎、米兰和伦敦劳动生产率都在 10 万美元以上，代表我国劳动生产效率最高水平的上海市劳动生产率仅为 28954 美元，不到纽约 1/5、只有东京的 1/3、首尔的 1/2，远低于发达国家，也低于发展中国家的圣地亚哥和墨西哥城。

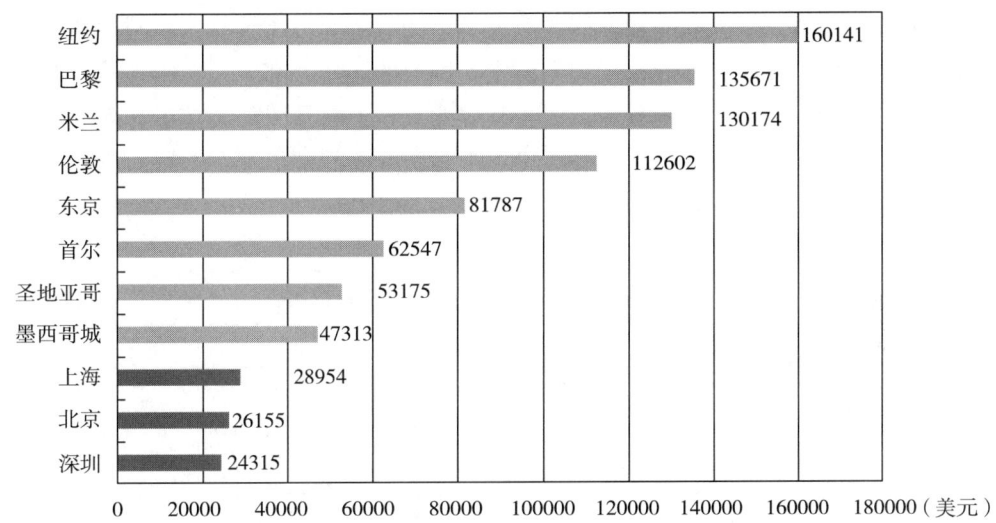

图 5-11　国际大都市劳动生产率（2012 年）

资料来源：国际大都市数据来源于 OECD 统计网站，国内大都市数据来源于各市统计年鉴或统计公报。人民币对美元汇按照 2012 年人民银行银行间外汇市场中间价 1 美元 =6.28 元折算处理。

（二）核心区劳动生产率偏低，经济效率有待增强

大城市的核心区是一个城市地租最高的地区，是科技创新源泉，也是创造财富最大的地区，是人力资本最富集的地区，一般都是劳动生产率最高的地区。比如伦敦城的金融区、纽约的曼哈顿区、巴黎的第五大街。按照张车伟、蔡翼飞（2016）分圈层劳动生产率来看，巴黎、伦敦、东京、首尔等国际大都市核心区的劳动生产率非常高，一般中心区的劳动生产率是外圈的 1~2 倍，如巴黎中心区是外圈劳动生产率的 2.5 倍，伦敦中心区是 2.5 倍，东京是 1.6 倍，首尔是 1.4 倍。与之相反，我国大都市中心区的劳动生产率只是略高于外围地区，如上海中心区高于外围劳动生产率 10%。

（三）核心圈层经济占比低，经济贡献仍不足

从上海都市圈、北京都市圈分层次经济结构来考察我国大城市与国际大都市中心城相对落后、经济贡献度不足的原因。由表 5-46 不难看出，上海中心城第三产

业比重为 66.14%，北京中心城区（城六区）的第三产业比重为 72.11%，远低于巴黎、伦敦和东京 90% 以上的水平。上海内圈和外圈的第三产业竟然仅有 36.69% 和 38.93%，远远低于其他城市；北京市的内圈和外圈的第三产业比重要高于上海市，比例为 76.58%、52.02%，相对而言，北京的服务业与国际大都市的水平较接近。按照城市化发展路径，一般发展成熟大城市的制造业占比偏低，高附加值、高科技、高智力的现代服务产业占比很高，发达国家的国际大都市无一例外地具有发达的金融、商业、保险、证券行业。通过我国北京、上海与国际大都市分圈层产业结构的比较分析，我国大城市在服务业发展上与国际大都市仍存在一差距，离全球资源配置中心还有较大差距。

表 5-46　国际大都市圈分圈层的经济结构比较　　　　　　单位：%

区域	巴黎		东京		伦敦		上海		北京	
	第二产业	第三产业	第二产业	第三产业	第二产业	第三产业	第二产业	第三产业	第二产业	第三产业
中心	7.2	92.7	8.95	91.05	5.4	94.59	31.69	66.14	26.48	72.11
内圈	12.8	87.1	13.21	86.77	16.85	83.09	52.70	36.69	22.51	76.58
外圈	13.1	86.7	37.47	60.73	8.83	91.14	63.03	38.93	45.53	52.02

资料来源：巴黎、东京、伦敦数据来自 OECD 网站，http://www.oecd.org。上海市数据来自 15 个区县的《2013 年经济和社会发展统计公报》。巴黎产业结构根据各产业机构人数比例计算所得，其他城市根据分产业增加值比例计算得到。北京都市圈产业结构采用北京、张家口、承德、保定、廊坊的市辖区的三次产业增加值比例的平均值进行处理。

（四）核心区人口密度过大，远超国际大都市水平

由于国内外大都市的人口与土地面积统计口径不一致，如果将人口密度直接比较将会出现较大偏差，因此我们按照城市行政区划的常住人口/市域面积来计算人口密度。但是国际大都市按照 OCED 划分标准下都市圈的人口与土地面积匡算人口密度，两者无法直接进行比较。为了便于让国内外大都市的数据具有可比性，我们首先框定了相对相近和可比较的城市面积，在同一基准上进行比较分析。我们主要按照三个圈层结构来比较国内外大都市的人口分布状况（见表 5-47）。

从第一圈层比较来看。上海外环内面积 630 平方千米，人口密度 14524 人/平方千米；北京五环内面积 668 平方千米，人口密度 15774 人/平方千米；东京都 23 区部面积 626.7 平方千米，人口密度 14589 人/平方千米；首尔市面积 605.25 平方千米，人口密度 16189 人/平方千米。在相同核心区面积情况下，上海、北京与东京、首尔等国际大都市的人口密度相当。

表5-47 大都市圈核心区域人口密度比较

第一圈层比较

区域	土地面积（平方千米）	人口（万人）	人口密度（人/平方千米）
上海外环内	630	915（2000年）	14524
北京五环内	668	1054（2014年）	15774
东京都23区部	626.7	914（2014年）	14589
首尔市	605.25	979（2010年）	16189
纽约市	786	849（2014年）	10756

第二圈层比较

区域	土地面积（平方千米）	人口（万人）	人口密度（人/平方千米）
上海八区	289	704（2014）	24341
深圳三区	344	344（2014）	10000
广州四区	280	514（2014）	18395
内伦敦	319	341（2015）	10699

第三圈层比较

区域	土地面积（平方千米）	人口（万人）	人口密度（人/平方千米）
北京功能核心区	92.39	221.3（2014）	23953
巴黎市	105.3	221（2015）	21068
东京都7区	109.26	161（2014）	14488
东京都心3区	42.24	41（2014）	9706

资料来源：上海市外环内土地面积和2000年人口数据来自汤志平、王林（2003）；北京五环内人口数据来自北京统计局，土地数据引自赵晖等（2013）；首尔市数据来源于《韩国统计年鉴2013》；东京都23区数据来源于《日本统计年鉴平成26年》。

从第二圈层比较来看。上海八区的行政面积为289平方千米，包括黄浦区、徐汇区、长宁区、静安区、普陀区、闸北区、虹口区、杨浦区，人口密度高达24341人/平方千米；深圳中心城面积344平方千米，包括罗湖区、福田区、南山区，人口密度达到10000人/平方千米；广州核心区域面积280平方千米，包括荔湾区、越秀区、海珠区、天河区，人口密度达到18395人/平方千米；内伦敦面积319平方千米，人口密度为10699人/平方千米。上海和北京的人口密度明显高于内伦敦的人口密度。

从第三圈层比较来看。北京功能核心区，由东城区、西城区构成，面积92.39平方千米，人口密度达到23953人/平方千米；巴黎大区的巴黎市面积105.3平方千米，人口密度达到21068人/平方千米，是世界上人口密度较大的城市；东京核心区是由都心三区加上外围的新宿区、文京区、品川区、目黑区共同构成，面积109.26平方千米，人口密度为14488人/平方千米，日本的都心三区是日本东京最核心地区，由千代田区、中央区、港区构成，面积42.24平方千米，集聚了大量的商务区、政府机构、高端写字楼，著名的银座、日本桥都在此一带，然而日本都心3区的人口密度只有9706人/平方千米，可见日本的人口分布在核心区较少。由此可见，北京核心区的人口密度已经高于巴黎、东京国际大都市的核心地区的人口密度。

总体来看，第一圈层北京、上海等大都市的人口密度与国际大都市的人口密度基本相当，但是越往核心区，我国大都市的人口密度越大，远超国际大都市，与发达国家的人口分布状况相背离，这也是为什么我国城市拥堵现象极其严重的重要原因。

第四节 本章小结

本章主要借用了城市经济功能区概念，综述了国际通行的城市相关概念，对OECD、美国、日本等发达国家或地区等城市功能区的界定标准和统计口径进行研究。并且按照城市圈层结构划分大都市圈，充分地比较了不同国家城市的经济社会状况。为形成中国的城市功能区标准和划分范围提供研究基础，按照国际城市比较研究标准，能够充分比较国内经济功能区与国外大都市的差距，判断中国大都市的发展趋势。通过比较研究得出了如下研究结论：

第一，从总体上而言，我国大都市与国外大都市在人均GDP、劳动生产率等方面还存在着很大差距，以我国人均GDP最高的深圳市为例，深圳人均GDP是纽约市的1/4，巴黎、伦敦的1/3，东京的1/2，而且还低于发展中国家的墨西哥城和圣地亚哥。与此同时，从劳动生产率来看，国内劳动生产率最高的上海市仅为28954美元，纽约市高达160141美元，诸如巴黎、米兰和伦敦的劳动生产率都在10万美元以上，上海仅为纽约1/5、东京的1/3、首尔的1/2，也低于发展中国家的圣地亚哥和墨西哥城。

第二,国内大都市对本国经济贡献率偏低,经济集聚功能仍有待强化。按照国际大都市对本国经济的贡献来看,发达国家大都市的人口占比和经济占比明显高于中国。圣地亚哥经济占比达到 47.46%、首尔市达到 45.78%,东京、巴黎、伦敦的 GDP 占比也在 30% 左右,纽约市也达到 7.86%。相较而言,上海、北京、深圳的经济总量占比为 3.73%、3.31% 和 2.4%,中国大都市对本国经济的贡献率明显偏低,大城市的经济集聚功能有待强化,因此,如果采取人为干预的大城市调控政策势必造成城市效率损失,不仅将降低城市的集聚功能,而且将造成大城市经济龙头带动作用更为不足。

第三,从城市分圈层结构的经济状况比较看,核心区经济贡献小。从国际经验来看,现代城市圈层结构中的核心区是地价最高的地区,都是生产效率最高、创新能力最强的地区,也应该是经济贡献最大的地区。然而,中国大都市核心区的经济贡献与核心地位不相匹配,核心区的经济贡献偏小,人口比重过大,产业结构有待优化升级。

第六章　集聚经济、拥挤效应与城市效率的实证研究

在综述了城市集聚经济、拥挤效应与城市效率理论研究的基础上，本章主要构建了集聚经济、拥挤效应与城市效率的理论框架，并选取了集聚经济、拥挤效应的代理变量对模型进行实证分析，模型主要采用标准面板数据模型，在总体回归的基础上，按照分区域、分城市规模的样本数据进行了分别回归，加以验证。同时，还引入城市效率的空间溢出效应模型，构建空间面板模型进行实证研究。

第一节　变量选取

学术界对于集聚经济影响城市效率问题的研究已经取得了较多的成果，在实证研究中一般采用劳动生产率、人均 GDP 等指标来衡量城市效率。如柯善咨（2014）采用人均 GDP 来表示城市效率，苏红键（2013）采用劳动生产率来表示城市效率。不过对于城市拥挤效应造成的城市效率损失的研究，以及将拥挤效应纳入实证模型的研究不多，本书正是弥补现有文献之不足，将集聚经济与拥挤效应一同纳入分析框架，对影响城市效率的因素进行实证研究，考察拥挤效应纳入模型内对城市效率的影响程度以及对城市最优规模的影响。

一、因变量的选取

参考学术界现有通行做法，一般使用人均 GDP 来表示城市效率，为了验证模型的稳健性，本书还将使用劳动生产率作为因变量加以验证，城市劳动生产率则使用城市职工平均工资来表示。

二、集聚经济的变量选取

集聚经济对城市经济效率的影响主要从两个视角进行刻画：一是集聚规模，二是集聚密度。集聚规模主要采用人口规模来表示，集聚密度采用就业密度和产业密度来表示。经济密度主要从就业密度和产业密度两个方面进行衡量。人口密度反映了城市的人口规模状况，就业密度则是反映经济要素规模状况，比人口密度能更好地反映劳动力要素的空间集聚程度。

（一）集聚规模

城市规模对城市效率有显著正向作用，本书采用通行的办法，用人口规模来表示集聚规模，即市辖区年末总人口数（万人）。

（二）就业密度

劳动力密集的地方，城市经济效率越高。本书用市辖区劳动力就业总数除以行政区面积来表示就业密度。

（三）产业密度

主要用工业集聚指数来衡量，产业集聚程度越高，城市经济效率越高。工业集聚指数计算公式=（市辖区工业增加值/全国工业增加值）×（市辖区工业增加值/全市地区生产总值）。

三、拥挤效应的变量选取

城市拥挤效应主要包括交通拥挤、环境拥挤，还有由于人口拥挤造成的社会负面效应，如犯罪率上升，不过由于缺少犯罪率等相关指标的统计数据，本书只考虑交通拥挤和环境拥挤，暂不考虑拥挤效应造成的社会成本。

（一）交通拥挤

交通拥挤主要用每辆车的道路面积（道路面积/汽车保有量）来表示道路拥挤程度。该指标反映每辆汽车拥有的道路面积，数值越小表示拥挤程度越高。

（二）环境拥挤

城市要素空间过度集聚造成的拥挤效应总是伴随着环境恶化、尾气排放、噪声污染等一系列负面效应。本书采用单位 GDP 的污染排放量来表示环境拥挤状况，即每万元 GDP 的工业二氧化硫的排放量（吨），表示单位产出的污染排放强度，用来刻画城市环境污染的拥挤效应。

四、控制变量的指标选取

（一）公共基础设施

公共基础设施完善性是影响城市效率的重要因素。梁婧等（2015）认为与经济相关的用电量、货运量是衡量基础设施的指标，但是由于内生性太强，所以应该选择内生性较弱的变量，他们采用每单位劳动拥有的城市道路面积和建成区面积覆盖率来表示基础设施。本书参考他的做法，采用城市人均拥有公共汽车数和人均道路面积两个指标来衡量。

（二）对外开放程度

对外开放水平也是影响城市经济效率的重要因素，对外开放城市越高，城市经济效率水平也越高，因此人均 FDI 作为控制变量之一，用各地级市的人均当年实际使用外资金额（美元）来表示。

（三）人力资本

由于《城市统计年鉴》中没有专门的城市人力资本含量指标，参考范建勇（2006）用每万人中含各级学校的专任教师数来表示非农从业人员的受教育程度，因为学校级别越高，专任教师数越多，培养的含人力资本高的劳动力数量也越多，相应地，该地区人力资本含量就越高，同时还假定专任教师数本身对地区的非农产业劳动生产率与工资没有直接影响。梁婧等（2015）衡量人力资本的指标主要采用每万劳动力拥有的普通高等学校的在校生。

第二节　数据来源与描述性统计

一、数据来源

本书以中国地级市为研究单元，选择样本为中国 285 个城市 2003~2014 年的数据，由于数据可得性剔除了少数民族自治州，同时也将拉萨、毕节、铜仁等城市排除在外。指标数据大部分来源于 EPS 数据库，数据库中缺失的数据则查阅了各省、市的年度统计公报和统计年鉴，仍无法收集的缺失数据使用 Stata 软件的插值法进行补齐处理。

二、描述性统计

如表6-1所示,运用Stata软件对各个变量进行了描述性统计,分别从均值、标准差、最小值和最大值等几个方面做了数据统计。

表6-1 变量描述性统计

变量	变量含义	观察值	均值	标准差	最小值	最大值
pgdp	人均GDP(元)	3420	39649.91	33100.54	1231	467749
wage	劳动生产率(元)	3420	29899	14574.63	1969.57	104468
pcap	人均资本存量(亿元/万人)	3420	95285.06	93705.33	734.232	1100000
pop	辖区年末总人口(万人)	3420	133.9732	169.5823	14.08	1943.9
labdensity	就业密度(万人/平方千米)	3420	0.034987	0.042043	0.00024	0.45029
indid	工业集聚指数	3420	0.003509	0.005701	0.000016	0.075662
caroad	道路拥挤度(平方千米/辆)	3420	0.765764	0.914471	0.020332	20.70203
poll	单位GDP二氧化硫(吨/万元)	3420	0.009897	0.014484	0.0000005	0.237697
pfdi	人均外商直接投资(百美元/人)	3420	195.8326	319.9301	0.028249	3614.85
ter	人力资本(每万人教师数)	3420	23.58302	23.38509	0.061161	244.2918
pbus	人均公共车辆(辆/万人)	3420	6.988796	6.966937	0.097752	115.006
proad	人均道路面积(平方米/人)	3420	9.897129	7.133331	0.02	108.37

第三节 实证分析结果

一、实证方法与模型

参考Ciccone(1996,2002)有关城市集聚经济对城市劳动生产率模型:

$$q_i = \theta_i [(n_i H_i)^\beta k_i^{1-\beta}]^\alpha (Q_i/A_i)^{(\lambda-1)/\lambda} \tag{6-1}$$

式中,q_i表示城市单位面积产出;θ_i表示城市全要素生产率;n_i表示城市单位面积就业人数;H_i表示平均人力资本水平;k_i表示单位面积的物质资本投入;Q_i/A_i为城市总产出/城市总面积,表示空间产出密度;α表示单位资本和劳动的规模报酬,由于$0 < \alpha \leq 1$,说明边际生产率递减,即表示存在"拥挤效应";β表示人力资本和物质资本的要素贡献率;λ表示产出密度弹性,当$\lambda > 1$时,本地化经济表现为外部性,产业集聚对城市经济效益产生贡献。

产业集聚是集聚经济的重要表现之一,因此,Ciccone 只是考虑了产出密度,为了表现产业经济对城市生产率的影响,本书参考柯善咨(2014)的做法,加入了工业集聚指数 S_i,以此来表征产业集聚效应影响生产率的变化。

$$q_i = \theta_i [(n_i H_i)^\beta k_i^{1-\beta}]^\alpha (S_i^\gamma g_i Q_i/A_i)^{(\lambda-1)/\lambda} \quad (6-2)$$

式中,S_i 表示工业集聚指数,即城市工业部门在全国工业部门中所占的比重;g_i 表示工业占全市经济比重。

假设城市内经济活动的空间分布是均衡的,城市总产出即为每单位面积产出乘以城市总面积,即式(6-2)乘以城市行政面积 A_i,得到以下总产出函数:

$$A_i \cdot q_i = A_i \theta_i [(n_i H_i)^\beta k_i^{1-\beta}]^\alpha (S_i^\gamma g_i Q_i/A_i)^{(\lambda-1)/\lambda} \quad (6-3)$$

$$Q_i = A_i \theta_i [(n_i H_i)^\beta k_i^{1-\beta}]^\alpha (S_i^\gamma g_i Q_i/A_i)^{(\lambda-1)/\lambda} \quad (6-4)$$

$$Q_i = A_i \theta_i [(N_i H_i/A_i)^\beta (K_i/A_i)^{1-\beta}]^\alpha (S_i^\gamma g_i Q_i/A_i)^{(\lambda-1)/\lambda} \quad (6-5)$$

两边同除以 N_i,得到:

$$Q_i/N_i = \theta_i^\lambda (H_i^\beta (K_i/N_i)^{1-\beta})^{\alpha\lambda} (N_i/A_i)^{\alpha\lambda-1} S_i^{\gamma(\lambda-1)} g_i^{(\lambda-1)} \quad (6-6)$$

令 $y_i = \theta_i/N_i$ 和 $k_i = K_i/N_i$,因此,计量方程可以写成如下模式:

$$\ln y_{it} = \lambda \ln \theta_{it} + \beta_1 \ln H_{it} + \beta_2 k_{it} + \beta_3 \ln n_{it} + \beta_4 \ln s_{it} + \beta_5 \ln g_{it} + \varepsilon_{it} \quad (6-7)$$

人口规模表示城市的规模效应,集聚效应对城市经济效率的影响主要从规模效应和密度效应两个方面产生作用。为了克服异方差问题,对所有的解释变量和被解释变量取对数。

$$\ln y_{it} = \lambda \ln \theta_{it} + \beta_1 \ln H_{it} + \beta_2 k_{it} + \beta_3 \ln n_{it} + \beta_4 \ln s_{it} g_{it} + \beta_5 \ln pfdi_{it} + \beta_6 \ln pop_{it} + \beta_7 (\ln pop_{it})^2 + \beta_8 \ln caroad_{it} + \beta_9 \ln poll_{it} + \beta_{10} \ln pbus_{it} + \beta_{11} \ln proad_{it} + \varepsilon_{it} \quad (6-8)$$

y_{it}:表示城市经济效率,用人均 GDP 水平表示,有些文献也用单位非农就业人数的非农 GDP 水平来表示。

n_{it}:表示就业者密度,每平方千米就业者人数(每平方千米建成区的就业者人数)。表示密度效应。

H_{it}:反映城市人力资本水平,用每万人教师数表示,本书用变量 lnte 表达。

k_{it}:反映城市人均资本存量水平,由于没有各地级市资本存量的数据,我们首先引用了单豪杰测算分省资本存量的结果,然后依据各城市当年占本省的 GDP 水平份额乘以资本存量水平,得到各市的资本存量初始水平,之后利用资本存量计算公式推算得到各地级市的资本存量水平。

pop_{it}:表示城市人口规模,反映城市的集聚规模。

$s_{it}g_{it}$：表示工业集聚指数，反映集聚经济中的产业集聚水平。
$pfdi_{it}$：表示人均进出口额，用来表示城市的对外开放水平。
$caroad_{it}$：表示城市每辆汽车拥有的道路面积。
$poll_{it}$：表示单位 GDP 的工业二氧化硫排放数量。
$pbus_{it}$ 和 $proad_{it}$ 是衡量城市公共基础设施对城市效率的影响程度，分别表示城市人均公共汽车数量和人均拥有道路面积。

二、总体回归结果分析

（一）单位根检验

为防止伪回归问题，需要对变量进行单位根检验，如果含有单位根，则变量序列非平稳，可能存在伪回归。单位根检验方法主要有 LLC 检验和 Fisher – ADF 检验，原假设为含有单位根，表 6 – 2 结果显示所有变量都通过 0.001% 的显著性检验，说明这些变量序列平稳，不存在单位根，都是零阶单整序列。即 lnpgdp、lnwage、lnpcap、lnpop、lnlabdensity、lnindid、lncaroad、lnpoll、lnpfdi、lnter、lnpbus、lnproad ~ I (0)。

表 6 – 2　单位根检验结果

变量	LLC 检验	Fisher – ADF 检验
lnpgdp	– 20.0804 ***	1025.0441 ***
	(0.0000)	(0.0000)
lnwage	– 17.2993 ***	1193.8187 ***
	(0.0000)	(0.0000)
lnpcap	– 15.0297 ***	1077.5899 ***
	(0.0000)	(0.0000)
lnpop	– 25.0835 ***	894.5168 ***
	(0.0000)	(0.0000)
lnlabdensity	– 4.4524 ***	889.8489 ***
	(0.0000)	(0.0000)
lnindid	– 8.5195 ***	1082.7962 ***
	(0.0000)	(0.0000)
lncaroad	– 11.0208 ***	1055.7146 ***
	(0.0000)	(0.0000)
lnpoll	– 7.0329 ***	916.4915 ***
	(0.0000)	(0.0000)

续表

变量	LLC 检验	Fisher – ADF 检验
lnpfdi	−51.4977***	1188.2099***
	(0.0000)	(0.0000)
lnter	−19.9339***	1125.5337***
	(0.0000)	(0.0000)
lnpbus	−14.2330***	1044.1265***
	(0.0000)	(0.0000)
lnproad	−16.2695***	999.4356***
	(0.0000)	(0.0000)

注：括号内为 t 统计量，$*p<0.1$，$**p<0.05$，$***p<0.01$。

面板回归需要判断采用随机效应还是固定效应，根据 Hausman 检验，P 值等于 0.000，通过了显著性则拒绝了原假设为随机效应，因此，本书采用面板数据的固定效应模型。

（二）不包括人口规模二次项模型

从表 6-3 中模型（1）和模型（2）结果来看，解释变量与变量之间关系呈现高度一致性。比较而言，从人均资本存量对人均产出贡献来看，模型（2）人均资本存量对工资的影响相对较小，这一结论与苏红键、魏后凯（2013）研究结论：劳动资本对工资的影响较小相一致。

表 6-3　城市经济效率面板数据回归结果

	模型（1），因变量 lnpgdp	模型（2），因变量 lnwage
lnpcap	0.305***	0.278***
	(35.16)	(37.63)
lnpop	0.437***	0.685***
	(15.21)	(27.96)
lnlabdensity	0.0957***	0.0454***
	(7.85)	(4.36)
lnter	0.0795***	0.0721***
	(6.17)	(6.57)
lncaroad	−0.0970***	−0.115***
	(−10.40)	(−14.40)
lnpoll	−0.0591***	−0.0535***
	(−9.65)	(−10.23)

续表

	模型（1），因变量 lnpgdp	模型（2），因变量 lnwage
lnpfdi	0.0176***	0.0315***
	(4.44)	(9.30)
lnindid	0.281***	0.0781***
	(19.37)	(6.32)
lnpbus	0.0913***	0.104***
	(7.17)	(9.55)
lnproad	0.177***	0.203***
	(12.47)	(16.77)
_cons	5.935***	3.386***
	(33.79)	(22.58)
R^2	0.8759	0.8965
N	3341	3341

注：括号内为 t 统计量，$*p<0.1$，$**p<0.05$，$***p<0.01$。

1. 以 lnpgdp 为因变量的计量回归模型

首先，模型（1）各项解释变量对因变量的贡献情况如下：

人均资本存量。从总体来看，人均资本存量对城市经济效率的参数估计显著为正，人均国内资本存量增加1个百分点，人均 GDP 增长约 0.3 个百分点。这说明物资资本投资仍然是推动我国城市经济增长的主要驱动力。

就业密度。就业密度对人均 GDP 的贡献也显著为正，就业密度增加1个百分点，人均 GDP 增长约 0.1 个百分点。这也很好地解释了城市就业人口密度越大，城市经济越发达，验证了马歇尔的劳动力池效应，城市劳动力密度越大，知识溢出效应越大。

人力资本。人力资本对城市经济效率的参数估计显著为正，人均产出对每万人高等学校教师数的弹性为 0.08，即万人教师数增加1个百分点，城市人均 GDP 增长约 0.08 个百分点。

人口规模。从城市规模对单位产出的影响来看，在国外的类似研究中发现，城市人口规模的集聚效应对城市劳动生产率的正效应基本在保持在 2.7%～8%（Sveikaukas，1975；Segal，1976；Moomaw，1981）。柯善咨（2014）考虑产业结构对城市规模的影响效应后认为，城市规模对城市生产率的影响在 0.9%～

1.3%。我们发现城市人口集聚效应对城市人均 GDP 具有显著的正效应。城市人口规模增加 1 个百分点,城市单位产出增长 0.437。

产业集聚效应对城市单位产出的影响通过了显著性检验,单位产出弹性为 0.281。从其他解释变量对单位产出的贡献来看,产业集聚效应对单位产出的贡献较大。

公共基础设施对城市经济效率的影响显著为正。每万人公共汽车数和城市人均道路面积数对城市人均 GDP 的贡献分别为 0.091 和 0.177。说明城市公共基础设施的提升对城市经济效率具有显著提高效应,尤其是人均道路面积对城市单位产出的贡献更大。

国外直接投资对城市经济效率的影响也显著为正。人均 FDI 对城市单位产出的贡献率为 0.017。

单位 GDP 的二氧化硫排放量对城市经济效率的影响显著为负,结论符合预期。随着城市规模扩大,城市产出不断提高,但是城市的环境污染也随之增加。从模型(1)来看,单位 GDP 二氧化硫对城市经济效率的影响为 -0.0591。

单位车辆拥有道路面积用来衡量城市的交通拥堵状况。每辆车拥有的道路面积越小,说明城市交通状况越拥堵。从回归结果来看,单位车辆拥有的道路数与城市单位产出呈负相关关系。说明城市汽车拥有道路面积越小,城市交通越拥挤,城市的经济产出越高。随着城市交通的发展,汽车对城市居民和劳动生产率都具有提升效应。尽管随着城市规模越来越大,汽车拥有量越来越多,城市交通拥堵越来越严重,但是汽车拥有量的增加对城市发展和生产率提高具有促进作用,便利性带来的正效应大于拥挤效应。人均单位产出对单位车辆拥有道路面积的弹性为 -0.0970。

2. 以 lnwage 为因变量的计量回归模型

劳动工资是城市劳动生产率的重要指标之一。因此,我们选用城市职工平均工资水平作为衡量城市劳动生产率的指标,将 lnwage 作为因变量进行计量回归。模型(2)的计量结果如下:

人均资本存量。从总体来看,人均资本存量对城市劳动生产率的参数估计显著为正,人均国内资本存量增加 1 个百分点,平均工资增长约 0.28 个百分点。这说明物资资本投资仍然是推动我国城市经济增长的主要驱动力。

就业密度。就业密度对城市劳动生产率的贡献也显著为正,就业密度增加 1 个百分点,平均工资增长约 0.454 个百分点。与模型(1)比较而言,就业密度对城市工资的贡献比对城市单位产出的贡献要低。

人力资本。人力资本对工资的参数估计也显著为正,每万人高等学校教师数的弹性为 0.721,即每万人高等学校教师数增加 1 个百分点,城市工资增长约 0.721 个百分点。

人口规模。从城市规模对工资的影响来看,我们发现城市人口集聚效应对城市工资具有显著的正效应。城市规模增加 1 个百分点,城市工资水平增长 0.685 个百分点。

产业集聚效应与城市平均工资呈显著正相关,平均工资对产业集聚的弹性为 0.0781。比较模型(1)产业集聚对城市单位产出的贡献,产业集聚效应对平均工资的贡献较小。

公共基础设施对城市劳动生产率的影响显著为正。每万人公共汽车数和城市人均道路面积数对城市平均工资的贡献分别为 0.104 和 0.203。说明城市公共基础设施的提升对城市工资水平具有显著提高效应,尤其是人均道路面积对城市劳动生产率的贡献更大。

对外开放水平。国外直接投资对城市劳动生产率的影响也显著为正,人均 FDI 对城市劳动生产率的贡献率为 0.0315。

单位 GDP 的二氧化硫排放量对城市劳动生产率的影响显著为负。从模型(2)来看,单位 GDP 二氧化硫对城市平均工资的弹性为 -0.0535。

从模型(2)的回归结果来看,城市劳动生产率对单位车辆拥有道路面积的弹性为 -0.115。

(三)加入人口规模二次项模型

表 6-4 中,模型(3)和模型(4)的人口规模二次项系数显著为正,说明城市规模与城市劳动生产率的倒"U"形曲线关系成立。

表 6-4 城市经济效率与城市规模的非线性关系

	模型(3),因变量 lnpgdp	模型(4),因变量 lnwage
lnpcap	0.304***	0.278***
	(35.16)	(37.66)
lnpop	0.827***	1.193***
	(5.43)	(9.18)
zlnpop	-0.0411**	-0.0533***
	(-2.62)	(-3.99)
lnlabdensity	0.0955***	0.0471***
	(7.81)	(4.51)

续表

	模型（3），因变量 lnpgdp	模型（4），因变量 lnwage
lnter	0.0768***	0.0684***
	(5.95)	(6.21)
lncaroad	-0.0984***	-0.116***
	(-10.56)	(-14.60)
lnpoll	-0.0601***	-0.0547***
	(-9.81)	(-10.46)
lnpfdi	0.0172***	0.0310***
	(4.35)	(9.16)
lnindid	0.277***	0.0740***
	(19.06)	(5.98)
lnpbus	0.0888***	0.101***
	(6.96)	(9.25)
lnproad	0.180***	0.206***
	(12.64)	(16.98)
_cons	5.013***	2.199***
	(12.88)	(6.62)
R^2	0.8762	0.8970
N	3340	3340

注：括号内为 t 统计量，$*p<0.05$，$**p<0.01$，$***p<0.001$。

从模型（3）和模型（4）回归结果来看，加入人口规模二次项后，人口规模系数为正，人口规模的平方项为负。在因变量为 lnpgdp 的模型（3）下，人口规模二次项通过了显著性检验，在因变量为 lnwage 的模型（4）下，人口规模二次项也通过了显著性检验，说明城市规模对城市劳动生产率（平均工资）的影响是一种倒"U"形关系，城市规模与城市单位产出之间的倒"U"形关系不显著。

考虑人口规模二次项。城市规模对城市经济效率和城市劳动生产率的影响明显提高。在模型（3）中，人均 GDP 对城市规模的弹性为 0.827，比模型（1）的弹性 0.437 高出了 0.39。在模型（4）中，城市劳动生产率对城市规模的弹性为 1.193，比模型（2）的弹性 0.685 高出了 0.508。

（四）分区域层面的城市经济效率计量模型

考虑我国经济社会发展的区域差距问题，我们按照三大地带的划分标准，从东、中、西三大地带层面考察城市经济效率影响因素的区域差异性。从表6-5可知，东、中、西三个地带的地级市人口都呈逐年增加的趋势，但是东部地区平均人口规模要显著高于中部和西部地区，西部地区平均人口规模大于中部地区，这可能是由于我们选择城市样本时未包含西部地区人口规模较小的地级区域，而且剔除了少数数据缺失的城市，如毕节、铜仁等人口规模较小的城市，同时从数据结果来看，西部地区人口相对更加集聚，集中分布在少数大城市。

表6-5　中国三大地带划分的标准

东部地区	北京市、天津市、河北省、辽宁省、上海市、江苏省、浙江省、福建省、山东省、广东省和海南省
中部地区	山西省、吉林省、黑龙江省、安徽省、江西省、河南省、湖北省和湖南省
西部地区	内蒙古自治区、四川省、重庆市、广西壮族自治区、贵州省、云南省、陕西省、甘肃省、青海省、宁夏回族自治区和新疆维吾尔自治区

1. 不考虑人口规模二次项的计量方程回归结果

表6-6为三在地带的地级市人口状况。表6-7中，从人均资本存量对城市单位产出的贡献来看，东、中、西三个地带都通过了显著性检验，产出弹性基本保持在0.3左右，说明物质资本对于地区城市经济增长仍起着重要的作用，而且物质资本对三大地带的贡献差异不大。东、中、西三大地带人均资本存量对单位产出的弹性系数为：0.300、0.321、0.292。

表6-6　三大地带的地级市人口状况

年份	东部地区			中部地区			西部地区		
	观测值	平均值	标准差	观测值	平均值	标准差	观测值	平均值	标准差
2003	99	160.1809	193.9168	100	98.1517	90.97092	86	99.13884	125.9785
2004	99	164.764	195.3367	100	100.7569	94.28177	86	100.0697	127.0343
2005	99	166.9861	197.3209	100	103.3181	96.18675	86	102.849	130.4141
2006	99	169.1873	199.4771	100	103.4401	80.93575	86	110.1451	174.5141
2007	99	171.5141	201.7291	100	104.7048	82.30689	86	111.8369	176.4001
2008	99	173.2195	204.0739	100	105.7044	82.19115	86	113.8806	177.651
2009	99	176.6361	205.8041	100	106.4964	83.58069	86	115.1441	178.9823
2010	99	180.0618	207.963	100	109.5926	91.29208	86	116.1805	179.4102

续表

年份	东部地区			中部地区			西部地区		
	观测值	平均值	标准差	观测值	平均值	标准差	观测值	平均值	标准差
2011	99	182.8606	210.2535	100	111.436	92.97558	86	120.6081	201.5986
2012	99	186.3414	212.9526	100	112.449	95.97182	86	121.2663	202.7067
2013	99	195.3586	214.5275	100	112.135	93.20471	86	143.3651	280.8691
2014	99	204.3717	217.8221	100	115.223	94.04496	86	127.2698	219.8487

表6-7 分区域的城市经济效率面板数据固定效应回归结果（不考虑人口规模二次项）

因变量 lnpgdp	东部地区	中部地区	西部地区
lnpcap	0.300***	0.321***	0.292***
	(20.25)	(22.78)	(15.28)
lnpop	0.559***	0.146*	0.486***
	(13.52)	(2.57)	(7.05)
lnlabdensity	0.0987***	0.0820***	0.113***
	(5.16)	(3.99)	(3.68)
lnter	0.0906***	0.103***	0.0777***
	(3.37)	(4.18)	(3.46)
lncaroad	-0.0780***	-0.0433***	-0.0888***
	(-4.92)	(-3.70)	(-4.83)
lnpoll	-0.0577***	-0.0790***	-0.0443***
	(-5.95)	(-6.60)	(-3.54)
lnpfdi	0.0173*	0.0256***	0.0186**
	(1.95)	(3.55)	(2.85)
lnindid	0.236***	0.296***	0.289***
	(9.55)	(10.57)	(8.77)
lnpbus	0.159***	-0.0401	0.141***
	(8.22)	(-1.78)	(4.29)
lnproad	0.117***	0.188***	0.181***
	(3.99)	(7.69)	(6.10)
_cons	4.896***	7.133***	6.209***
	(17.70)	(20.08)	(14.48)
R^2	0.8593	0.8833	0.8955
N	1180	1200	644

注：括号内为t统计量，*$p<0.05$，**$p<0.01$，***$p<0.001$。

从集聚效应对城市经济效率的影响程度来看，人口集聚对城市单位产出贡献都显著为正，产出弹性最大的是东部地区0.559，其次是西部地区0.486，中部地区最小0.146。产业集聚对城市单位产出的贡献保持在0.23~0.29，中部最大，其次是西部，东部最小。就业密度对城市单位产出的贡献显著为正，产出弹性最大的是西部地区，弹性为0.113，其次是东部地区，产出弹性为0.0987，中部地区产出弹性为0.082。

环境拥挤效应对城市单位产出的负效应很显著。特别是中部地区的环境污染负面效应更大，其次是东部地区，西部地区最小。中部地区处在工业化中期阶段，是承接东部地区产业转移的主要地区，传统的资源型产业往该地区集中，所以该地区的环境拥挤效应更加突出。而东部地区的产业结构处在升级和优化之中，传统的高污染、高能耗产业逐步转移和淘汰，产业向高端、绿色、智能制造业迈进，生产性服务业兴旺发达，但是由于仍处在工业化后期阶段，环境污染的负外部性效应仍然存在。西部地区的生态自然环境优良，产业发展相对落后，很多地区是生态屏障地区，所以环境污染对城市单位产出的影响相对较小。

单位汽车拥有道路面积与城市单位产出呈负向关系。说明城市汽车数量增加给城市带来的经济效率提升作用仍然显著高于汽车数量增加造成交通拥堵的负面效应。东、中、西单位汽车拥有道路面积对单位产出的弹性系数为：-0.078、-0.0433、-0.0888。

公共基础设施对东、中、西地区的单位产出贡献呈现一定差异性，中部地区的人均公共汽车数未通过显著性检验，东部和西部地区的人均公共汽车数对单位产出的贡献基本相同。人均道路面积对城市经济效率的贡献很显著，产出弹性基本保持在0.11~0.18。

人均FDI对城市经济效率的影响显著为正，对中部地区的单位产出贡献最大，产出弹性为0.0256，西部地区产出弹性为0.0186，东部地区产出弹性为0.0173，总体而言，人均FDI对单位产出贡献的地区差异性相对较小。

人力资本对单位产出的贡献显著为正，每万人高等学校教师数对单位产出的贡献在地区间的差异较小。中部地区的产出弹性最大，为0.103，东部地区产出弹性为0.0906，西部地区产出弹性为0.0777。

2. 加入人口规模二次项的计量方程回归结果

不同地区人口规模不同，可能会导致集聚效应的差异。为了考察三大地带间城市人口规模与城市经济效率的关系，论证城市规模与城市经济效率是否存在倒"U"形关系，我们在计量方程中加入了人口规模二次项变量。根据梁婧、张庆华和龚六堂（2015）的研究，中国大部分地级市仍处在最优规模附近，与东、中部地区相比，西部地区城市规模与劳动生产率呈显著正相关关系。柯善咨等（2014）研究结论显示，中国大部分地级市的实际规模仍小于最优规模，中小规模地级市应该实施制造业发展和人口集聚战略。

表6-8 分区域城市经济效率面板数据固定效应回归结果（加入人口规模二次项）

因变量 lnpgdp	东部地区	中部地区	西部地区
lnpcap	0.300***	0.322***	0.291***
	(20.26)	(22.79)	(15.09)
lnpop	0.809**	0.437	0.628**
	(2.30)	(1.33)	(2.07)
zlnpop	-0.0272	-0.0309	-0.0126
	(-0.72)	(-0.90)	(-0.48)
lnlabdensity	0.100***	0.0838***	0.113***
	(5.20)	(4.06)	(3.65)
lnter	0.0891***	0.101***	0.0774***
	(3.30)	(4.14)	(3.44)
lncaroad	-0.0772***	-0.0428***	-0.0896***
	(-4.86)	(-3.66)	(-4.85)
lnpoll	-0.0592***	-0.0789***	-0.0440***
	(-5.96)	(-6.59)	(-3.50)
lnpfdi	0.0170*	0.0254***	0.0187***
	(1.92)	(3.52)	(2.86)
lnindid	0.234***	0.296***	0.288***
	(9.44)	(10.56)	(8.74)
lnpbus	0.158***	-0.0402	0.139***
	(8.16)	(-1.79)	(4.19)
lnproad	0.118***	0.185***	0.182***
	(4.02)	(7.53)	(6.11)
_cons	4.325***	6.470***	5.840***
	(5.12)	(7.92)	(6.66)
R^2	0.8594	0.8836	0.8957
N	1180	1200	644

注：括号内为 t 统计量，*$p<0.1$，**$p<0.05$，***$p<0.01$。

从表 6-8 可以看出，分地区的城市规模对城市经济效率的影响显著，但是加入城市人口规模的二次项后，没有通过显著性检验，说明城市规模与城市单位产出并没有显著地表现出倒"U"形关系。

3. 以 lnwage 为因变量，加入人口规模二次项回归结果

由表 6-9 可知，我们重点关注城市规模与城市劳动生产率之间的关系。无论是人口规模还是人口规模二次项都通过了显著性检验，说明城市规模与城市劳动生产率之间呈现倒"U"形关系。西部地区的人口规模对城市劳动生产率的产出贡献最大，说明西部地区城市人口集聚效应对劳动生产率的提升作用更加显著，西部城市发展的潜力巨大。相对而言，中部地区的城市人口集聚效应弱一些。

表 6-9 分区城市劳动生产率面板数据固定效应回归结果（加入人口规模二次项）

lnwage	东部地区	中部地区	西部地区
lnpcap	0.296***	0.278***	0.277***
	(24.28)	(23.34)	(13.97)
lnpop	1.443***	1.052***	1.488***
	(4.98)	(3.80)	(4.77)
zlnpop	-0.0746**	-0.0501*	-0.0774***
	(-2.39)	(-1.73)	(-2.87)
lnlabdensity	0.0413***	0.0633***	0.0661**
	(2.61)	(3.63)	(2.08)
lnter	0.115***	0.125***	-0.0131
	(5.20)	(6.05)	(-0.57)
lncaroad	-0.0865***	-0.0518***	-0.0892***
	(-6.62)	(-5.25)	(-4.69)
lnpoll	-0.0469***	-0.0740***	-0.0581***
	(-5.74)	(-7.33)	(-4.50)
lnpfdi	0.0115	0.0516***	0.0197***
	(1.58)	(8.48)	(2.94)
lnindid	0.0118	0.158***	0.112***
	(0.58)	(6.69)	(3.29)
lnpbus	0.180***	0.0112	0.0832**
	(11.32)	(0.59)	(2.43)

续表

lnwage	东部地区	中部地区	西部地区
lnproad	0.123***	0.182***	0.197***
	(5.09)	(8.79)	(6.44)
_cons	0.654	3.239***	2.273**
	(0.94)	(4.70)	(2.52)
R^2	0.9063	0.9177	0.8820
N	1148	1080	644

注：括号内为 t 统计量，* $p<0.1$，** $p<0.05$，*** $p<0.01$。

（五）分城市规模的城市效率计量模型

为了考察不同规模城市的集聚效应、拥挤效应对城市经济效率的影响，我们首先对285个地级城市样本进行了划分，由于本书使用市辖区的数据，人口规模主要根据市辖区的人口数量进行衡量，因此，在划分城市规模时，本书结合2014年国务院印发的《关于调整城市规模划分标准的通知》中的城市规模等级划分标准，结合市辖区人口规模状况，按照2014年各地级市的市辖区人口规模划分城市规模等级如下：以大城市、中等城市、小城市三个类别的城市经济效率影响因素分析回归分析，比较不同人口规模等级城市的经济效率影响因素的差异性。

由于考虑数据样本太小，容易导致计量回归结果偏差，因此，本书将特大城市和大城市归并为一类，统一称为大城市（见表6-10）。

表6-10 按市辖区人口规模划分的城市规模等级

序号	城市类型	划分标准	城市数量（个）
1	特大城市	辖区人口500万以上	14
2	大城市	辖区人口100万~500万	126
3	中等城	辖区人口50万~100万	100
4	小城市	辖区人口50万以下	45
	合计		285

表6-11中，从人均资本存量对城市单位产出的贡献来看，大城市、中等城市、小城市都通过了显著性检验，产出弹性基本保持在0.3左右，三种不同规模

城市的资本存量贡献差异不大。说明物质资本对于不同规模城市经济增长仍起着重要作用。

表 6-11　不同规模等级城市经济效率面板数据固定效应回归结果

因变量 lnpgdp	大城市	中等城市	小城市
lnpcap	0.303 *** (24.87)	0.317 *** (19.92)	0.303 *** (11.63)
lnpop	0.418 *** (12.09)	0.400 *** (5.75)	0.849 *** (3.65)
lnlabdensity	0.0976 *** (5.72)	0.0886 *** (3.78)	0.125 *** (3.58)
lnter	0.0947 *** (4.55)	0.0803 *** (3.69)	0.110 ** (2.38)
lncaroad	-0.0710 *** (-5.58)	-0.0508 *** (-3.81)	-0.0772 *** (-3.30)
lnpoll	-0.0790 *** (-8.59)	-0.0468 *** (-4.04)	-0.0673 *** (-4.45)
lnpfdi	0.0211 *** (2.86)	0.0164 ** (2.46)	0.0161 * (1.77)
lnindid	0.239 *** (12.27)	0.267 *** (8.48)	0.375 *** (7.54)
lnpbus	0.0962 *** (5.05)	0.0912 *** (4.03)	0.0475 (1.42)
lnproad	0.125 *** (5.52)	0.211 *** (8.12)	0.119 ** (2.50)
_cons	5.382 *** (22.55)	6.102 *** (16.32)	5.898 *** (6.32)
R^2	0.8832	0.8738	0.8822
N	1528	1000	344

注：括号内为 t 统计量，* $p<0.1$，** $p<0.05$，*** $p<0.01$。

从集聚效应对不同规模城市经济产出的影响来看，人口集聚与城市单位产出呈现显著正相关，人口规模对单位产出贡献最大的是小城市，产出弹性达到了

0.849，显著高于大城市和中等城市的 0.418 和 0.400。产业集聚对城市单位产出的贡献保持在 0.24~0.37，产业集聚对小城市的经济产出贡献最大，弹性系数达到 0.375，也显著高于大城市和中等城市。就业密度对城市单位产出的贡献显著为正，小城市的弹性为 0.125，大城市的产出弹性为 0.0967，中等城市的产出弹性为 0.0886。

环境拥挤效应对城市单位产出的负效应很显著。从弹性系数来看，大城市的系数绝对值最大，为 0.079，中等城市系数绝对值为 0.0468，小城市弹性系数绝对值为 0.0673。说明大城市的环境拥堵现象最严重，对城市单位产出影响最大；小城市的环境拥堵的负作用也很大，可能是由于小城市的产业规模效应不足，与小城市的环境治理规模效应不足有关。

单位汽车拥有道路面积与城市单位产出呈负相关关系。说明不同规模城市汽车数量增加给城市带来经济效率提升作用仍然显著高于汽车数量增加造成交通拥堵的负面效应。大城市、中等城市、小城市的单位汽车拥有道路面积对单位产出的弹性系数为：-0.071、-0.0508、-0.0772。

公共基础设施对不同规模等级城市的单位产出的贡献有所不同，小城市的人均公共汽车数对经济产出贡献不显著，大城市和小城市的人均公共汽车数对单位产出的贡献基本相同。人均道路面积对大、中、小城市的经济产出贡献显著，产出弹性基本保持在 0.12~0.21。

人均 FDI 对城市单位产出的影响显著为正，对大城市的单位产出贡献最大，产出弹性为 0.0211，中等城市和小城市的产出弹性分别为 0.0164、0.0161，产出弹性相差不大。

人力资本对单位产出的贡献显著为正，每万人高等学校教师数对单位产出的贡献在不同规模等级城市间呈现较小差异。大中小城市的弹性系数分别为 0.0947、0.0803、0.11。

第四节 城市经济效率的空间溢出效应

区域经济增长的空间外部性得到了国内外理论界的大量研究与关注。Dixon 和 Thirlwall（1975）阐述了循环累积效应的集聚经济的空间外部性。他们强调经济增长与空间集聚之间的关系，以及经济增长存在外溢性，经济增长可能导致区域间人均收入水平的发散和区域福利差距的扩散。

新经济地理学开创了空间异质性的理论,强调了区域经济增长的地理因素。地理邻近性导致知识外溢,Jacob 认为,外部性来源于经济活动多样性,即知识外溢来源于不同活动的地理相邻性。经济活动的空间依赖性已经成为空间经济学研究的重要视角。空间计量经济学也被广泛地应用于研究区域经济增长、地区财政支出、地区知识溢出效应等内容。

国内关于经济增长的空间依赖关系得到了充分的研究,尤其是以省级数据为样本,实证分析了区域经济增长的空间溢出效应(潘文卿,2012),省级旅游经济增长的空间溢出效应(吴玉鸣,2014),而市一级城市经济增长空间溢出效应的研究仍较少。本书将重点考察城市经济效率的空间溢出效应,通过构建空间计量经济学模型,判断中国 285 个地级市的经济效率空间依赖关系。

一、空间面板数据计量模型

1. 空间滞后模型一般模型

空间滞后模型(Spatial Lag Model,SLM)方程形式如下:

$$y = \rho Wy + X\beta + \varepsilon$$
$$\varepsilon \sim N(0, \sigma^2 I_n) \tag{6-9}$$

2. 空间误差模型一般模型

Anselin(1988)最早提出空间误差模型(Spatial Errors Model,SEM)的最大似然解法,扰动项显示出空间的相关性。模型如下(沈体雁等,2010):

$$y = X\beta + \xi$$
$$\xi = \lambda W\varepsilon + \varepsilon$$
$$\varepsilon \sim N(0, \sigma^2 I_n) \tag{6-10}$$

式中,W 表示空间权重矩阵,λ 表示空间相关误差的参数,β 表示解释变量对被解释变量的影响程度。空间权重矩阵是将 n 个空间单元两两之间的空间联系量化成一个数表,由此构成一个 $n \times n$ 的矩阵,矩阵 w 中的任意元素 w_{ij} 表示空间单元 i 和空间单元 j 的空间联系。空间权重矩阵的行反映了其他空间单元对于特定空间单元的影响,而空间权重矩阵的列反映了某一个元素对于所有其他空间单元的影响。

$$w = \begin{pmatrix} w_{11} & \cdots & w_{1n} \\ \vdots & \ddots & \vdots \\ w_{n1} & \cdots & w_{nn} \end{pmatrix} \tag{6-11}$$

空间权重矩阵的设置包括邻接矩阵和距离矩阵。

（1）邻接矩阵。根据两个空间单元之间是否存在邻接来设置矩阵。邻接类型分为三类，即两个空间单元是否具有公共边、公共点、公共边或公共顶点。bound（ ）表示空间单元的边界。

$$w_{ij} = \begin{cases} 1, & bound(i) \cap bound(j) \neq \varnothing \\ 0, & bound(i) \cap bound(j) = \varnothing \end{cases} \quad (6-12)$$

（2）距离矩阵。

$$w_{ij} = f(d_{ij}) \quad (6-13)$$

式中，d_{ij}表示空间单元i和空间单元j之间的距离，$f(x)$是一个单调非增的函数。

二、空间面板数据计量模型设定

标准面板数据计量模型忽略了空间因素，没有考虑空间效应可能会导致模型参数估计有偏问题。潘文卿（2012）利用中国省级数据构建空间计量模型分析了空间关联与经济增长的关系，证实了空间溢出效应是中国地区经济发展不可忽视的重要影响。因此，在分析城市经济效率问题时，考虑空间因素可以得到更加准确的参数估计，本书利用地市一级数据构建城市经济效率空间计量模型，分析中国城市经济效率的空间溢出效应。考虑285个城市中有部分城市数据缺失影响了空间计量模型，于是进一步剔除了定西、固原、嘉峪关、金昌、陇南、吴忠、克拉玛依、乌鲁木齐8个城市，最终模型的样本量为277个地级市。

如果以人均GDP表示的城市经济效率受到邻近城市经济效率的影响，那么我们就可以运用空间滞后面板数据计量模型来分析城市经济效率的空间溢出效应。在标准面板数据计量模型基础上，考虑城市经济效率空间溢出效应的空间滞后模型为：

$$\ln y_{it} = \rho \sum_{j=1}^{N} w_{ij} \ln y_{jt} + \alpha \ln \theta_{it} + \beta_1 \ln H_{it} + \beta_2 k_{it} + \beta_3 \ln n_{it} + \beta_4 \ln s_{it} g_{it} + \beta_5 \ln p f d i_{it} + \beta_6 \ln p o p_{it} + \beta_7 (\ln p o p_{it})^2 + \beta_8 \ln c a r o a d_{it} + \beta_9 \ln p o l l_{it} + \beta_{10} \ln p b u s_{it} + \beta_{11} \ln p r o a d_{it} + u_i + v_t + \varepsilon_{it} \quad (6-14)$$

式中，ρ为空间滞后系数，w_{ij}为空间权重矩阵W中的元素，该权重矩阵经过行标准化处理，每行元素之和为1。本书在设定空间权重矩阵时，没有采用地理空间单元邻接矩阵，而是基于地理距离设定空间权重矩阵，即采用基于城市之间距离倒数的平方设定空间权重矩阵，这样处理的优势在于能够充分考虑地理上接近但不相邻的城市之间的相互影响,城市距离远近直接影响空间相关性强弱,采用地理距离矩阵全面反映城市间溢出效应更为合理。u_i 为个体效应,v_t 为时间效应,其他参数的意义与一般面板数据计量模型相同。

如果城市经济效率受到周边邻近城市观察到的在空间上相关的一些重要变量(误差项)的影响,那么我们就可以采用空间误差面板计量模型来分析城市经济效率空间溢出效应。

在标准面板数据计量模型基础上,考虑空间溢出效应的空间误差模型:

$$\ln y_{it} = \alpha \ln \theta_{it} + \beta_1 \ln H_{it} + \beta_2 k_{it} + \beta_3 \ln n_{it} + \beta_4 \ln s_i g_{it} + \beta_5 \ln pfdi_{it} + \beta_6 \ln pop_{it} + \beta_7 (\ln pop_{it})^2 + \beta_8 \ln caroad_{it} + \beta_9 \ln poll_{it} + \beta_{10} \ln pbus_{it} + \beta_{11} \ln proad_{it} + \xi_{it} \quad (6-15)$$

$$\xi_{it} = \lambda \sum_{j=1}^{N} w_{ij} \xi_{jt} + \varepsilon_{it} \quad (6-16)$$

式中,ξ_{it} 表示空间自相关的误差项,λ 表示为空间误差(自相关)系数。

标准面板数据模型需要控制个体(空间)和时期效应两类非观测效应。个体(空间)效应表示随着空间(个体)变化而不随时期变化的特征变量对城市经济效率的影响;时期效应表示不随空间(个体)变化而随着时期变化的特征变量对城市经济效率的影响。

空间面板数据模型可以分为空间时期随机效应(Spatial and Time Period Random Effects)、空间固定效应(Spatial Fixed Effects)、时期固定效应(Period Fixed Effects)、空间时期固定效应(Spatial and Time Period Fixed Effects)、时期随机效应(Period fixed Effects)、空间随机效应(Spatial Random Effects)等多种模型设定(Baltagi B. H.,2005;吴玉鸣,2014)。那么,固定效应模型和随机效应模型的选择主要采用 Hausman 检验加以判断。模型选择是空间误差模型还是空间滞后模型主要通过 LR - test 进行判断。

三、空间面板计量模型估计结果与分析

1. 城市经济效率的空间相关性

莫兰指数是检验全局性自相关的标准。如表 6-12 所示,2003~2014 年城市人均 GDP 的 Moran's I 指数都通过了 0.001% 的显著性水平检验。说明城市经济效率存在显著的空间自相关性,各个城市经济发展与周边城市存在空间依赖性,2003~2014 年的莫兰指数保持相对稳定,说明城市经济效率的空间溢出效应也呈现相对稳定态势。

表6-12 2003~2014年城市人均GDP Moran's I 检验结果

年份	Moran's I	Z - value	P - value
2003	0.8017	18.4127	0.0000
2004	0.8113	18.5758	0.0000
2005	0.7846	18.0531	0.0000
2006	0.8099	18.5651	0.0000
2007	0.8283	18.9469	0.0000
2008	0.8226	18.8380	0.0000
2009	0.8386	19.1259	0.0000
2010	0.7925	18.3924	0.0000
2011	0.8244	18.9931	0.0000
2012	0.8161	18.9563	0.0000
2013	0.8166	19.0122	0.0000
2014	0.8042	18.8061	0.0000

注：P值为Moran's I的伴随概率。

Moran's I（莫兰指数）主要用于检验截面数据，即某一年城市经济效率的空间自相关性。而对于面板数据，我们主要采用拉格朗日乘子（LM）检验及稳健的拉格朗日乘子（Robust LM）检验用于检验面板数据的空间自相关性。除此之外，拉格朗日乘子还可以用于检验空间面板模型是空间滞后模型还是空间误差模型。

2. 空间面板计量经济模型的估计

运用2003~2014年面板数据对模型进行估计，所有空间计量经济模型估计和检验借助Matlab 2014a软件来实现。

首先，我们判断空间计量模型选择空间滞后模型还是空间误差模型。主要比较（Robust）LM test no spatial lag 和（Robust）LM test no spatial error 的显著性检验。

其次，判断空间面板数据模型应该采用固定效应模型还是随机效应模型。根据Hausman检验，P = 0.0000，拒绝了原假设为随机效应，以此说明，拒绝了个体效应与解释变量无关原假设，所以采用空间面板固定效应模型。

在判断选用空间误差还是空间滞后模型时，主要通过LM和Robust LM检验进行判断。根据结果LM test no spatial lag 通过显著性检验，但是Robust LM test no spatial lag 未通过显著性检验（见表6-13）；LM test no spatial error 通过显著性检验，Robust LM test no spatial error 也通过显著性检验（见表 6-14）。所以，空间误差模型比空间滞后模型效果更佳。

表 6-13 空间滞后面板计量模型（SLPDM）

变量	无固定效应	空间固定效应	时期固定效应	空间时期固定效应	随机效应
C					4.1296
					(0.0000)
lnpcap	0.4708***	0.1812***	0.3065	0.0833	0.2011
	(0.0000)	(0.0000)	(0.0000)	(0.0000)	(0.0000)
lnpop	1.2099***	0.3161**	0.0111	-0.0717	0.1971
	(0.0000)	(0.0156)	(0.8620)	(0.5746)	(0.0907)
zlnpop	-0.1122***	-0.0173	-0.0069	-0.0067	-0.0168
	(0.0000)	(0.1960)	(0.2733)	(0.6028)	(0.1596)
lnlabdensity	-0.0069	0.0706***	0.0115	0.0439	0.0415
	(0.3378)	(0.0000)	(0.0886)	(0.0000)	(0.0000)
lnindid	0.0280***	0.2473***	0.1878	0.2786	0.2066
	(0.0008)	(0.0000)	(0.0000)	(0.0000)	(0.0000)
lnter	-0.0366***	0.0514***	-0.0433	0.0214	0.0212
	(0.0000)	(0.0000)	(0.0000)	(0.0481)	(0.0398)
lnpfdi	0.0307	0.0073**	0.0331	0.0017	0.0065
	(0.0000)	(0.0308)	(0.0000)	(0.6136)	(0.0657)
lncaroad	0.0059	-0.0462***	0.0654	-0.0038	-0.0490
	(0.550)	(0.0000)	(0.0000)	(0.6385)	(0.0000)
lnpbus	0.1928***	0.0621***	0.1887	0.0184	0.0607
	(0.0000)	(0.0000)	(0.0000)	(0.0863)	(0.0000)
lnproad	0.0593***	0.0906***	0.0178	0.0260	0.0949
	(0.0004)	(0.0000)	(0.2525)	(0.0378)	(0.0000)
lnpoll	0.0152***	-0.0365***	0.0028	-0.0204	-0.0384
	(0.0084)	(0.0000)	(0.6072)	(0.0001)	(0.0000)
W × dep. var	0.1700***	0.4130***	0.0510	0.1779	0.4140
	(0.0000)	(0.0000)	(0.0004)	(0.0000)	(0.0000)

续表

变量	无固定效应	空间固定效应	时期固定效应	空间时期固定效应	随机效应
$AdjR^2$	0.8051	0.8894	0.7439	0.2434	0.7371
LM test no spatial lag	98.6309*** (0.0000)				
Robust LM test no spatial lag	0.0987 (0.7530)				

注：括号中的数据为相应估计量的伴随概率 P 值，***、**、* 分别表示在 1%、5% 与 10% 的显著性水平下显著。

表 6-14 空间误差面板计量模型（SEDPM）

变量	无固定效应	空间固定效应	时期固定效应	空间时期固定效应	随机效应
C					5.8040*** (0.0000)
lnpcap	0.5858*** (0.0000)	0.3126*** (0.0000)	0.3314*** (0.0000)	0.0954*** (0.0000)	0.3426*** (0.0000)
lnpop	1.3739*** (0.0000)	0.6505* (0.0562)	-0.0059 (0.9242)	-0.1238 (0.3333)	0.3931*** (0.0009)
zlnpop	-0.1262*** (0.0000)	-0.0272*** (0.0000)	-0.0064 (0.2932)	-0.0004 (0.9724)	-0.0288** (0.0182)
lnlabdensity	-0.0038 (0.6194)	0.0847** (0.0000)	0.0283*** (0.0001)	0.0421*** (0.0001)	0.0165* (0.0994)
lnindid	0.0210** (0.0184)	0.2833*** (0.0000)	0.2058*** (0.0000)	0.2920*** (0.0000)	0.2001*** (0.0000)
lnter	-0.0505*** (0.0000)	0.0650*** (0.0001)	0.0494*** (0.0000)	0.0204* (0.0594)	0.0090 (0.4217)
lnpfdi	0.0326*** (0.0000)	0.0143*** (0.0000)	0.0320*** (0.0000)	0.0022 (0.5094)	0.0139*** (0.0003)
lncaroad	0.0021 (0.8361)	-0.0926*** (0.0000)	0.0841*** (0.0000)	-0.0050 (0.5508)	-0.0993*** (0.0000)
lnpbus	0.1598*** (0.0000)	0.0716*** (0.0000)	0.1664*** (0.0000)	0.0145 (0.1799)	0.0568*** (0.0000)

续表

变量	无固定效应	空间固定效应	时期固定效应	空间时期固定效应	随机效应
lnproad	0.0892 *** (0.0000)	0.1580 *** (0.0000)	0.0052 (0.7357)	0.0252 ** (0.0461)	0.1721 *** (0.0000)
lnpoll	0.0103 * (0.0947)	0.0527 *** (0.0000)	−0.0016 (0.7729)	−0.0227 *** (0.0000)	−0.0621 *** (0.0000)
spat. aut	0.3060 *** (0.0000)	0.3250 *** (0.0000)	0.2869 *** (0.0000)	0.1970 *** (0.0000)	0.3623 *** (0.0000)
AdjR^2	0.8067	0.8760	0.7455	0.2438	0.7764
LM test no spatial error	241.5203 *** (0.0000)				
Robust LM test no spatial error	142.9880 *** (0.0000)				

注：括号中的数据为相应估计量的伴随概率 P 值，***、**、* 分别表示在 1%、5% 与 10% 的显著性水平下显著。

综上可见，本书构建的城市经济效率空间溢出效应模型采用空间误差固定效应模型最合适。

3. 空间误差模型与标准面板模型比较

通过比较标准面板固定模型与空间误差固定效应模型可知，模型中的各项因素都通过了显著性检验，说明模型的估计合理准确。那么，在考虑空间因素之后，城市经济效率各项影响因素的弹性系数普遍降低了，说明空间溢出效应是影响城市经济效率的重要因素，考虑空间溢出效应的城市经济效率影响因素的参数估计将更加准确。

表 6 − 15　标准面板模型与空间误差固定模型的比较

变量	标准面板固定模型	空间误差固定效应模型
lnpcap	0.304 *** (35.16)	0.3126 *** (0.0000)
lnpop	0.827 *** (5.43)	0.6505 * (0.0562)

续表

变量	标准面板固定模型	空间误差固定效应模型
zlnpop	-0.0411** (-2.62)	-0.0272*** (0.0000)
lnlabdensity	0.0955*** (7.81)	0.0847** (0.0000)
lnter	0.0768*** (5.95)	0.0514*** (0.0000)
lncaroad	-0.0984*** (-10.56)	-0.0462*** (0.0000)
lnpoll	-0.0601*** (-9.81)	0.0527*** (0.0000)
lnpfdi	0.0172*** (4.35)	0.0143*** (0.0000)
lnindid	0.277*** (19.06)	0.2833*** (0.0000)
lnpbus	0.0888*** (6.96)	0.0716*** (0.0000)
lnproad	0.180*** (12.64)	0.1580*** (0.0000)
_cons	5.013*** (12.88)	—
spat. aut		0.3060*** (0.0000)

第五节 本章小结

本章重点是通过实证研究来验证集聚经济、拥挤效应与城市效率关系理论模型的正确性，通过构建标准面板模型和空间面板模型，得到如下研究结论：

第一，构建城市效率标准面板模型实证结果表明：集聚经济、拥挤效应的代理变量都通过了显著性检验,说明该理论模型得到验证。其中,以人口规模、工业集聚指数和就业密度表征的集聚经济对城市经济效率具有显著的正向影响,以单位 GDP 二氧化硫刻画的环境拥挤效应对城市经济效率有显著的降低作用,不过,用单位道路面积拥有的汽车数刻画的交通拥挤与城市效率负相关,说明城市汽车增长带来的正效应仍然大于拥挤效应。

第二,无论是以人均 GDP 还是劳动生产率(平均工资水平)作为因变量来测算城市经济效率与城市规模之间的关系,结果都显示城市规模与城市经济效率呈倒"U"形关系,说明存在最优城市规模,即城市存在规模报酬递减规律,当城市规模超过某一临界值,城市经济效率将下降。

第三,本书采用城市间地理距离倒数平方的空间权重矩阵计算了 2003~2014 年城市经济效率的空间依赖性,运用传统 Moran's I 指数分别检验了不同年份城市经济效率的空间相关性。结果表明,城市经济效率存在显著的空间自相关性,同时还通过拉格朗日乘子(LM)和稳健拉格朗日(Robust LM)检验发现城市经济效率存在显著空间自相关性,模型符合空间误差随机效应模型。

第七章 城市功能布局与城市效率研究

城市空间布局体现了一个城市的各种功能活动在空间上的分布形态，这种空间布局是否合理，是影响城市运行效率的一个重要因素（李柏峰，2015），居住地到功能区（工作地、学校、医院、商业、文化娱乐等）的距离、出行时间、各功能区布局合理化程度，直接影响城市空间的节约利用和运行效率，城市道路交通系统的分组分流、立体化、快捷方便程度和运行效率制约着城市运行效率；市政管线合理化综合程度、污水、垃圾无害化处理循环利用程度，环境保护等关系着城市的可持续发展。目前，城市功能布局可以用量化指标、数值分析、数学模型等方法，建立城市功能运行效率分析的评价方法及指标体系，使城市规划、建设、管理系统化、科学化，节约利用城市空间而提升功能（崔俊山、孙华，2012）。新型城镇化强调以人为本的理念，强调由数量规模扩张的传统城镇化向注重内涵质量的新型城镇化转型。柴彦威（2015）认为，偏重生产空间导向的城市发展理念，忽视人的城镇化和生活质量是造成城市职能错位、交通拥堵、公共配套服务不足、公共服务空间分布不均的根源。

城市功能布局其实是城市资源配置的过程，围绕这一问题出现了资源空间配置、"空间错配"等问题的研究。当城市的资源供给与资源需求不一致、时间和空间不一致时，就会出现空间错配问题。空间错配出现会给城市带来许多负面效应，如通勤成本增加、环境污染加剧，导致城市经济运行效率降低。

第一节 城市功能布局

城市作为一个实体空间载体，承载着人类的创新、就业、消费、居住等经济社会活动，所以要从宏观层面分析城市这一空间载体承担了哪些功能，按照城市功能服务的供给者和需求者两个维度构建城市资源配置的逻辑框架，进而按照"供给—需求"框架对城市空间布局的合理性进行探讨。

首先要明确城市作为服务供给者，它提供了哪些服务？与此同时，从需求侧分析，城市功能的需求者是谁？需要城市提供哪些服务？如果需求端与供给端能够达到相互匹配，那么可以显著提高城市资源的配置效率。需求者与供给者的匹配分为：一是供给与需求内容上的匹配；二是供给需求数量上的平衡；三是供给与需求在时空上的匹配。如果能够达到内容、数量、时空的匹配，那么城市运行效率将得到提高。

一、城市承担主要功能

人类发展历史是由农业社会向工业社会不断演进的阶段。人类逐渐由农村向城市集聚，随着社会分工细化、人类活动演化，城市的功能呈现多样化。目前，城市主要承担着经济功能、社会功能、文化功能、科创功能。

（一）经济功能

从社会历史角度来看"城市"一词的来源，"城"是指城池，历史上出于安全防卫考虑而建筑的城墙；"市"是指集中买卖货物的固定场所，城市是集合了安全防卫和市场交易两种功能的历史性产物。城市经济功能是指一个城市在不同的空间范围内具有经济效能和发挥经济作用，包括集聚功能、生产功能、服务功能、创新功能和辐射功能（韩士元，2003）。促进经济增长、创造就业是城市承担着的重要职责，因此，经济功能是城市承担的最重要功能之一。

（二）社会功能

经济功能是城市经济活动主体组织生产活动的过程，除生产之外，城市还承担着非经济功能，主要为居民提供教育、医疗、养老等公共服务。教育是人力资本提升的最重要渠道，医疗、养老都是城市居民生活的必需品。

（三）文化功能

除了满足物质层面的生活，精神文化生活是城市内居民的重要需求内容。随着经济和生活水平的提高，人类精神生活需求日趋旺盛，城市还承担着休闲、娱乐等文化功能。体育馆、图书馆、大剧院、美术馆等城市公共休闲娱乐设施的建设，承担了城市文化功能。文化生活是体现城市精神品质和给居民带来愉悦感的现代生活方式之一。美国著名城市理论家刘易斯·芒福德曾说过城市不只是建筑物的群体，它更是各种密切相关经济互相影响的各种功能的集体——它不单是权力的集中,更是文化的归集。

（四）科创功能

创新、创造是人类进步的源泉,也是推动城市发展的原动力。大城市往往是创新源泉地,也是创新聚集地。大城市聚集了大量的高素质人才、科研院所和创新型企业,创新要素自由流动,激发了城市极大的创造活动。城市的活力在于创新,单一生产功能的城市往往会衰退,如20世纪后期,美国的底特律、巴尔的摩、克利夫兰都出现了萧条现象,而具备创新活动的城市崛起,如美国硅谷、飞机制造中心西雅图、宇航工业中心休斯顿、信息经济中心杭州等。

二、城市功能区布局及空间结构研究

从宏观层面考察城市功能有哪些,应该提供哪些服务,城市服务的需求者有哪些,需求有哪些,构建了城市资源配置的总体框架,但是无法判断城市资源空间分布、配置的合理性,因为城市是一个宏观的空间整体,需要从城市的空间结构去考察城市内部结构。梳理城市圈层结构可以便于我们深入细致地理解不同圈层承担的功能,从历史发展角度发现城市空间结构的演变。关于城市圈层理论的早期论述主要有：杜能的农业国杜能环、韦伯的工业区位论以及现代城市圈层理论。

（一）传统城市圈层理论

1. 杜能的农业区位论

德国农业学家经济学家冯·杜能在1826年《农业国》一书中,研究了孤立国的生产布局,讨论了农业、林业、牧业的布局,也考虑了工业的布局。在他看来,成本和价格是孤立国确定生产布局的决定因素。杜能的假设条件是存在一个与世隔绝的孤立国,全境是土地肥力相同的均质平原,而且只存在一个城市,其他地区都是农村。孤立国的生产布局以城市为中心,遵循运费成本原则,形成了以城市为中心,有规则的、界限分明、由内向外依序排列的同心圆圈层结构。

2. 韦伯的工业区位论

工业区位理论的奠基人是德国经济社会学家阿尔弗雷德·韦伯。他在借鉴杜能农业区位论的基础上,开创性地建立了一系列概念、原则、定理,并完成一般区位理论。他努力寻找脱离社会制度、历史文化因素的工业区位移动规律理论,他将影响工业区位的因素归为两大类：一是影响工业分布的区域性因素；二是集聚因素。区域因素主要包括运输成本因素和劳动力成本因素。集聚因素是使在某一地点集中产生优势,或成本降低的集聚,与之相对应的是分散要素。

（二）现代城市圈层结构理论

进入20世纪以来，西方发达国家的人口向城市集聚，城市土地稀缺、地价上升，越来越多的学者提出了对工业、商业、行政、居住等不同功能区进行定位和划分的空间布局结构分析，以此优化城市空间结构，实现资源优化配置。城市功能区是实现城市职能的空间载体，城市功能区是产业、人口要素在特定空间范围内集聚的区域。根据城市圈层结构，划分城市功能区，明确城市功能定位以及不同分区的功能定位。城市中心区主要承担科技创新的功能，是资源和要素的集聚中心，发挥对周围地区的辐射作用，是经济效率最高、单位产出最大的地区。外围区一般是布局工业、居住等功能。

现代城市圈层结构理论强调以中心城市为核心，遵循"距离衰减法则"，要素逐渐由核心向外围扩散，呈现圈层状的城市空间结构，中心与外围地区具有紧密的经济社会联系。现代城市圈层结构一般由内圈层、中圈层、外圈层构成。内圈层一般是中心城区或市中心，是完全城市化地区，以第三产业为主，是现代商业、金融、服务业高度密集的地区，是人口和建筑非常密集的地区。中圈层处于城市的边缘区，是具有半农业、半城市特征的地区，以第二产业为主，发展城郊农业，居住和建筑密度较低。外圈层是城市影响区，土地利用以农业为主，与城市景观有明显区别，是城市水源地和休闲旅游之地，城市远郊分布着卫星城和中小城镇。

1. 同心圆模式

1923年，同心圆模式由美国社会学家伯吉斯（E. W. Burges）考察美国芝加哥市后提出的，是最早创立的城市空间结构理论，核心是研究城市土地利用和空间布局问题。城市功能的向心力、吸引力与离心力、排斥力之间的相互作用导致城市地域空间结构的变动。伯吉斯的同心圆空间结构模式由中心商业区、过渡地带、低收入居住带、高收入居住带和通勤带五个地带构成。其实质是城市土地利用的功能分区，以城市中心为核心向外有规则地扩张，呈同心圆模式。中央商务区主要分布着商业、金融证券、高级购物中心和零售商店；过渡地带最初是富人区，由于产业经济要素集聚，城市规模扩大，城市拥挤，环境质量恶化，成为贫民集中和犯罪率最高的地区。低收入居住带是工人居住的地区。高级住宅区是中产阶级和白领居住的地方。通勤区是沿着高速交通线而建立的卫星城，是居住环境较好的郊区，分布着底层高级建筑和娱乐设施（见图7-1）。

同心圆模式说明了城市土地市场的价值分区带，越接近市中心，土地集约利用程度越高，越往外土地利用越差，租金越低，该模式是典型的一元结构城市，划分过于单一和规则，与现实中受到地形、自然环境等因素影响的不规则城市格局有所不同。

图 7-1 城市同心圆模式

2. 扇形模式

扇形模式发展又称为楔形模式。由美国土地经济学家霍伊特（H. Hoyt）创立。城市往往沿着特殊的交通运输线路，每一个扇形区由市中心向外伸展。城市居住用地的分布取决于收入水平和社会地位发展。中央商务区位于中心区，批发和轻工业区沿交通线由中心向外楔形延伸，居住区呈现由低租金向中租金过渡，高房租沿着交通干道从低租金向郊区呈楔形延伸，与同心圆模式相比，扇形理论强调交通线路的作用，但仍然是城市地域圈层的概念（叶锦远，1985）。

3. 多核心模式

与同心圆模式和扇形模式的单中心城市空间结构相比，多核心结构模式强调城市发展往往围绕几个明显的中心展开。这种模式最早是由美国地理学家哈里斯（C. D. Harris）和厄尔曼（E. L. Ullman）于 1945 年提出的。他们在研究城市地域结构发现，除城市核心 CBD 之外，还存在其他一些具有支配地位的中心，这些中心是具有不同用地形式和功能的独立中心。这些独立中心之所以能够存在，往往是因为它们是交通通达性好的地区、同类活动集聚地区、承担不起高地价的地区。在他们看来，越是大城市，专业化分工越多，就拥有越多的核心，城市是由若干不连续且不同核心地区共同构成的。

4. 城市生活圈模式

公共服务是满足城市居民日常生活需求的重要内容，公共服务的均衡配置是优化城市空间布局的重要体现。生活圈概念最早源于日本,是指某一特定地理、社会村落范围内的人们日常生产、生活的诸多活动在地理平面上的分布,以一定人口的村落、一定的距离圈域为基准,按照不同规模等级层次划分的(朱查松等,2010)。日本东京早在20世纪50年代就着手开展城市生活圈规划,国内柴彦威(2015)提出了基于人类行为理论的城市生活圈模式。城市生活空间的主要特征:以居住地为中心、具有活动强度的空间差异性、空间特征长期稳定、多尺度和圈层化。他提出构建以"基础生活圈—通勤生活圈—扩展生活圈—协同生活圈"为核心的城市生活圈规划模式。基于空间行为的城市生活圈规划可以推进公共服务在不同阶层、地域空间的均等化,是优化城市空间结构,缓解"大城市病"问题的有效途径。

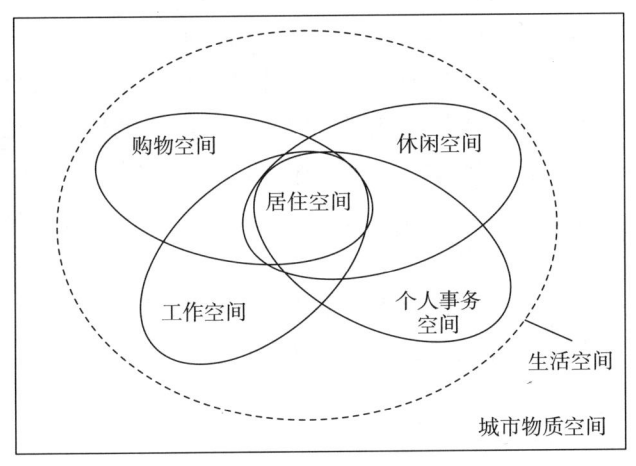

图7-2 城市生活圈模式

第二节 城市功能布局及空间配置

一、城市功能空间布局的意义

合理的城市功能布局,体现在能够实现城市内的就业、教育、生活、娱乐等需求主体的便利性,减少资源供给者与需求者相互间的不匹配,最大限度地提高资源空间配置的效率，提高城市运行效率。按照城市功能类型可以分为经济功能与非经济功能。经济功能区的布局主要是指中央商务区、轻重工业、批发零售等商业活动在城市空间的布局；非经济功能主要是指行政区、居住区，以及其他与经济活动无直接关系的聚集区域的分布。

优化城市功能布局一方面可以提高城市的综合承载能力，通过空间布局的优化，增加城市的空间承载能力；另一方面可以减少城市内就业、就学、就医等需求主体在空间内的流动，大大减少交通流量，提高公共服务供给需求的时空匹配程度，降低损耗，提高经济效率。

二、城市资源空间配置的测度

关于城市空间内的资源配置问题，国外学者提出了"空间错配"这一概念，它阐述的是城市空间范围内出现了资源配置不合理（或失衡）现象。空间错配假说提出的背景是由于城市规模膨胀，产业往外迁移，呈现郊区化发展，由此出现城市空间重构，尤其是用于描述城市低收入者的居住地与就业地及公共设施服务出现的空间错位问题。国外学者（Cooke T. J. , 1993；Holzer H. J. , 1991）较早地研究了美国大都市的空间错配问题，由于就业岗位的郊区化和住房市场上的种族歧视，美国大都市的内城区往往出现黑人居住人口多于适宜就业岗位的状况，从而导致内城区黑人的高失业率、低工资和更长时间的通勤。国内学者重点关注中国大城市的职住分离现象，通过居住郊区化前后居民通勤时间或通勤距离的变化来反映城市居住于就业空间的变化，采用通勤时间或通勤距离来度量职住分离程度（柴彦威，2011）。

为考察城市功能布局的合理程度，我们主要从职住分离、公共资源配置两个指标来反映资源的空间配置状况。职住偏离度的公式为：就业与人口分布偏离度 =（就业占比份额 - 居住人口份额）/ 居住人口份额。由于缺乏详细的街道居住人口和就业分布，我们只能以县为地理单元考察职住分离和公共资源—人口偏离度。

（一）经济功能区布局：职住分离

1. 伦敦市职住分离状况

居住地与工作地的分离状况是判断城市功能分区和布局合理程度的重要指标。从伦敦分行业职住分离情况来看，职住平衡的比例达到48%，工作地与居住地相同，34%工作者居住地与工作地不在一起，还有18%的职工工作在伦敦，居住在伦敦以外的地区。说明从总体上看，伦敦的职住分离情况并不严重（见表7-1）。

表 7-1 伦敦分行业职住分离情况（2011 年）   单位:%

行业	居住及工作同一地区	居住在伦敦其他地区	居住伦敦以外
公共事业	41	34	26
制造业	47	28	25
建筑业	28	57	15
批发零售业	54	31	15
交通与仓储业	43	33	24
住宿和餐饮业	56	36	7
信息与通信业	45	36	20
金融保险业	40	31	29
专业、房地产、科学技术	50	31	19
管理及管理辅助性活动	43	42	15
公共管理及安全	40	32	28
教育	60	28	11
健康及社会工作	56	31	13
艺术娱乐业	52	36	12
其他服务业	54	34	12
合计	48	34	18

分行业来看，居住与工作地同一地点的比例达到 50% 以上的行业有教育，健康及社会工作，艺术娱乐业，批发零售业，住宿和餐饮业，专业、房地产、科学技术行业，其他服务业，说明这些行业的职住相对平衡。建筑业、金融保险业的职住分离状况相对严重。

2014 年，北京市核心区城镇单位就业人员数占全市的比例为 72.7%，核心区常住人口占比为 59.3%，两者相差 10 多个百分点。从分区县来看，西城区、东城区、海淀区、顺义区的就业份额明显大于居住人口份额，尤其是西城区、东城区职住偏离度高达 100% 以上，朝阳区偏离度最小，说明职住基本平衡（见图 7-3）。

2. 上海职住分离状况

2012 年，上海市核心区城镇单位就业人员数占全市的比例为 74.7%，核心区常住人口占比为 70.7%，两者相差 4 个百分点，与北京市相比，上海市的职住相对平衡。从分区县来看，静安区、黄浦区、徐汇区、长宁区、浦东新区的就业份额明显大于居住人口份额，静安区、黄浦区的职住偏离度高达 169.64% 和

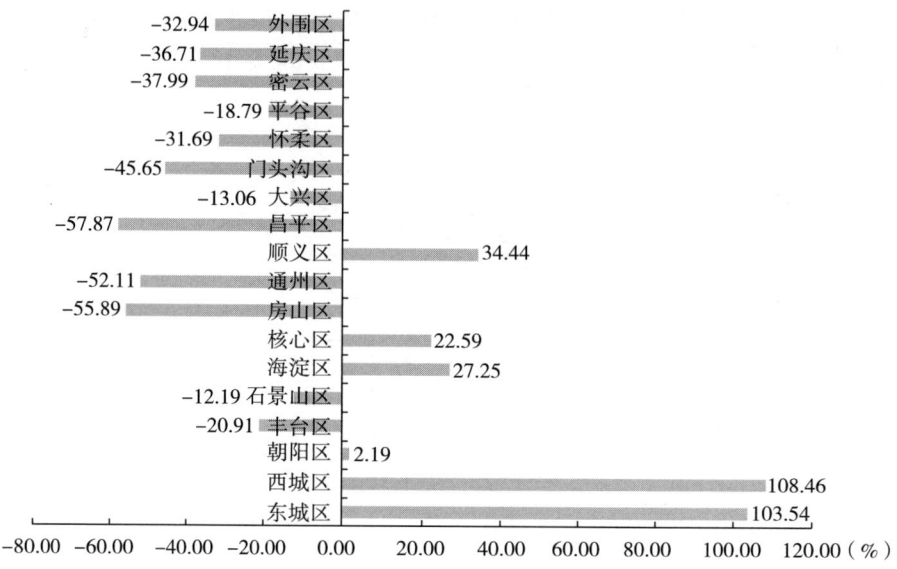

图7-3 2014年北京市各区职住偏离度

141.44%，闸北区、松江区职住偏离度较小，说明职住基本平衡。总体而言，核心区的就业份额大，职住偏离程度大于外围区（见图7-4）。

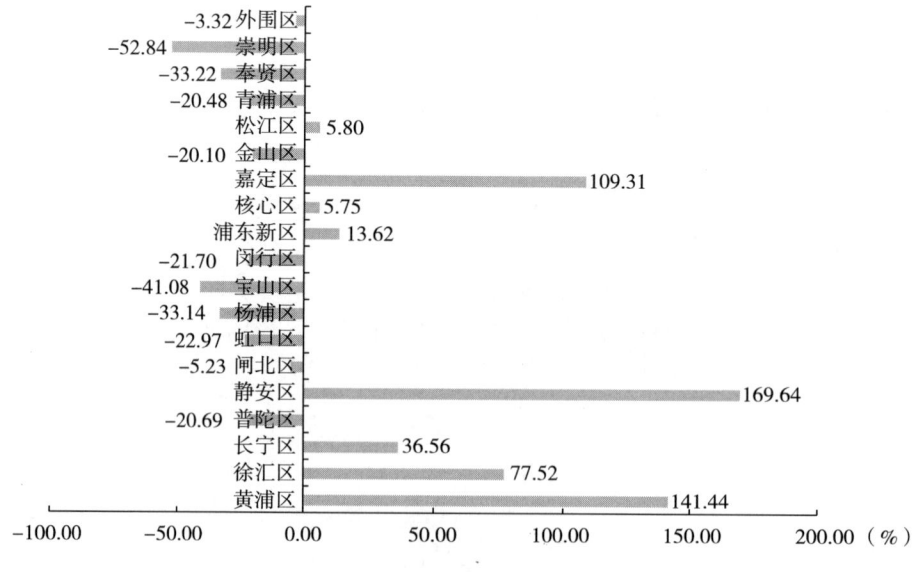

图7-4 2012年上海市各区职住偏离度

(二) 非经济功能布局——公共资源空间配置

公共资源与人口在城市空间的分布状况能够反映城市公共资源的空间配置合理程度，人口是公共资源的需求方，因此必须提供与人口数量相匹配的公共服务才能满足城市居民的需求，一旦某一地理单元（区县、街道）的人口占比大于公共资源的占比，那么将出现公共资源短缺问题，我们可以将其称为公共资源空间配置失衡，或者称为公共资源空间失配问题。公共资源空间配置失衡容易造成一系列后果：一方面公共资源与人口分布的不平衡，会导致人口跨区域流动性增加，城市的交通流量和通勤时间增加，通勤成本上升，由于经济活动人口通勤时间增加，消耗了精力，减少了劳动时间和劳动效率，降低了城市经济效率；另一方面是公共资源的稀缺性，供给与需求不相匹配，降低了资源的配置效率。因此，公共资源空间配置失衡会影响城市整体的运行效率，造成城市经济效率损失。

我们可以借用反映就业与人口空间分布的职住分离衡量指标来测算城市内部公共资源配置状况。城市公共资源主要是与人民生活息息相关的学校、医院、公共设施等。此我们主要将人口占比与学校、医院、卫生专业技术人员、医院和卫生院床位数的占比进行比较。

进一步，我们借用职住偏离度的公式来定义公共服务与人口分布的偏离度。公共资源与人口分布偏离度＝（公共资源占比份额－居住人口份额）/居住人口份额。居住人口用常住人口表示，数据为2013年，偏低度的数值绝对值越大，表示偏离程度越高。如果负数表示居住人口大于公共服务资源供给，公共资源相对稀缺，正数表示公共资源供给份额大于人口份额。我们主要以上海和北京两个大都市以例，考察公共服务供给与人口分布的关系，进而判断公共资源空间配置的合理性。我们还按照核心区、外围区的城市圈层结构来分析公共资源空间配置状况。

1. 公共资源空间配置测度——以北京、上海为例

总体上，上海市核心城区与外围区人口占比份额为70.5%、29.5%。核心区的幼儿园、小学、中学数量的占比略高于人口占比，学校机构的空间分布与人口分布基本保持平衡。从医院、卫生专业技术人员、医院和卫生院床位数的分布来看，核心区占比份额高于外围区，差距约为10%。北京市核心区域外围区人口占比份额为59.3%、40.7%，核心区的幼儿园、小学、中学的占比明显低于人口份额，占比份额相差10%左右，核心区的医院、卫生专业技术人员数、医院和卫生院床位数占比明显高于常住人口比例，差距约为10%，说明北京市核心区的教育资源相对稀缺，医疗资源相对集中。

因此，从公共资源空间配置宏观层面看，上海市的学校机构空间配置优于北京市；在医疗资源空间配置方面，上海市和北京市的情况相同，核心区占比很高，说明城市核心区集聚了众多医疗资源（见表7-2、表7-3）。

表7-2　2013年上海市分圈层人口与公共资源占比份额情况　　　单位：%

圈层	常住人口	幼儿园	小学	中学	医院	卫生专业技术人员数	医院、卫生院床位数
核心区	70.5	72.3	71.9	74.1	78.4	80.7	83.9
外围区	29.5	27.7	28.1	25.9	21.6	18.8	16.1

表7-3　2013年北京市分圈层人口与公共资源占比份额情况　　　单位：%

圈层	常住人口	幼儿园	小学	中学	医院	卫生专业技术人员数	医院、卫生院床位数
核心区	59.3	46.1	45.1	50.5	71.0	72.1	67.0
外围区	40.7	53.9	54.9	49.5	35.1	27.9	32.9

2. 上海市教育资源空间配置

从上海市幼儿园空间配置状况来看，总体上，核心区偏离度小于外围区，且核心区的偏低度为正，外围的偏离度为负，说明核心区的公共资源配置更加合理且供给更加充足。但是从分区来看，核心区的偏离度存在一定差异，静安区的偏离度最大，达到33.61%，核心区的徐汇区、宝山区的偏离度都在20%以上，浦东新区、长宁区、普陀区的偏低度则为负，说明幼儿园的数量相对于人口比例来说偏低。外围区奉贤、青浦的偏离度为正，金山区、嘉定区、崇明区、松江区的偏离度为负，说明幼儿园的数量相对不足。普陀区、长宁区、闵行区、松江区的偏离度绝对值较小，分布相对平衡（见图7-5）。

从小学数与人口偏离度来看，静安区、黄浦区、徐汇区、虹口区、闸北区、宝山区、金山区、青浦区、崇明县的小学数份额高于人口份额。普陀区、闵行区、嘉定区、松江区的偏离度为负，说明小学数份额低于人口份额。长宁区、杨浦区、浦东新区、奉贤区的偏离度绝对值较小，说明分布相对平衡（见图7-6）。

从中学数与人口偏离度来看，静安区、黄浦区、虹口区、闸北区、杨浦区、长宁区、普陀区、金山区、崇明县的偏离度为正，说明中学数份额大于人口份额，其中静安区的偏低度最高为90.66%，说明集中了较多的数中学数量。闵行区、宝山区、浦东新区、嘉定区、松江区、青浦区的偏离度为负，中学数份

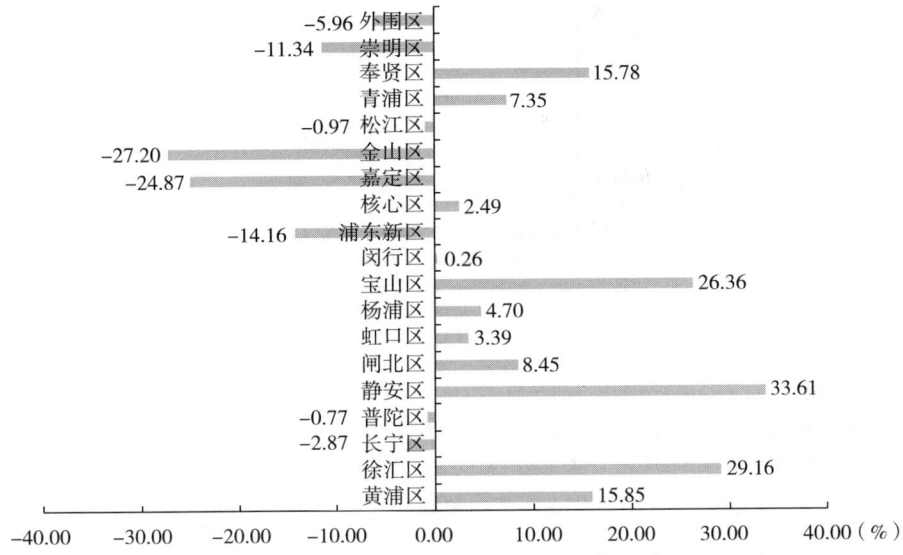

图7-5 2013年上海市幼儿园数与常住人口偏离度

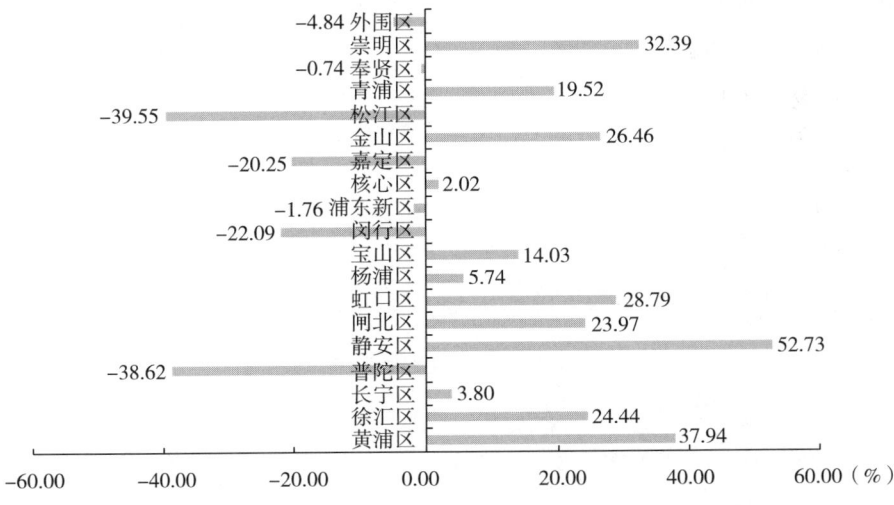

图7-6 2013年上海市小学数与常住人口偏离度

额小于人口份额。徐汇区、奉贤区偏离度绝对值较小,中学与人口分布相对平衡(见图7-7)。

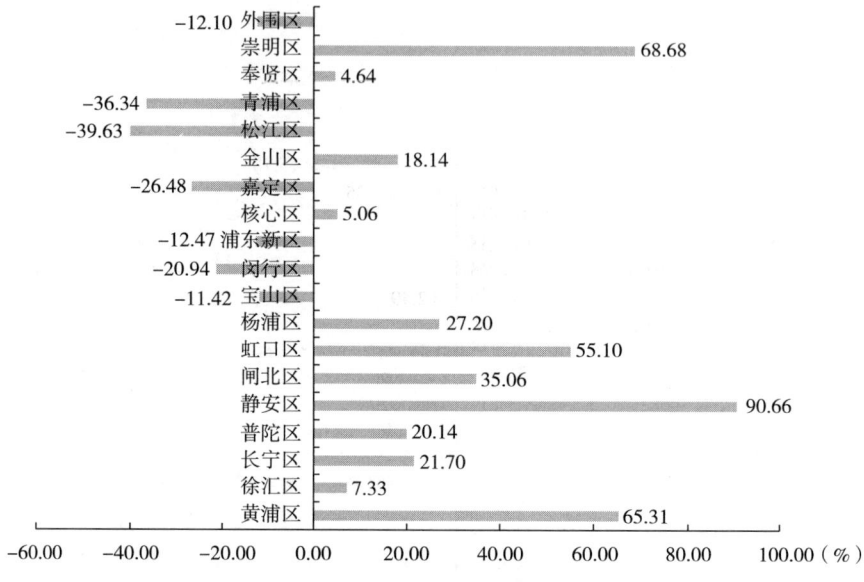

图7-7 2013年上海市中学数与常住人口平均偏离度

3. 上海医疗资源空间配置

从上海市医疗资源空间配置来看,总体来看,核心区医疗资源的供给份额大于人口份额,尤其是静安区、黄浦区、长宁区、徐汇区的医疗资源比较集中,无论医院数、医院和卫生院床位数,还是卫生专业技术人员数的占比都远高于人口份额。

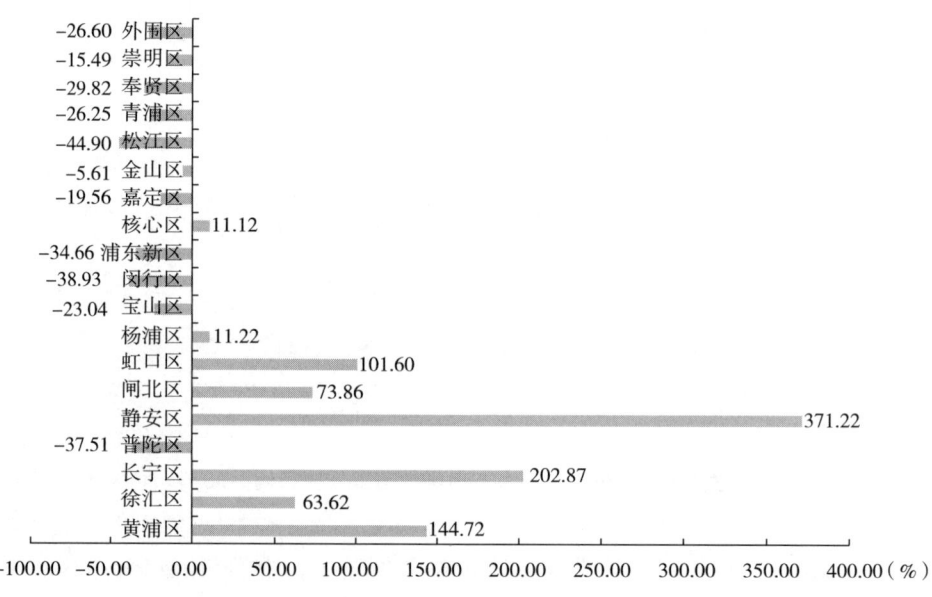

图7-8 上海市医院数与常住人口平均偏离度

从医院与人口偏离度来看，静安区的偏离度最大，达到 371.22%，长宁区、黄浦区、虹口区偏低度都比较高，在 100% 以上，说明医院数份额远大于人口份额。外围区的偏离度都为负，且绝对值较小，说明分布相对平衡（见图 7-8）。

从医院和卫生院床位数与人口偏离度来看，基本上与医院人口偏离度相一致，静安区、黄浦区、徐汇区的偏离度排在前三位。除金山区外，外围区偏离度都为负且绝对值较小（见图 7-9）。

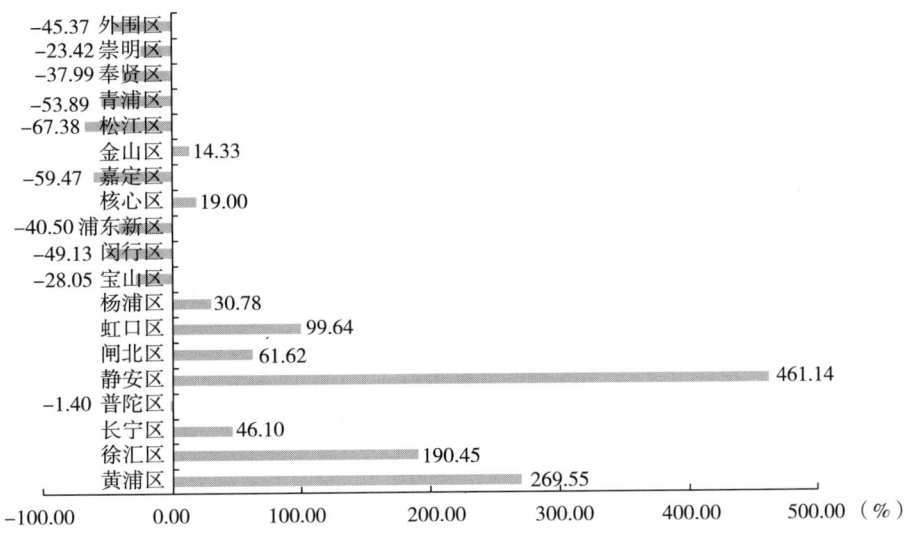

图 7-9　上海市医院和卫生院床位数与常住人口偏离度

从卫生技术人员数与人口偏离度来看，与医院—人口的偏离度保持高度一致。静安区、黄浦区、徐汇区都有很高的偏离度（见图 7-10）。

由此说明，上海市核心区集中了较多的医疗资源，无论是医院数量、床位数还是医疗卫生人才都集聚在核心区，外围区医疗资源相对稀缺。由此说明，上海市的优质医疗资源集中在大都市的核心区，这样容易造成人口不断向核心区涌入，加剧人口向核心区的流动，容易造成核心区的拥挤现象。

4. 北京教育资源与人口偏离度

从北京市基础教育资源各区分布情况来看，核心区幼儿园份额明显低于常住人口份额，除石景山外，海淀区、朝阳区、东城区、西城区的偏离度都为负。外围区除了大兴区、昌平区，其他区的偏离度显著为正，怀柔区和延庆区的偏离

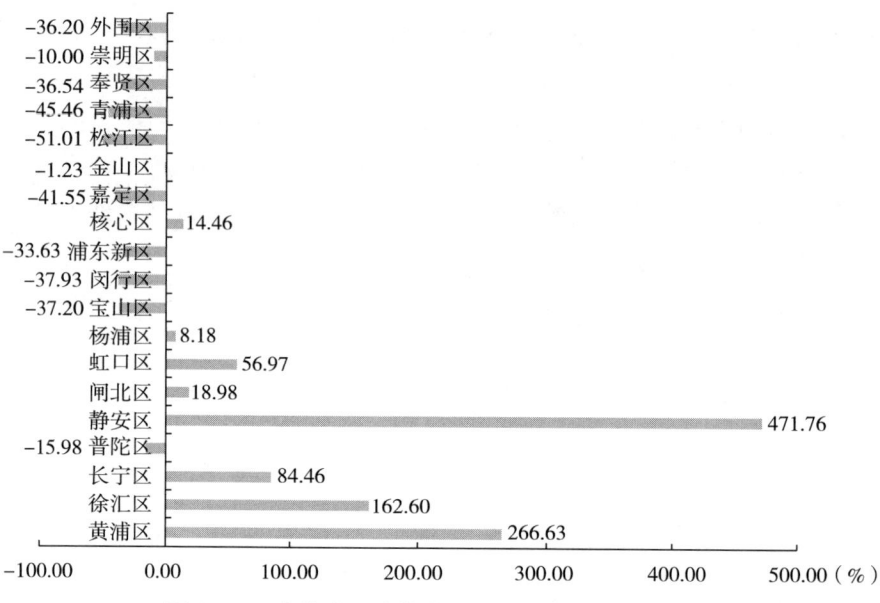

图 7-10 上海市卫生技术人员数与常住人口偏离度

度则达到了 172.03% 和 165.98%（见图 7-11），由此说明，相对于人口份额占比，北京市外围区的幼儿园份额显著高于核心区，核心区的幼儿园资源非常紧张。

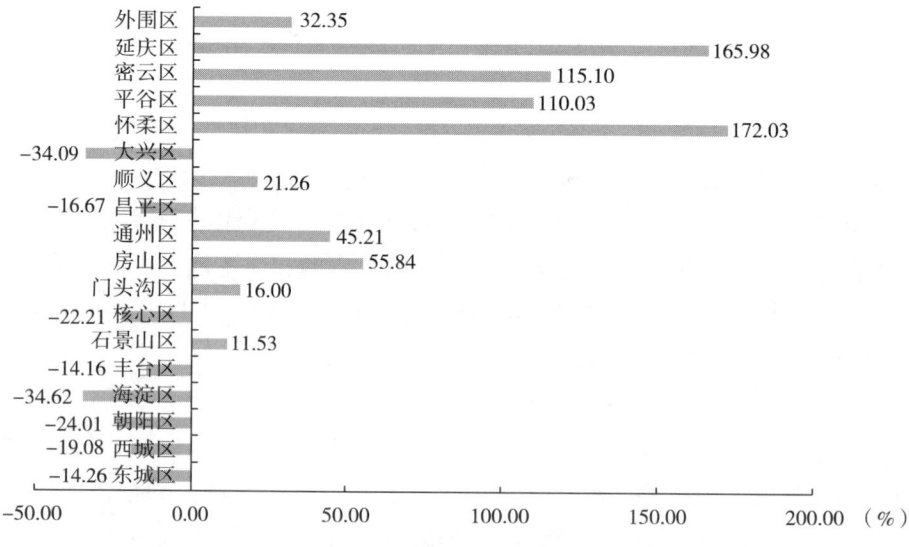

图 7-11 北京市幼儿园数量与常住人口偏离度

从北京市小学数与人口偏离度来看，核心区东城区、西城区的偏离度为正，海淀区、朝阳区、丰台区、石景山区偏离度为负，说明小学资源相对紧张，尤其是海淀区偏离度为-41.56%，小学资源最为紧张。外围区除了顺义区偏离度为负，其他区显著为正，房山区和延庆区最高，达到108%以上（见图7-12）。

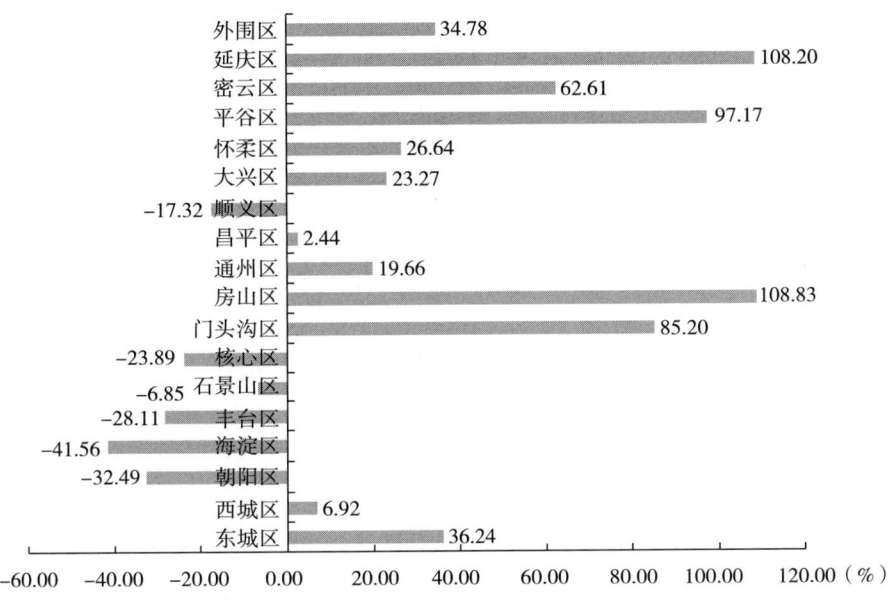

图7-12 北京市小学数量与常住人口偏离度

从中学数与人口偏离度来看，与小学数与人口偏离度情况保持一致。北京市核心区的东城区、西城区、石景山区偏离度为正，丰台区、朝阳区、海淀区偏离度为负。外围区的昌平区、大兴区偏离度为负，其他区偏离度为正，延庆区偏离度最大，为112.48%（见图7-13），说明核心区小学资源紧张，外围区相对宽裕。

5. 医疗资源与人口偏离度

图7-14、图7-15和图7-16反映了北京市分区县医疗资源分布与人口分布状况。从医院数与人口偏离度，医院、卫生院床位数与人口偏离度，卫生专业技术人员数与人口偏离度三个指标反映了医疗资源分区县配置状况。核心区的东城、西城、石景山、朝阳的医疗资源与人口偏离度为正，医疗资源的份额超过人口份额，说明医疗资源相对丰富。而外围区的医疗资源与人口的偏离度基本为负，说明医疗资源较为紧张。

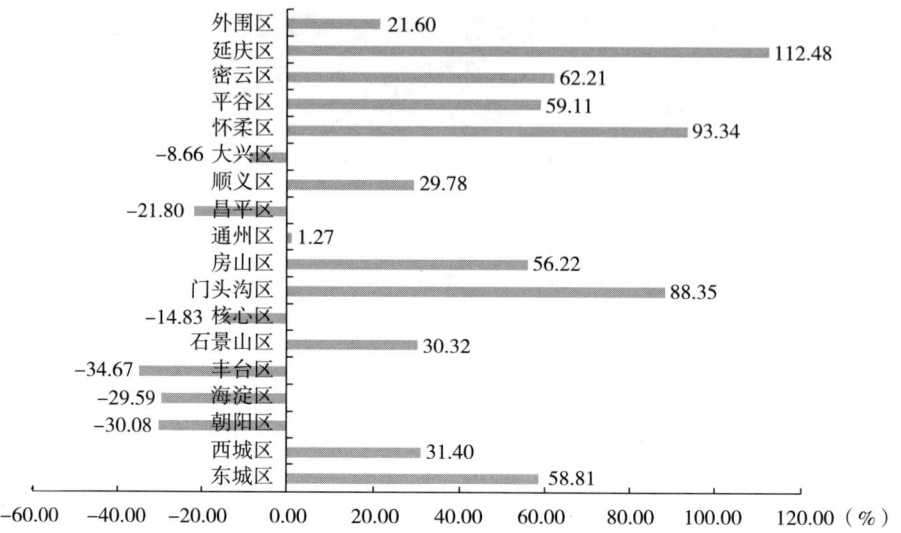

图7-13 北京市中学数量与常住人口偏离度

从医院数与人口偏离度来看,核心区除了海淀区为负,其他区显著为正,东城区高达149.85%,说明核心区的医院数量相对集中。外围区的门头沟、房山区、昌平区、怀柔区偏离度为正,其他区为负(见图7-14)。

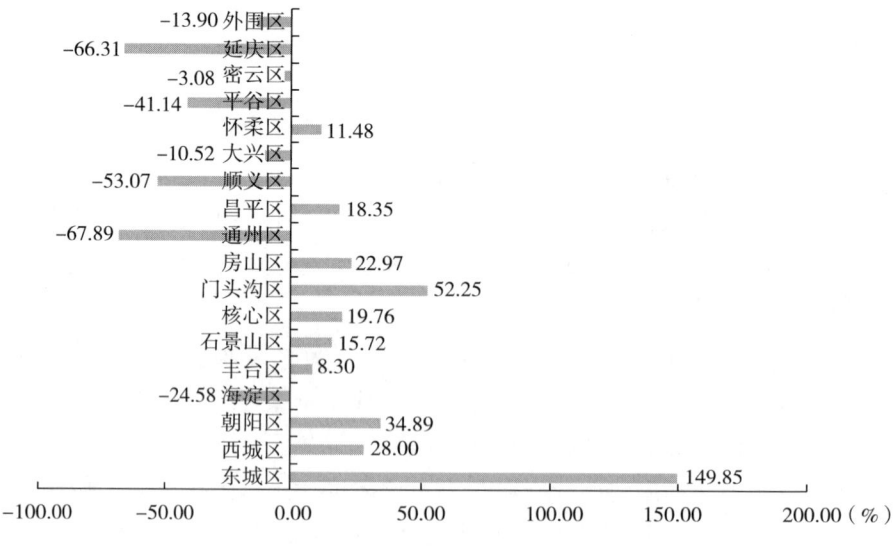

图7-14 北京市医院数与常住人口偏离度

从医院、卫生院床位数与人口偏离度来看，与医院人口的偏离度保持高度一致，核心区除了海淀区、丰台区为负，其他区显著为正，东城区高达159.94%，说明核心区的床位数充裕。外围区的门头沟、房山区、昌平区偏离度为正，其他区为负（见图7-15）。

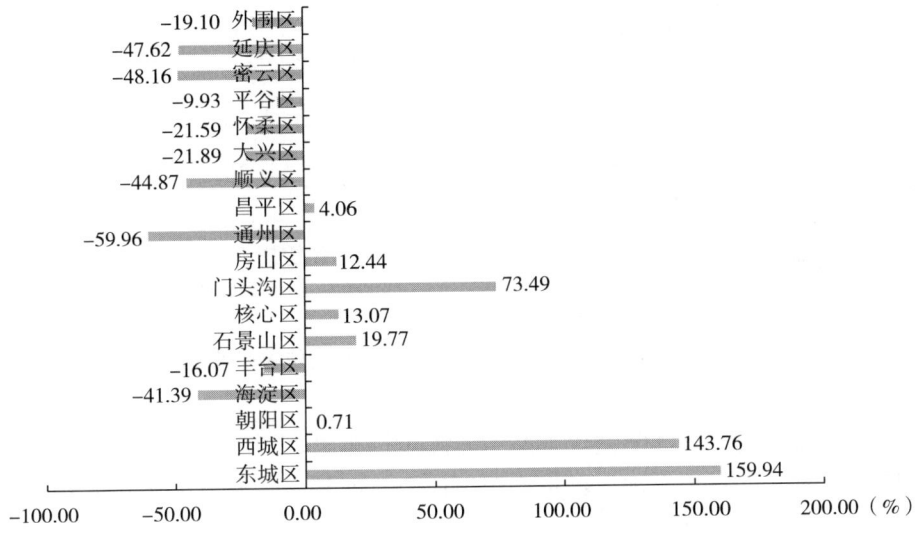

图7-15　北京市医院、卫生院床位数与常住人口偏离度

从卫生专业技术人员数与人口偏离度来看，东城、西城、朝阳、石景山为正，且东城、西城的偏离度高达175.12%和153.74%。说明核心区的卫生专业技术人员份额远远高于人口份额。外围区除了门头沟外，其他区的偏离度都为负，不过偏离度绝对值不大（见图7-16）。

（三）城市便利性——15分钟社区生活圈

2016年2月，国务院出台了《中共中央国务院关于进一步加强城市规划建设管理工作的若干意见》，明确强调要"打造方便快捷生活圈，使人民群众在共建共享中有更多获得感"。这与过去城市规划只关注宏观层面而忽视微观社区的理念相区别，与当前我国新型城镇化以人为本的理念相吻合。

"15分钟社区生活圈"是指在15分钟步行范围内，配备生活所需的基本服务功能与公共活动空间。既能够满足市民日常基本衣食住行的生活所需，还要提供诸如休闲娱乐、求医问药等提升生活质量和保障生活品质类的服务。国外的东

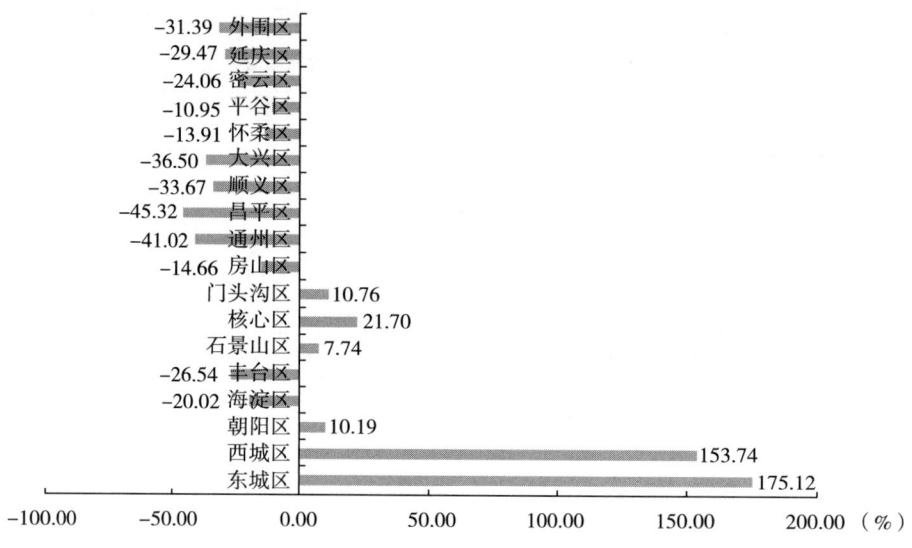

图 7-16 北京市卫生专业技术人员数与常住人口偏离度

京、首尔等国际大都市已经完成了基于居民步行距离、活动频次的城市生活圈规划。国内上海、广州等大都市也正在积极探索开展便捷的城市生活圈规划。

1. 日本生活圈规划

早在 20 世纪五六十年代,在快速的工业化与城市化进程中,日本大城市出现了核心区房价高涨、功能过度集中、职住分离严重等一系列的"大城市病"问题,尤其是人口密集的首都东京。于是日本政府在《第三次首都圈建设规划》中提出要将人口密度、功能过于集中的首都圈建设成为分散型网络结构的多中心城市。1985 年,提出将东京"一核集中"的城市地域空间结构改变为"多心多核"空间结构,重新规划国土空间,形成城市化的日常生活圈。日本国土厅提出了"定住圈"这一概念,即以人的活动需求为主导,针对居民就业、就学、购物、医疗、教育、娱乐等日常生活需要,设计出人们一日生活行动所需遍及的区域范围,以此作为空间规划单元,首先对岩手县等地区进行规划应用。通过生活圈规划,有效地优化了城市生活空间结构,提高了居民的生活质量。与此同时,韩国、中国台湾等地也采纳生活圈概念,结合本地居民生活的时空特征,进行了城市生活空间的整合与优化调整,有效地解决了资源的空间配置和整合,提高了城市空间的利用效率(肖作鹏、柴彦威等,2014)。

2. 上海 15 分钟社区生活圈规划

2016 年 9 月,上海规划和国土资源管理局发布了《上海市 15 分钟社区生活圈规划导则（试行）》。规划明确要求新建地区参考导则的规划要求和建设开展规划编制与建设工作，已建地区参考导则目标，进行补短板和改造，完善社区生活圈。该规划围绕与居民工作生活直接相关的居住、就业、出行、服务、休闲等功能进行了具体定位，旨在打造良好的社区生态圈。

该规划以《中共中央国务院关于进一步加强城市规划建设管理工作的若干意见》关于"创新、协调、绿色、开放、共享"发展理念为指导思想，目标是将上海建设成为宜居宜业宜游的创新之城、人文之城、生态之城。生活圈规划范围一般在3平方千米左右，常住人口5万~10万人，建议人口密度在1万~3万人/平方千米，街坊为社区规划编制的最小范围，实际评估时可采用设施服务半径和人均水平作为衡量标准。15分钟社区生活圈的标准是：聚焦于居民日常的"衣食住行"，形成社区生活圈规划和建设标准，提高社区生活的幸福指数。围绕居住、就业、交通、出行、社区服务、休闲等方面制定了详细的规划准则和建设导引。

（1）居住：保障生活需求，确保适宜的人均居住水平；提供多样化的住宅类型，满足不同人群差异化需求；创造活力共享的住宅环境，加大社区融合，布局包容混合的住宅。

（2）就业：创造更多的就近就业空间。倡导功能混合布局与土地的复合利用，促进居住与就业适度平衡，创造包容、活力的社区。以公共交通站点或公共活动中心为核心，鼓励在200~300米半径范围内集中布局就业空间。

（3）交通：建立安全通达的高密度道路系统，提供公共交通、步行等多层次、多样化的交通方式，构建以人为本、利于微循环的道路系统。

（4）社区：打造类型丰富、便捷可达的社区服务，建立多层次的社区服务体系，提供多样化的社区服务内容，形成步行可达、高效复合的空间布局。

（5）公共空间：提供绿色开放、活力宜人、多类型、多层次的休闲娱乐公共空间，形成高效可达、网络化的公共空间布局，建立人性化、高品质、富有活力、人文魅力的公共空间。

3. 广州15分钟社区步行生活圈

2016年8月，广州市政府发布《关于进一步加强城市规划建设管理工作的实施意见》明确提出，要以人为核心进行整体环境升级，构建15分钟社区步行生活圈，并提出要推进城市有序更新、优化城市空间、改善人居环境、传承历史文脉、发展社会经济，持续系统地推进差异化的城市更新，具体举措如下：

（1）根据城市空间满足生产活动与居民生活的目标需求，分类明确城市社区生活圈的规划层级和规模，在此明确定位的基础上，实施组团式划分城市空间方案。

（2）加强轨道交通网络建设，提高地铁通车里程，优化地铁线路，力争中心城区步行10分钟可到达轨道交通站点。

（3）加强公共配套设施建设。公共设施便利性是提供降低城市内在损耗的重要因素，15分钟社区生活圈规划还要以满足居民生活、休闲娱乐的便利性为目标，通过公共设施的"微改造"，提高城市公共配套服务能力，为居民增加交流、游憩、锻炼场所。

（4）提升公共空间品质和居民生活质量。选取旧城区中的历史街区、历史建筑进行"微设计"，更新城市街区面貌，改造旧城道路交通，促进老城交通"微循环"，选取交通路口"微改造"，改善行人空间。

第三节 提升城市效率的主要路径

城市作为一个承担各项资源运转的综合体，优化经济社会要素在城市内部的运转可以减少无谓的损耗，提高城市的运行效率。应该紧紧围绕城市功能和居民需求相互匹配的目标，进行城市功能分区，合理布局产业、居住、服务，打造绿色、协调、可持续发展的城市。

一、优化城市功能分区与布局

对产业、居住、商业、公共服务等进行功能分区，合理布局配套设施，转变传统各功能区条块分割的分区，以满足人的需求和便利性为出发点。如建设现代产城融合区，将产业、居住、商业、教育、医疗等功能集合起来，形成多中心的城市空间结构，由单核向多中心模式发展。打造便利交通干线，通过城市轨道交通、高架路、BRT等多种形式的交通方式优化城市交通，提高城市运行效率。

在城市空间结构方面，改变单一中心城市结构，建设多中心结构城市。因为单一中心城市功能过于集中，人口、经济和社会资源过度集聚，容易导致职住分离严重、通勤成本增加等一系列问题。尤其是单一结构城市的核心区空间有限、承载能力有限，资源在空间内分布不均，城市运行成本较高，因此，多中心城市结构可以分散城市功能，疏散核心区功能，降低城市拥挤成本。

二、实现资源供需平衡

人类经济社会活动的出发点是满足人的需求。经济增长是衡量城市发展最重要的指标之一,但是城市发展归根结底要充分考虑人的需求,从满足人的需求角度进行公共服务、公共资源的供给与配置,优化公共资源的空间资源配置,提高商业便利性、生活便利性、工作便利性,大大减少居民、工作者、就医者的出行时间,降低交通流量,缓解城市交通拥堵和减少环境污染。只有从人性需求角度出发,精细化地设计城市的道路交通、公共设施等城市资源,最大便利地满足人的需求,才能提高城市质量与效率。

三、提高城市管理水平

过去30年经济快速增长,工业化与城市化快速推进,城市处于迅速的扩张期,但是城市增长的质量与效益不高。新型城镇化规划提出:树立以人为本、服务为先理念,完善城市治理结构,创新城市治理方式,提升城市社会治理水平。新型城镇化对我国城市化发展道路提出了更高要求,即要由数量速度的增长转变到质量内涵的提高,提升城市品质和内涵。与此同时,发达国家的城市更新、精明增长等城市新理念不断兴起。因此,我们要借鉴发达国家大都市的城市规划和管理的先进经验,进行城市合理功能分区,提高城市设施配套的硬件条件,还要提高城市软性服务管理水平。

四、加快城市存量改革

交通拥堵是"大城市病"问题的突出表现之一。随着中国经济发展水平的提高,城市汽车保有量迅速增长,未来饱受交通拥挤的城市将越来越多,不仅是大城市,中小城市也将出现不同程度的交通拥堵问题。城市空间范围有限,道路面积的增长永远跟不上城市私家车增加的速度。因此,在道路增量存在瓶颈时,我们就需要着手进行存量改革。2016年2月,国务院印发《中共中央国务院关于进一步加强城市规划建设管理工作的若干意见》,提出新建住宅要推广街区制,原则上不再建设封闭住宅小区,还要求已建成的住宅小区和单位大院要逐步打开。这为城市道路规划建设管理指明了方向,街区制实施将有效地增加路网密度,优化街区路网结构,大大缓解交通拥堵状况。在依据法律法规、尊重民意的基础上逐步探索和稳步推进街区制改革,既是适应城市改革的需要,也满足了城市发展的需要。

五、实施人文关怀的城市规划

过去我国在研究城市问题时,通常用总量指标、千人指标来衡量城市发展状况,而缺少对城市微观个体的关注,侧重于城市的实体空间,轻视行为空间和生活空间;在城市规划时,从宏观层面重视生产空间规划,轻视个体的生活空间,偏重空间规划,轻视时间规划;从微观社区层面偏重设施规划,轻视社区生活规划(柴彦威,2015),这样容易导致城市便利性不足,造成城市内在损耗太大。国家新型城镇化规划明确提出要以人的城镇化为核心,把以人为本、尊重自然、传承历史、绿色低碳理念融入城市规划的全过程。因此,今后城市规划要转变思路,以人为本,精细规划,以提高生产生活的便利性为目标,提高城市运行效率。

第八章 研究结论与政策建议

第一节 主要结论

一、城市规模与城市效率、环境污染呈现倒"U"形关系

本书运用新经理地理学的集聚经济与拥挤成本两个维度去考察影响城市规模及效率的因素。集聚经济通过集聚规模和集聚密度影响城市效率，选取人口规模、产业集聚和就业密度作为集聚经济的代理变量，拥挤效应采用交通拥挤和环境拥挤来刻画。通过构建中国285个地级市的标准面板数据模型进行实证研究，结果表明：集聚经济对城市效率具有显著的提高作用，但是随着城市规模的扩大，突破规模临界点后，城市效率呈下降趋势，无论是以人均GDP还是劳动生产率作为因变量，都有人口规模的一次项系数为正，二次型系数显著为负，即城市效率与城市规模存在倒"U"形关系。与此同时，本书还验证了城市环境污染与城市规模存在EKC模型，即倒"U"形关系成立，当城市规模达到87.3万人，城市人均GDP达到39649.91元时，环境污染程度呈下降趋势，因此，城市环境污染与城市规模并非简单的线性关系。

二、城市规模与城市合意产出、非合意产出呈正相关

根据DEA方法测算中国城市全要素生产率结果显示，超大规模城市的经济效率最高，同时，将工业二氧化硫排放和废水排放指标纳入评价城市的非合意产出时，城市规模与城市效率仍呈正相关关系。与此同时，考虑城市万元GDP二氧化硫排放量时，大城市的单位产出的污染排放量明显低于中、小城市。因此，大城市不仅具有较大的经济集聚效应，而且具有环境污染治理的规模效应，环境污染并不是"大城市病"问题的突出表现。

三、经济集聚规模仍有不足，经济集聚效率不高

从国际比较来看，北京、上海大都市的人口规模居世界前列，但是人口首位度却仍然不高。与此同时，从经济首位度来看，国内大都市对国民经济的贡献度仍然偏低，东京、巴黎、伦敦的 GDP 占比在 30% 左右，纽约市达到 7.86%，国内超级大都市的上海、北京、深圳经济总量占比分别为 3.73%、3.31% 和 2.4%，经济的集聚功能仍然不够强大。同时，人均 GDP 水平不足发达国家大都市的一半，经济集聚效率有待提高。

四、城市空间布局不尽合理，城市运行效率低下

按照城市圈层结构理论，核心区是经济效率最高、产出最大的地区，但是国内大都市的核心区人口密度过大、经济份额占比偏低，核心区经济带动作用不足。以北京、上海等大城市为代表的超级大都市的教育、医疗等公共资源空间配置也不尽合理，核心区医疗资源过密，教育资源供给不足，进一步加剧了城市的拥挤效应，增加了城市内部损耗，降低了城市效率。

第二节 政策建议

一、提高城市集聚效率，发展集约型城市

由于集聚具有强大的本地市场、学习效应、知识溢出效应，尽管城市规模已经突破了最优规模，但是只要能够创造财富，能够集聚更多的高素质人才，提高生产率，增加收入，城市管理者和规划者就应该增加住房供应，继续扩大城市规模（Edward L. Glaeser，2007）。在制定区域政策时，制定者不仅要考虑是否存在集聚经济的问题，而且要熟知集聚经济在不同地区是否存在差距，如果集聚经济在大城市的效应更大，生产率水平更高，那么就应该鼓励人口往大城市集聚。发达国家城市化经历了"中心化—郊区化—再中心化"的发展阶段。工业化初期

大规模生产，人口和经济要素向城市集聚，城市规模不断扩大，随后由于城市人口膨胀、地价上升，人口与要素向郊区化迁移，近些年随着城市环境的改善，高工资、高福利又吸引了人口往大城市流动。因此，大城市始终是人类经济、政治、文化活动的中心，大城市具有较高的经济效率和创新动力，具有巨大的经济贡献，重视和发挥大城市的主体带动作用，以较高的经济效率推动国家经济快速增长，既能稳定经济增长，也是中国迈过中等收入国家陷阱的重要支撑。

当前我国大城市的经济效率与国外大都市仍然存在较大的差距，对于国民经济的整体带动作用不强，辐射作用较弱，因此，要进一步提高城市的集聚功能，针对部分超大城市由于过度集聚造成的大城市病问题，要加强城市内涵建设，从城市个体出发，优化城市内部资源配置，提高城市的运行效率。避免城市"摊大饼"式的发展模式，朝着集约型城市路径发展。周其仁（2015）认为，城市高密度会使分工更加发达，人群聚集可以降低信息成本和基础设施建设成本，提高城市密度，建设紧凑型城市是城市化的未来方向。

二、划分城市圈层结构，重点调控城市核心区

从国内外大都市的比较来看，中国大都市核心区的人口占比高、经济产出低，经济效率与人口占比存在背离现象，核心区的人口老龄化比较严重、医疗资源过于集中、教育资源短缺，北京、上海超大城市的核心区人口密度高于发达国家，但是从外围区和都市圈来看，人口密度和经济集聚程度并不高，国内大都市对国家经济贡献度仍远低于纽约、东京、首尔等国际大都市的国民经济占比。而且，中国大都市人口老龄化趋势加剧，人口红利逐渐消失，尤其是北京、上海等超大城市的人口老龄化更加严重，如果大城市实施人口调控政策，以行政命令"一刀切"的方式限制人口自由流动，不仅会造成人力资源的损耗，而且会提高生活成本，降低城市整体运行效率。因此，要改变以城市为对象进行的城市调控政策，对大城市的调控要在摸清城市圈层结构资源分布状况基础上进行，遵循人口和城市发展的一般性规律，精准调控城市核心区，改变城市的空间布局和资源的空间配置，重点对大城市核心区功能进行疏散，疏散城市非核心功能，给创新资源和人才资源腾出空间。

三、优化城市空间结构，由单中心向多中心转变

"大城市病"问题出现的关键在于城市空间承载能力有限，资源在空间内过度集聚，导致大城市出现资源紧张、交通拥堵、环境污染等一系列问题。因此，

如何优化城市的空间结构，提高城市的空间承载能力成为解决或缓解大城市病的重要研究方向。Antonio Accetturo（2008）研究认为，考虑城市通勤成本，城市长期稳态经济增长率将下降，对称型的城市空间结构比单一集聚型的城市具有更高的效率。因此，未来城市空间布局要考虑多中心结构，分散单一中心的功能，防止功能过于集中出现的拥挤效应。"多中心"应选择适当的空间重点规划建设新城，分别承担不同的城市功能，分散交通流量，缓解交通压力，提高城市效率。中国城市发展必须走内涵式发展道路，朝着集约型、紧凑型城市方向发展。

四、疏散核心区非经济功能，均衡配置公共服务资源

按照发达国家的发展经验，城市核心区是经济产出最高、经济效率最高的地区，是发挥经济功能最强大的地区。但是，国内北京、上海等城市的教育、医疗等公共资源在城市空间分布不均，核心区集中了大量优质的医疗、教育资源，过多非经济功能资源在核心区聚集造成了人口过于集中和密集，由于就医、就学人口为非经济人口，占据核心区相对稀缺的优质土地资源，对城市核心区的创新资源具有明显的挤出效应。与此同时，核心区集中了大部分的优质教育资源，但由于教育资源供不应求又处于相对的稀缺状态，说明大城市的教育资源供给不足且分布不均衡。因此，一方面要加强公共投入，提高医疗、教育资源的供给；另一方面要提高资源的均等化水平，尤其要提高资源空间配置合理程度，防止核心区过于拥挤，提高资源配置效率。

五、弱化城市行政边界，实施城市群规划

当城市扩张到一定规模时，城市的经济效率将逐渐下降，而且城市经济效率具有显著的溢出效应，由于城市行政边界存在贸易壁垒，会导致较高的交易成本，城市经济边界扩张受限，不利于资源自由流动和高效配置。城市行政区经济是以形成城市行政区划为基础而衍生发展起来的经济体，城市功能区则是经济要素集聚而形成的集合体。行政区经济与功能区经济往往不完全重合，以往地方政府为追求 GDP 政绩，总是相互竞争以达到自身利益最大化，地方保护主义和利益藩篱的存在导致城市发展容易受到行政区划的限制，地方割据会导致较高的交易成本，降低核心城市对外围地区的辐射效应。反观发达国家的城市化进程，欧盟、美国、日本等地区或国家十分重视对城市功能区的划定，并以此为标准开展人口、经济、社会数据普查，同时加快着手制订城市群规划，如美国区域规划协会制定了 America 2050 空间规划战略，规划美国 11 个大城市群的区域发展战略，日本政府也圈定了10个大都市圈。

因此，我们要借鉴发达国家城市功能区的划定标准，弱化行政区边界，以大都市圈、城市群为规划对象，破除行政壁垒和条块分割的利益樊篱，打造以城市群、都市圈为总体形态的经济功能区，促进资源自由流动和高效配置，降低交易成本，扩大核心城市的经济腹地和辐射作用，促进城市间相互合作，形成城市联合体，达到协同效应。

第三节 研究展望

第一，多维度、多视角综合评价城市。城市的功能是多样的，经济功能只是城市承担的重要功能之一，经济效率高代表了城市具有很高的投入产出效率。但是，城市的宜居性、居民的幸福感、城市绿化、社会福利、公共设施等，这些反映城市居民幸福指数的指标也是考察城市综合竞争力的重要内容。城市类型也是多样的。资源型城市、工业型城市、旅游型城市、文化型城市，评价不同类型的城市的标准也要多元，因此，未来可以引入更加多元的指标评价城市综合能力，以全面反映城市运行状况。

第二，引入多学科研究城市微观个体行为。城市效率降低的最主要原因是存在拥挤成本，拥挤成本的存在是由于资源配置不合理、不均衡导致的供需时空不匹配。应该从城市功能的需求者和供给者两端进行分析，加强对城市服务需求者——居民这一微观个体进行研究，从心理学、人类学、社会学的视角去研判城市个体的行为偏好与决策，优化城市资源的供给与空间分布，更加精准地把握城市居民的生产、生活动态，更加合理地布局功能与资源，实现空间资源的合理配置，减少城市资源的内在消耗，提高城市运行效率。

第三，防止行政资源过度集中造就的政策性超大城市。关于国家政策在大城市发展中扮演的角色，Ades 和 Glaeser（1995）通过对85个国家实证研究发现，集权式国家要比民主政府更容易造就超大规模的城市，集权国家的首都要比其他国家的首都大45%，因为政府会利用权力将腹地（首都以外地区）的地区征集资源运往首都地区。在加强城市集聚经济功能时，要重点利用市场调节资源配置，减少直接的行政干预，防止大城市行政资源过于集中，承担过多功能，造成过度拥挤。因此，要进一步加强研究政府政策，权衡强化集聚经济与疏散行政资源两者，一方面要发挥市场配置经济资源集聚的功能，另一方面要防止行政资源造就的过度集聚现象，保持适度规模的城市。

第四，制定城市政策时兼顾效率与公平。由于资源有限，政府在制定城市政策时往往会设定目标导向。城市政策设定的目标是优先发展经济还是兼顾社会公平？日本学者早在20世纪60年代就已经探讨了城市经济效率问题，研究发现：发展中国家仍然处在城市化初期阶段，城市的集聚有利于经济效率的提高，城市规模仍然未到达最优阶段。城市化发展方针取决于政府的目标，如果政府想要继续保持经济的快速发展，就要优先考虑大城市的发展，因为大城市的经济产出高、经济效率高，如果政府设定的主要目标是社会公平，那么政府的投资建设主要方向是中小城市，加强中小城市基础设施、公共服务，可以促进地区协调发展，当然在一定程度上，这会以牺牲经济增速为代价。总而言之，城市化发展方针的关键取决于政府的目标，在经济发展与维持社会公平两者之间权衡。

参考文献

[1] Aberg Y. "Regional Productivity Differences in Swedish Manufacturing", *Regional Science and Urban Economics*, No. 3, 1973, pp. 131 – 156.

[2] Acemoglu Daron. "A Microfoundation for Social Increasing Returns in Human Capital Accumulation", *Quarterly Journal of Economics*, Vol. 111, No. 3, 1996, pp. 779 – 804.

[3] Acs Z. and D. Audretsch. "Patents as a Measure of Innovative Activity", *Kyklos*, Vol. 42, No. 2, 1989, pp. 171 – 180.

[4] Aison R. Abel, Ishita Dey, Todd M. Gabe. "Productivity and the Density of Human Capital", *Federal Reserve Bank of New York Staff Reports*, No. 440, 2010, Revised September 2011.

[5] Andersson Martin and Charlie Karlsson. "Knowledge in Regional Economic Growth – the Role of knowledge accessibility", *Industry and Innovation*, Vol. 14, No. 2, 2007, pp. 129 – 149.

[6] Antonio Accetturo. "Agglomeration and Growth: The Effects of Commuting Costs", *Papers in Regional Science*, Vol. 89, No. 1, 2010, pp. 173 – 190.

[7] Avinash Kamalakar Dixit, Joseph E. Stiglitz. "Monopolist Competition and Optimum Product Diversity", *American Economic Review*, Vol. 67, No. 3, 1977, pp. 297 – 308.

[8] Bairoch, Paul, and Christopher Braider. *Cities and Economic Development: From the Dawn of History to the Present*. University of Chicago Press, 1991.

[9] Baldwin R. E., Okubo, T. "Heterogenous Firms, Agglomeration and Economic Geography: Spatial Selection and Sorting", *Journal of Economic Geography*, Vol. 6, No. 3, 2006, pp. 323 – 346.

[10] Baltagi B. H. *Econometric Analysis of Panel Data* (*the 3rd Edition*). New York: Wiley, 2005, pp. 197 – 200.

[11] Beeson, Patricia. "Total Factor Productivity Growth and Agglomeration Economies in Manufacturing", *Journal of Regional Science*, Vol. 27, No. 2, 1987, pp. 183 – 199.

[12] Brakman S., et al. "Negative Feedback in the Economy and Industrial Location", *Journal of Regional Science*, Vol. 36, No. 4, 1996, pp. 631 – 651.

[13] Braunerhjelm P., Borgman B. "Geographical Concentration, Entrepreneurship and Regional Growth: Evidence from Regional Data in Sweden, 1975 – 1999", *Region Study*, No. 38, 2004, pp. 929 – 947.

[14] Brülhart M., Mathys N. "Sectoral Agglomeration Economies in a Panel of European Regions", *Regional Science and Urban Economics*, No. 38, 2008, pp. 348 – 362.

[15] Brülharty M. and Sbergami F. "Agglomeration and Growth: Cross – Country Evidence", *Journal of Urban Economics*, Vol. 65, No. 1, 2009, pp. 48 – 63.

[16] Carlino G., A. Satyajit Chatterjee, R. Hunt. "Urban Density and the Rate of Innovation", *Journal of Urban Economics*, No. 61, 2007, pp. 389 – 419.

[17] Chun – Chung Au, J. Vernon Henderson. "Are Chinese Cities Too Small?", *Review of Economic Studies*, Vol. 73, No. 3, 2006, pp. 549 – 576.

[18] Ciccone, A. and R. Hall. "Productivity and the Density of Economic Activity", *American Economic Review*, Vol. 86, No. 1, 1996, pp. 54 – 70.

[19] Coelli T. J. "Centre for Efficiency and Productivity Analysis (CEPA)", *Working Papers*, 1996.

[20] Combes P. P., Duranton G., Gobillon L., et al. *Estimating Agglomeration Economies with History, Geology and Worker Effects, Agglomeration Economics*. University of Chicago Press, 2010, pp. 15 – 66.

[21] Combes P. – P., Duranton G., Gobillon L. Wage Differences across French Local Labor Markets: Endowments, Skills, and Interactions, *Working Paper*, 2003.

[22] Combes Pierre – Philippe, Gilles Duranton, Laurent Gobillon. "Spatial Wage Disparities: Sorting Matters!", *Journal of Urban Economics*, Vol. 63, No. 2, 2008, pp. 723 – 742.

[23] Cooke T. J. "Proximity to Job Opportunities and African – American Male

Unemployment: A Test of the Spatial Mismatch Hypothesis in Indianapolis", *Professional Geographer*, Vol. 45, No. 4, 1993, pp. 407 – 415.

[24] Daniel Shefer. "Localization Economics in SMSA'S: A Production Function Analysis", *Journal of Regional Science*, Vol. 13, No. 1, 1973, pp. 55 – 64.

[25] Davis D. R. Weinstein D. E. "Does Economic Geography Matter for International Specialization?", *NBER Working Paper*, No. 5706, 1996.

[26] Davis D. R., Weinstein D. E. "Economic Geography and Regional Production Structure: An Empirical Investigation", *European Economic Review*, No. 43, 1999, pp. 379 – 407.

[27] Diewert, Erwin, Denis Lawrence. "Measuring New Zealand's Productivity", *New Zealand Treasury*, No. 99/05, 1999.

[28] Dixon R. J., A. P. Thirlwall. "A Model of Regional Growth Rate Differences on Kaldorian Lines", *Oxford Economic Papers*, No. 27, 1975, pp. 201 – 204.

[29] Dobkins L. H., Ioannides Y. M. "Spatial Interaction Among US Cities: 1900 – 1990", *Regional Science and Urban Economics*, Vol. 31, No. 6, 2001, pp. 701 – 731.

[30] Duranton G., Puga D. "Micro – foundations of Urban Agglomeration Economies", In: Henderson JV, Thisse JF (eds) Handbook of Regional and Urban Economics. Elsevier, Amsterdam, 2004, pp. 2063 – 2117.

[31] E. J. Meijers, M. J. Burger. "Spatial Structure and Productivity in U. S. Metropolitan Areas", *Environment and Planning A*, Vol. 42, No. 6, 2010, pp. 1383 – 1402.

[32] Edward L. Glaeser. *Agglomeration Economics*. The University of Chicago Press, February 2010.

[33] Edward L. Glaeser. "Entrepreneurship and the City", *NBER Working Paper*, No. w13551, 2007.

[34] G. Duranton. "Labor Specialization, Transport Costs, and City Size", *Journal of Regional Scienc*, Vol. 38, No. 4, 1998, pp. 553 – 573.

[35] Gasper J., E. Glaeser. "Information Technology and the Future of Cities", *Journal of Urban Economics*, Vol. 43, No. 1, 1998, pp. 136 – 156.

[36] Gene M. Grossman, Elhanan Helpman. "Quality Ladders in the Theory of Growth", *the Review of Economic Studies*, Vol. 58, No. 1, 1991, pp. 43 – 61.

[37] Gerald A. Carlino, Satyajit Chatterjee, Robert M. Hunt. "Urban Density and the Rate of Invention", *Journal of Urban Economics*, Vol. 61, No. 3, 2007, pp. 389 – 419.

[38] Gertler M. "Tacit Knowledge and the Economic Geography of Context, or the Undefinable Tacitness of Being (there)", *Journal of Economic Geography*, Vol. 3, No. 1, 2003, pp. 75 – 99.

[39] Gianmarco I. P. Otaviano, Diego Puga. Agglomeration in the Global Economy: a Survey of the "New Economic Geography", *The World Economy*, Vol. 21, No. 6, 1998, pp. 707 – 731.

[40] Glaeser E., J. Scheinkman, A. Shleifer. "Economic Growth in a Cross Section of Cities", *Journal of Monetary Economics*, No. 36, 1995, pp. 117 – 143.

[41] Glaeser Edward L., David C. Mare. "Cities and Skills", *Journal of Labor Economics*, Vol. 19, No. 2, 2001, pp. 316 – 342.

[42] Glaeser E., H. Kallal, J. Scheinkman, A. Shleifer. "Growth in Cities", *Journal of Political Economy*, Vol. 100, No. 6, 1992, pp. 1126 – 1152.

[43] Glaeser E. "Are Cities Dying?", *Journal of Economic Perspectives*, Vol. 12, No. 2, 1998, pp. 139 – 160.

[44] Griliches Z. "Productivity, R&D and Basic Research at the Firm Level in the 1970s", *American Economic Review*, No. 76, 1986, pp. 141 – 154.

[45] Griliches Zvi. *Productivity: Measurement Problems*, in J. Eatwell, M. Milgate and P. Newman (eds.), The New Palgrave: A Dictionary of Economics, 1987.

[46] Hall Max, *Made in New York Cambridge*, MA: Harvard University Press, 1959.

[47] Hanson G. H. "Regional Adjustment to Trade Liberalization", *Regional Science and Urban Economics*, Vol. 28, No. 4, 1998, pp. 419 – 444.

[48] Hanson G. H. "North American Economic Integration and Industry Location", *Oxford Review of Economic Policy*, Vol. 14, No. 2, 1998, pp. 30 – 44.

[49] Helsley Robert W., William C. Strange. "Matching and Agglomeration Economies in a System of Cities", *Region at Science and Urban Economics*, Vol. 20, No. 2, 1990, pp. 189 – 212.

[50] Henderson J. V., H. G. Wang. "Aspects of the Rural – Urban Transformation of Countries", *Journal of Economic Geography*, Vol. 5, No. 1, 2005, pp. 23 – 42.

[51] Henderson J. V. "The Urbanization Process and Economic Growth: the So - What Question", *Journal of Economic Growth*, 2003, Vol. 8, No. 1, 2003, pp. 47 - 71.

[52] Henderson J. Vernon. "The Sizes and Types of Cities", *American Economic Review*, Vol. 64, No. 4, 1974, pp. 640 - 656.

[53] Hesley R., Strange W. "Matching and Agglomeration Economies in a System of Cities", *Regional Science and Urban Economics*, No. 20, 1990, pp. 189 - 212.

[54] Hoch I. "Income and City Size", *Urban Studies*, No. 9, 1972, pp. 271 - 318.

[55] Holzer H. J. "The Spatial Mismatch Hypothesis: What has the Evidence Shown". *Urban Studies*, Vol. 28, No. 1, 1991, pp. 105 - 122.

[56] Hoover E. *Location Theory and the Shoe and Leather Industries*. Harvard University Press, Cambridge, 1937.

[57] Jacobs, Jane. *The Economy of Cities*. New York: Vintage, 1969 - *cities and the Wealth of Nations: Principal of Economic Life*. New York: Vintage, 1984.

[58] Jaffe A. B. "Technological Opportunity and Spillovers of R&D: Evidence from Firm's Patents, Profits and Market Value", *American Economic Review*, Vol. 76, No. 5, 1986, pp. 984 - 1001.

[59] K. S. Sridhar. "Determinations of City Growth and Output in India", *Review of Urban & Regional Development Studies*, Vol. 22, No. 1, 2010, pp. 22 - 38.

[60] Kim S. "Labor Heterogeneity, Wage Bargaining and Agglomeration Economies", *Journal of Urban Economy*, No. 28, 1990, pp. 160 - 177.

[61] Koichi Mera. Regional Production Functions and Social Overhead Capital: An analysis of the Japanese Case, *Regional and Urban Economics*, Vol. 3, No. 2, 1973, pp. 157 - 185.

[62] Krugman P. R. "Scale Economies, Product Differentiation, and the Pattern of Trade", *American Economic Review*, No. 70, 1980, pp. 950 - 959.

[63] Krugman Paul R. *Geography and Trade*. MIT Press, 1991.

[64] Krugman Paul. "First Nature, Second Nature, and Metropolitan Location", *Journal of Regional Science*, Vol. 33, No. 2, 1993, pp. 129 - 44.

[65] Li H., Shi J. Energy Efficiency Analysis on Chinese industrial Sectors: An Improved Super - SBM Model With Underiable Outputs, *Journal of Cleaner Production*,

Vol. 65, No. 4, 2014, pp. 97 – 107.

[66] Lucsa Robert E. Jr. "On the Mechanics of Economic Development", *J. Monetary Econ*, No. 22, 1988, pp. 3 – 42.

[67] Marshal Alfred. *Principle of Economics*, London: Macmillan Publishers, 1890.

[68] Marshall A. *Principles of Economics*, London: Macmillan Publishers, 1920.

[69] McFadden D. "Modeling the Choice of Residential Location", *Transportation Research Record*, No. 673, 1978.

[70] Mills Edwin S. "An Aggregative Model of Resource Allocation in Metropolitan Areas", *American Economic Review*, Vol. 57, No. 2, 1967, pp. 197 – 210.

[71] Mills Edwin S., Bruce W. Hamilton. *Urban Economics*, Third edition, Glenview, IL: Scott, Foresman, and Co., 1984.

[72] Mirrlees James A. "The Optimum Town", *Swedish Journal of Economics*, Vol. 74, No. 1, 1972, pp. 114 – 35.

[73] Moomaw R. L. "Is Population Scale a Worthless Surrogate for Business Agglomeration Economies?", *Regional Science and Urban Economics*, No. 13, 1983, pp. 525 – 545

[74] Myr Myrdal. *Rich Lands and Poor: the Road to World Prosperity*, New York: Harper & Brothers, 1957.

[75] Nakamura Ryohei. "Agglomeration Economies in Urban Manufacturing Industries: A Case of Japanese Cities", *Journal of Urban Economics*, Vol. 77, No. 1, 1985, pp. 108 – 24.

[76] Nikolaos Maniadakis E. T. "A Cost Malmquist Productivity Index", *European Journal of Operational Research*, Vol. 154, No. 1, 2004, pp. 396 – 409.

[77] Norman Sedgley, Bruce Elmslie. "Do We Still Need Cities Evidence on Rates of Innovation from Count Data Models of Metropolitan Statistical Area Patents", *American Journal of Economics and Sociology*, Vol. 70, No. 1, 2011.

[78] Ohlin B. *Interregional and International Trade*. Harvard University Press, Cambridge, 1993.

[79] Quigley J. M. "Urban Diversity and Economic Growth", *Journal of Economic Perspectives*, Vol. 12, No. 2, 1998, pp. 127 – 138.

[80] R. Fare, S. Grosskopf. "Measuring Congestion in Production", *Journal of Econimics*, Vol. 43, No. 3, 1983, pp. 257 – 271.

[81] Rauch James E. "Productivity Gains from Geographic Concentration of Human Capital: Evidence from the Cities", *Journal of Urban Economics*, No. 34, 1993, pp. 380 – 400.

[82] Rice P., Venables A. J., Patacchini E. "Spatial Determinants of Productivity: Analysis for the Regions of Great Britain", *Regional Science and Urban Economics*, No. 36, 2006, pp. 727 – 752.

[83] Romer P. M. "Increasing Returns and Long – run Growth", *Journal of Political Economy*, Vol. 94, No. 5, 1986, pp. 1002 – 1037.

[84] Rosenthal S. S., Strange W. C. "Evidence on the Nature and Sources of Agglomeration Economies", *Handbook of Regional and Urban Economics*, No. 4, 2004, pp. 2119 – 2171.

[85] Sbergami F. "Agglomeration and Economic Growth: Some Puzzles", *HEI Working Paper*, No. 2, 2002.

[86] Scott A. J. "Resurgent Metropolis: Economy, Society and Urbanization in an Interconnected World", *International Journal of Urban and Regional Research*, Vol. 32, No. 3, 2008, pp. 548 – 564.

[87] Sedgley N., B. Elmslie. "The Geographic Concentration of Knowledge: Scale, Agglomeration and Congestion in Innovation Across U. S. States", *International Regional Science Review*, Vol. 27, No. 2, 2004, pp. 111 – 137.

[88] Sedgley N., B. Elmslie. "Agglomeration and Congestion in the Economics of Ideas and Technological Change", *American Journal of Economics and Sociology*, Vol. 60, No. 1, 2001, pp. 101 – 121.

[89] Sedgley Norman, Elmslie Bruce. "Agglomeration and Congestion in the Economics of Ideas and Technological Change", *The American Journal of Economics and Sociology*, Vol. 60, No. 1, 2001.

[90] Segal David. "Are there Returns to Scale in City Size?", *the Review of Economics and Statistics*, Vol. 55, No. 3, 1976, pp. 339 – 350.

[91] Se – il Mun, Bruce G. "Hutchinson. Empirical Analysis of Office Rent and Agglomeration Economies: A Case Study of Tornto", *Journal of Regional Science*, Vol. 35, No. 3, 1995, pp. 437 – 456.

[92] Shefer D. "Localization Economies in SMSAs: A Production Function Analysis", *Journal of Regional Science*, No. 13, 1973, pp. 55 – 64.

[93] Soroka Lewis. "Manufacturing Productivity and City Size in Canada, 1975 and 1985: Does Population Matter?", *Urban Studies*, Vol. 31, No. 6, 1984, pp. 895 – 911.

[94] Staffan Canbäck, Phillip Samouel, David Price. "Do Diseconomies of Scale impact Firm Size and Performance: A Theoretical and Empirical Overview", *Journal of Managerial Economics*, Vol. 4, No. 1, 2006, pp. 27 – 70.

[95] Storper Michael, Anthony J. Venables. "Buzz: Face – to – Face Contact and the Urban Economy", *Journal of Economic Geography*, Vol. 4, No. 4, 2004, pp. 351 – 370.

[96] Sveikauskas Leo. "The Productivity of Cities", *Quarterly Journal of Economics*, Vol. 89, No. 3, 1975, pp. 393 – 413.

[97] Thomas J. Vicino, Bernadette Hanlon, John Rennie Short. "Megalopolis 50 Years On: The Transformation of a City Region", *International Journal of Urban and Regional Reserach*, Vol. 31, No. 2, 2007, pp. 344 – 367

[98] Voith R. "City and Suburban Growth: Substitutes or Complements?", *Business Review*, 1992, pp. 21 – 33.

[99] Williamson O. E. "Hierarchical Control and Optimum Firm Size", *Journal of Political Economy*, Vol. 75, No. 2, 1967, pp. 123 – 138.

[100] Yu – chin Chen, Noah Weisberger, Edwin Wong. "Labor Market Density and Increasing Returns to Scale: How Strong is the Evidence?", *Ssrn Electronic Journal*, Vol. 21, No. 6, 2011, pp. 1334 – 1338.

[101] Yiu Por Chen:《财政分权下的地方经济发展、地方公共品拥挤效应和劳动力流动——以1982—1987年为例》,《世界经济文汇》2009年第4期,第36~51页。

[102] [澳] 蒂莫西·J. 科埃利等:《效率与生产率分析引论(第2版)》, 王忠玉译, 中国人民大学出版社2008年版。

[103] [德] 阿尔弗雷德·韦伯:《工业区位论》, 李刚剑、陈志人、张英保译, 商务印书馆2013年版。

[104] [德] 约翰·冯·杜能:《孤立国同农业和国民经济的关系》, 吴衡康译, 商务印书馆2010年版。

[105] 阿瑟·奥沙利文:《城市经济学》,周京奎译,北京大学出版社 2015 年版。

[106] 曹升生:《略论美国小都市区》,《世界地理研究》2011 年第 4 期,第 84~90 页。

[107] 曾亿武、郭红东、邱东茂:《产业集聚效应、要素拥挤与效率改善——基于浙江省农产品加工业集群的实证分析》,《农林经济管理学报》2015 年第 3 期,第 218~225 页。

[108] 柴彦威、张艳、刘志林:《职住分离的空间差异性及其影响因素研究》,《地理学报》2011 年第 2 期,第 157~166 页。

[109] 柴彦威:《基于时空行为的城市生活圈规划研究——以北京市为例》,《城市规划学刊》2015 年第 3 期,第 61~69 页。

[110] 陈良文、杨开忠、沈体雁:《经济集聚密度与劳动生产率差异——基于北京市微观数据的实证研究》,《经济学》(季刊)2009 年第 1 期,第 99~114 页。

[111] 崔俊山、孙华:《城市功能运行效率评价研究内容初探》,《中国科技博览》2012 年第 19 期,第 170~171 页。

[112] 段瑞君:《聚集经济、市场拥挤效应与城市规模》,《财经科学》2014 年第 8 期,第 120~128 页。

[113] 范剑勇:《产业集聚与地区间劳动生产率差异》,《经济研究》2006 年第 11 期,第 72~81 页。

[114] 方创琳、关兴良:《中国城市群投入产出效率的综合测度与空间分异》,《地理学报》2011 年第 8 期,第 1011~1022 页。

[115] 方创琳:《中国城市群投入产出效率的综合测度与空间分异》,《地理学报》2011 年第 8 期,第 1012~1022 页。

[116] 郭琪、贺灿飞:《密度、距离、分割与城市劳动生产率——基于中国 2004—2009 年城市面板数据的经验研究》,《中国软科学》2012 年第 11 期,第 77~86 页。

[117] 郭腾云、徐勇、王志强:《基于 DEA 的中国特大城市资源效率及其变化》,《地理学报》2009 年第 4 期,第 408~416 页。

[118] 韩士元:《城市经济功能构成及演进规律》,《城市》2003 年第 4 期,第 47~49 页。

[119] 黄勇:《美国大都市区的发展与管理》,《浙江省社会科学》2001 年

第3期,第39~43页。

[120] 解百臣、徐大鹏等:《基于投入型 Malmquist 指数的省际发电部门低碳经济评价》,《管理评论》2010年第6期,第119~128页。

[121] 金春雨、程浩:《环渤海城市制造业集聚的经济增长溢出效应与拥挤效应——基于面板门限模型的实证分析》,《经济问题探索》2015年第6期,第130~136页。

[122] 柯善咨、姚德龙:《工业集聚与城市劳动生产率的因果关系和决定因素——中国城市的空间计量经济联立方程分析》,《数量经济技术研究》2008年第12期,第3~13页。

[123] 柯善咨、赵曜:《产业结构、城市规模与中国城市生产率》,《经济研究》2014年第4期,第76~88页。

[124] 李柏峰:《关于北京优化城市功能布局的对策建议》,《北京市经济管理干部学院学报》2015年第2期,第25~29页。

[125] 李秉仁:《我国城市发展方针政策对城市化的影响和作用》,《城市发展研究》2008年第2期,第26~32页。

[126] 李敏、刘和东:《基于行为生态学的产业集群拥挤效应克服》,《南京工业大学学报》(社会科学版)2008年第4期,第61~64页。

[127] 李双杰、范超:《随机前沿分析与数据包络分析方法的评析与比较》,《统计与决策》2009年第7期,第25~28页。

[128] 李郇、徐现祥、陈浩辉:《20世纪90年代中国城市效率的时空变化》,《地理学报》2005年第4期,第615~625页。

[129] 梁婧、张庆华、龚六堂:《城市规模与劳动生产率:中国城市规模是否过小?——基于中国城市数据的研究》,《经济学》(季刊)2015年第3期,第1053~1072页。

[130] 刘秉镰、李清彬:《中国城市全要素生产率的动态实证分析:1990—2006——基于DEA模型的Malmquist指数方法》,《南开经济研究》2009年第3期,第139~152页。

[131] 刘磊:《上海市圈层结构研究》,上海交通大学博士学位论文,2008年。

[132] 刘修岩:《集聚经济与劳动生产率:基于中国城市面板数据的实证研究》,《数量经济技术经济研究》2009年第7期,第109~119页。

[133] 潘丹、应瑞瑶:《中国农业生态效率评价方法与实证——基于非期望

产出的 SBM 模型分析》，《生态学报》2013 年第 12 期，第 3837~3845 页。

［134］潘文卿：《中国的区域关联与经济增长的空间溢出效应》，《经济研究》2012 年第 1 期，第 54~65 页。

［135］沈能、赵增耀、周晶晶：《生产要素拥挤与最优集聚度识别——行业异质性的视角》，《中国工业经济》2014 年第 5 期，第 83~95 页。

［136］沈体雁、冯等田、孙铁山：《空间计量经济学》，北京大学出版社 2010 年版。

［137］沈体雁、劳昕：《国外城市规模分布研究进展及理论前瞻——基于齐普夫定律的分析》，《世界经济文汇》2012 年第 5 期，第 95~111 页。

［138］苏红键、魏后凯：《密度效应、最优城市人口密度与集约型城镇化》，《中国工业经济》2013 年第 10 期，第 5~17 页。

［139］孙久文等：《城市病对城市经济效率损失的影响——基于中国 285 个地级市的研究》，《经济与管理研究》2015 年第 3 期，第 54~62 页。

［140］孙浦阳、韩帅、许启钦：《产业集聚对劳动生产率的动态影响》，《世界经济》2013 年第 3 期，第 33~53 页。

［141］孙铁山、齐云蕾、刘霄泉：《北京都市区就业结构升级与空间格局演化》，《经济地理》第 4 期，第 97—104 页。

［142］唐根年、管志伟、秦辉：《过度集聚、效率损失与生产要素合理配置研究》，《经济学家》2009 年第 11 期，第 52~59 页。

［143］藤田昌久、雅克－弗朗斯瓦·蒂斯：《集聚经济学：城市、产业区位与全球化》（第二版），石敏俊译，格致出版社 2016 年版。

［144］王家庭、高珊珊：《城市规模对城市环境的影响：基于我国 119 个城市 EKC 曲线的实证研究》，《学习与实践》2011 年第 12 期，第 18~25 页。

［145］王小鲁、夏小林：《优化城市规模，推动经济增长》，《经济研究》1999 年第 9 期，第 22~29 页。

［146］王小鲁：《中国城市化路径与城市规模的经济学分析》，《经济研究》2010 年第 10 期，第 20~32 页。

［147］魏后凯等：《中国产业集聚与集群发展战略》，经济管理出版社 2008 年版。

［148］魏权龄：《评价相对有效性的数据包络分析模型——DEA 和网络 DEA》，中国人民大学出版社 2016 年版。

［149］魏权龄：《数据包络分析（DEA）》，《科学通报》2000 年第 9 期，第

1793~1808页。

[150] 文玫：《中国工业在区域上的重新定位与聚集》，《经济研究》2004年第2期，第84~94页。

[151] 吴玉鸣：《旅游经济增长及其溢出效应的空间面板计量经济分析》，《旅游学刊》2014年第2期，第16~24页。

[152] 肖作鹏、柴彦威、张艳：《国内外生活圈规划研究与规划实践进展述评》，《规划师》2014年第10期，第89~95页。

[153] 杨建荣：《论中国崛起世界级大城市的条件与构想》，《财经研究》1995年第6期，第45~51页。

[154] 杨开忠、谢燮：《中国城市投入产出有效性的数据包络分析》，《地理学与国土研究》2002年第3期。

[155] 叶锦远：《国外城市空间结构理论简介》，《外国经济与管理》1985年第6期，第22~24页。

[156] 俞立平、周曙东、王艾敏：《中国城市经济效率测度研究》，《中国人口科学》2006年第4期，第51~56页。

[157] 袁晓玲、张宝山、张小妮：《基于超效率DEA的城市效率演变特征》，《城市发展研究》2008年第6期，第102~107页。

[158] 张伟：《都市圈的概念、特征及其规划探讨》，《城市规划》2003年第6期，第47~50页。

[159] 赵林、张宇硕等：《基于SBM和Malmquist生产率指数的中国海洋经济效率评价研究》，《资源科学》2016年第3期，第461~475页。

[160] 赵曜：《集聚密度、集聚规模与城市生产率——对中国地级及以上城市最优集聚密度的实证研究》，《中南财经政法大学学报》2015年第5期，第12~20页。

[161] 钟祖昌：《产业集群化发展留神"拥挤效应"》，《首都建设报》2011年第4页。

[162] 周圣强、朱卫平：《产业集聚一定能带来经济效率吗：规模效应与拥挤效应》，《产业经济研究》2013年第3期，第12~22页。

[163] 朱查松、王德、马力：《基于生活圈的城乡公共服务设施配置研究——以仙桃为例》，2010中国城市规划年会论文集，2010年。

后　记

　　本书是在本人博士学位论文的基础上进行修改完成的，也是国家社科基金项目的研究成果，凝聚了本人多年的研究心血。还记得几年前自己满怀着对知识的渴望来到北京读博，来到中国哲学社会科学最高学府——中国社会科学院求学的经历。因为硕士毕业后直接留校工作，深知再学习、再深造的机会难得，所以有着更加强烈的求知欲望和动力，读博多数时间在北京良乡的研究生院度过，不断地潜心学习和努力提升自我。本书凝聚了本人攻读博士期间努力付出的心血，当然，本书的顺利完成与出版也得到了很多人的帮助，在此深表感谢。

　　首先，要感谢我的导师陈耀教授，陈老师宽厚的为人、师者的谆谆教导，将我领进了区域经济学的大门。读博期间，跟随导师多次参加各类会议，实地调研项目，深圳、重庆、杭州、徐州、莆田、厦门、象山等都留下了导师和我的足迹，陈老师曾说过：学习区域经济就要经世致用，理论解决实践问题。为此让我树立了今后在区域经济学界走经世致用之道的理念。不仅如此，陈老师还时刻关心着我的工作和生活，再次感谢陈老师的栽培和教导之恩。

　　其次，要感谢中国社会科学院工业经济研究所的老师们给予的教诲与指导，感谢黄群慧研究员、史丹研究员、黄速建研究员、李海舰研究员、崔民选研究员、张其仔研究员、吕铁研究员、刘戒骄研究员、张世贤研究员、曹建海研究员、李钢研究员、李晓华研究员、吴利学副研究员、叶振宇副研究员，感谢区域研究室的石碧华副研究员、孙承平助理研究员，感谢系秘蒙娃老师在我博士学习和生活期间的关心与帮助；感谢同窗好友石先进、李鸿磊、李蕾、张丽丽、李玮、包龙飞、于鑫、李亚光、薛晓光、金殿臣、闫俊花等同学的互帮互助，共同探讨知识，让我得以进步和提高；感谢蔡翼飞、马佳丽夫妇，张燕、张喜玲夫妇、王东升师兄、郑鑫师兄对于我考博和在京的帮助和关照，感谢师妹尚永珍通读全书做了仔细的校对工作。

同时，本书的出版也离不开经济管理出版社的大力支持，要感谢高娅编辑的辛勤付出，她们对本书进行了认真仔细的校对，并提出了很多修改意见，让本书日臻完善，在此表示感谢。

最后，要对给予我莫大支持的家人们表示感谢，你们是我努力奋斗的最大精神动力。感谢我的夫人李昀昀，花费了很大的精力教育、培养儿子以及照顾女儿，让我能够全力以赴地完成学业和此书，感谢双方父母对我学业和工作的鼎力支持，没有你们我也难以脱身家庭事务专注于学术研究，谨以此书献给我的家人及朋友们，永远感谢你们！

汪彬
2019年3月于北京海淀